JN020876

英語を
ひとつひとつわかりやすく。

Gakken

😊 高校入試に向けて挑戦するみなさんへ

高校入試がはじめての入試だという人も多いでしょう。入試に向けての勉強は不安やプレッシャーがあるかもしれませんが、ひとつひとつ学習を進めていけば、きっと大丈夫。その努力は必ず実を結びます。

英語の学習は単語や文法の知識も大切ですが、単なる暗記教科ではありません。この本では、難しい言葉はできるだけ使わず、大切な部分は見やすいイラストでまとめています。ぜひ、説明とイラストを一緒に見ながら、英語の基礎力をしっかり身につけてください。

また、この本には、実際に過去に出題された入試問題を多数掲載しています。入試過去問を解くことで、理解を深めるだけでなく、自分の実力を確認し、弱点を補強することができます。

みなさんがこの本で英語の知識や解き方を身につけ、希望の高校に合格できることを心から応援しています。一緒にがんばりましょう！

😊 この本の使い方

1回15分、読む→解く→わかる！

1回分の学習は2ページです。毎日少しずつ学習を進めましょう。

二次元コードで音声を再生

左ページが解説です。

解答・解説

入試問題で理解度を確認

入試対策　ミス注意
入試に向けたコツやまちがえやすい部分を解説。

答え合わせも簡単・わかりやすい！

解答は本体に軽くのりづけしてあるので、引っぱって取り外してください。
問題とセットで答えが印刷してあるので、簡単に答え合わせできます。

実戦テスト・模擬試験で、本番対策もバッチリ！

各章のあとには、入試過去問からよく出るものを厳選した「実戦テスト」が、
巻末には、2回分の「模擬試験」があります。

◀)) 音声の再生方法

①各ページの二次元コード…インターネットに接続されたスマートフォンやタブレットPCで再生できます。（通信料はお客様のご負担となります。）

②音声再生アプリ「my-oto-mo（マイオトモ）」…右のURLよりダウンロードしてください。

https://gakken-ep.jp/extra/myotomo/

※お客様のネット環境やご利用の端末により、音声の再生やアプリの利用ができない場合、当社は責任を負いかねます。

アプリは無料ですが、通信料はお客様のご負担となります。

☺ ニガテなところは、くり返し取り組もう

1回分が終わったら、理解度を記録しよう！

1回分の学習が終わったら、学習日と理解度を記録しましょう。

> 学習が終わったらどちらかにチェック！

「もう一度」のページは「バッチリ！」と思えるまで、くり返し取り組みましょう。
ひとつひとつニガテをなくしていくことが、合格への近道です。

☺ スマホで4択問題ができる Web アプリつき

重要事項がゲーム感覚で覚えられる！

無料のWebアプリで4択問題を解いて、学習内容を確認できます。
スマートフォンなどでLINEアプリを開き、「学研 小中Study」を友だち追加していただくことで、クイズ形式で重要事項が復習できるWebアプリをご利用いただけます。

↓LINE友だち追加はこちらから↓

> スキマ時間に手軽に学習！

※クイズのご利用は無料ですが、通信料はお客様のご負担になります。
※サービスの提供は予告なく終了することがあります。

高校入試問題の掲載について
・問題の出題意図を損なわない範囲で、問題や写真の一部を変更・省略、また、解答形式を変更したところがあります。
・問題指示文、表記、記号などは、全体の統一のために変更したところがあります。
・解答・解説は、各都道府県発表の解答例をもとに、編集部が作成したものです。

もくじ 高校入試 英語

わかる君を探してみよう！

この本にはちょっと変わったわかる君が全部で5つかくれています。学習を進めながら探してみてくださいね。

 すまいる君　 たべる君　 うける君　 てれる君　 うかる君

色や大きさは、上の絵とちがうことがあるよ！

合格につながるコラム①

高校入試を知っておこう

☺ 高校ってどんな種類に分かれるの？

公立・私立・国立のちがい

　合格につながる高校入試対策の第一歩は、行きたい高校を決めることです。志望校が決まると、受験勉強のモチベーションアップになります。まずは、高校のちがいを知っておきましょう。高校は公立・私立・国立の3種類に分かれます。どれが優れているということはありません。自分に合う高校を選びましょう。

公立高校
・都道府県・市・町などが運営する高校
・学費が私立高校と比べてかなり安い
・公立高校がその地域で一番の進学校ということもある

私立高校
・学校法人という民間が経営している。独自性が魅力の一つ
・私立のみを受験する人も多い

国立高校
・国立大学の附属校。個性的な教育を実践し、自主性を尊重する学校が多い

☺ 入試の用語と形式を知ろう！

単願・併願って？

　単願（専願）と併願とは、主に私立高校で使われている制度です。単願とは「合格したら必ず入学する」という約束をして願書を出すこと。併願とは「合格しても、断ることができる」というものです。

　単願のほうが受かりやすい形式・基準になっているので、絶対に行きたい学校が決まっている人は単願で受けるといいでしょう。

　推薦入試は、一般入試よりも先に実施されますが、各高校が決める推薦基準をクリアしていないと受けられないという特徴があります。

小論文や面接も
「ひとつひとつ」で対策！

左：『高校入試　作文・小論文をひとつひとつわかりやすく。』
右：『高校入試　面接対策をひとつひとつわかりやすく。』
（どちらもGakken）

形式の違いを把握して正しく対策！

　公立の入試形式は各都道府県や各高校で異なります。私立は学校ごとに試験の形式や難易度、推薦の制度などが大きく違います。同じ高校でも、普通科・理数科など、コースで試験日が分かれていたり、前期・後期など何回かの試験日を設定したりしていて、複数回受験できることもあります。

　必ず自分の受ける高校の入試形式や制度を確認しましょう。

> ひとくちに入試と言ってもいろいろあるんだね

公立

推薦入試
- 内申点＋面接、小論文、グループ討論など
- 高倍率で受かりにくい

一般入試
- 内申点＋学力試験（面接もあり）
- 試験は英・数・国・理・社の5教科
- 同じ都道府県内では同じ試験問題のことが多い
- 難易度は標準レベルなのでミスをしないことが大切

私立

推薦入試
- 制度は各高校による
- 単願推薦はより受かりやすい

一般入試
- 制度は各高校による
  （内申点を評価するところもある）
- 試験は英・数・国の3教科のところが多い
- 各高校独自の問題で、難易度もさまざま
  （出題範囲が教科書をこえるところもある）

公立の高校入試には内申点も必要

　公立高校の入試では、内申点＋試験当日の点数で合否が決まります。「内申点と学力試験の点数を同等に扱う」という地域や高校も多いので、内申点はとても重要です。

　都道府県によって、内申点の評価学年の範囲、内申点と学力試験の点数の配分は異なります。

　中1〜3年の内申点を同じ基準で評価する地域、中3のときの内申点を高く評価する地域、実技教科の内申点を高く評価する地域などさまざまなので、必ず自分の住む地域の入試形式をチェックしましょう。

> 普段の勉強もがんばらなくちゃ

入試に向けたスケジュール

入試では3年分が出題範囲

中3からは、ふだんの授業の予習・復習や定期テスト対策に加えて、中1・2の総復習や、3年間の学習範囲の受験対策、志望校の過去問対策など、やるべきことが盛りだくさんです。

学校の進度に合わせて勉強をしていると、中3の最後のほうに教わる範囲は、十分な対策ができません。夏以降は、学校で教わっていない内容も自分で先取り学習をして、問題を解くとよいでしょう。

下のスケジュールを目安に、中3の春からコツコツと勉強を始めて、夏に勢いを加速させるようにしましょう。

	勉強のスケジュール	入試に向けて
4月〜7月	・ふだんの予習・復習 ・定期テスト対策 ・中1・2の総復習 ➡夏休み前にひと通り終えるようにする	・学校説明会や文化祭へ行く ➡1学期中に第一志望校を決めよう ・模試を受けてみる ➡自分の実力がわかる
夏休み	・中1〜3の全範囲での入試対策 ➡問題集を解いたり、過去の定期テストの見直しをしたりしよう ・2学期以降の中3範囲の予習 ➡学校の進度にあわせると入試ギリギリになるので予習する	・1学期の成績をもとに、志望校をしぼっていく ※部活が夏休み中もある人はスケジュール管理に注意！
9月〜3月	・定期テスト対策 ➡2学期・後期の内申点までが受験に関わるので、しっかりと！ ・10月ごろから総合演習 ➡何度も解いて、練習しよう ・受ける高校の過去問対策 ➡くり返し解いて、形式に慣れる。苦手分野は問題集に戻っててひたすら苦手をつぶしていく	・模試を受ける ➡テスト本番の練習に最適 ・説明会や個別相談会に行く ➡2学期の成績で受験校の最終決定 ・1月ごろから入試スタート

学校の2学期制や、3学期制にかかわらず大切なスケジュールだよ

1 ● 章

文法問題

01 be動詞の文（現在・過去）

　英語の文の骨組みとなるのは、**「主語」**（「〜は」「〜が」に当たる語）と**「動詞」**です。どんな英語の文にも、「主語」と「動詞」が必要です。（一部の例外もあります。）

　英語の動詞は、**be動詞**と**一般動詞**の2種類に分けられます。**am**、**are**、**is**、**was**、**were** がbe動詞で、それ以外は一般動詞です。be動詞は前後の語句を**「イコール」**でつなぐ働きをし、**「〜です、〜でした」**や**「〜にいます、〜にいました」**などの意味を表します。

be動詞は、**主語**と**時（現在・過去）**によって形を使い分けます。

	現在形				過去形		
I	am			I	was	
He, She, It など3人称単数	is	〜.		He, She, It など3人称単数	was	〜.
You	are			You	were	
We, They など複数	are			We, They など複数	were	

否定文はbe動詞のあとに**not**を入れ、疑問文は**be動詞**で文を始めます。

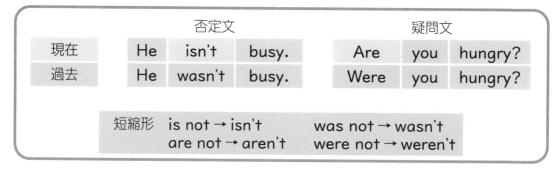

	否定文			疑問文	
現在	He	isn't	busy.	Are	you	hungry?
過去	He	wasn't	busy.	Were	you	hungry?

短縮形	is not → isn't	was not → wasn't
	are not → aren't	were not → weren't

1 [　　] から適する語句を選び、（　　）に書きましょう。

(1) 私はサッカーファンです。

（　　　　　） a soccer fan. 　　　　　　　　[I / I'm / You're]

(2) 健と私は去年、同じクラスでした。

Ken and I （　　　　　） in the same class last year. 　[was / am / were]

(3) 私の父は今、忙しくありません。

My father （　　　　　） busy now. 　　　　　　　[aren't / isn't / wasn't]

(4) あなたがたは2時間前は体育館にいましたか。— はい、いました。

（　　　　　） you in the gym two hours ago? 　　　[Are / Was / Were]

— Yes, （　　　　　）. 　　　　　　[you are / they were / we were]

2 (1)～(3)は（　　）内から適するものを選んで、○で囲みましょう。

(4)は指示にしたがって答えましょう。

(1) これらは彼のラケットです。 　　　　　　　　　　　　　　[大阪府]

These (am / are / is) his rackets.

(2) *Kelly:*　(Did / Could / Would / Were) you late for school yesterday?

Nana:　Yes.　I had to go to the hospital. 　　　　　　[宮城県]

(3) One of the boys you met at the park yesterday (am / is / are / were) my

brother. 　　　　　　　　　　　　　　　　　　　　　　[神奈川県]

(4) 次のような場合、どのように英語で表しますか。6語以上で書きましょう。

日本の文化に興味があるかたずねるとき。 　　　　　　[三重県]

- -

入試対策　**2** (2) どんな英語の文にも動詞が必要。(4)「あなたは」と主語を補おう。

学習した日　　／　　□ もう一度　□ バッチリ!

02 一般動詞の文①（現在の文）

be動詞以外のふつうの動詞を**一般動詞**といいます。「走る」「勉強する」「持っている」などのように、「動き」や「状態」を表します。

一般動詞の現在形は、主語によって2つの形を使い分けます。主語が I、you、複数のときはそのままの形、主語が I、you 以外の単数（3人称単数）のときは s がついた形にします。

否定文は、動詞の前にdon't(＝do not) かdoesn't(＝does not) を入れます。

疑問文は、文の最初に **Do** か **Does** をおきます。

否定文と疑問文は、動詞はいつも**原形**（s のつかないもとの形）を使うことに注意しましょう。

1 （　）内の指示にしたがって英文を書きかえましょう。

(1) We usually have breakfast at seven. （WeをMy brotherにかえて）

----

(2) They play rugby at school. （否定文に）

----

(3) My grandmother watches TV. （否定文に）

----

2 (1)と(2)は（　）内から適するものを選んで、〇で囲みましょう。

(3)は（　）内の語を並べかえて、英文を完成しましょう。

(1) *Hiroshi:* （ Are / Do / Does / Is ） people in *Indonesia eat *fermented
soybean food?

Sari:　　Yes. In Indonesia, we eat food called "*tempeh." 　　［大阪府］

(注) Indonesia: インドネシア　fermented soybean food: 発酵大豆食品
tempeh: テンペ（インドネシアの発酵大豆食品）

(2) *A:* Excuse me. Does this bus go to the soccer stadium?

B: （ Yes, it does. / That's right. / No, it doesn't. / Of course. ） That blue
one goes to the soccer stadium.

A: Oh, I see. Thank you very much. 　　［徳島県］

(3) *A:* You look sleepy.

B: I got up at five thirty this morning.

A: Do (early / get / so / up / usually / you)?

B: No, only today. 　　［富山県］

Do --?

ミス注意 **2** (1) この文の主語は、people。単数なのか複数なのかに注意しよう。

学習した日　／　□ 😐 もう一度　□ 😊 バッチリ!

03 一般動詞の文②（過去の文）

　過去のことを言うときには、動詞を**過去形**にします。多くの動詞は、ed をつければ過去形になります（**規則動詞**）。過去形が 〜ed の形にならない動詞もあります（**不規則動詞**）。不規則動詞はひとつひとつ覚えるようにしましょう。

規則動詞

walk (歩く) ➡ walk**ed**
use (使う) ➡ use**d**
stop (止まる) ➡ stop**ped**
study (勉強する) ➡ stud**ied**

おもな不規則動詞

go (行く) ➡ went
come (来る) ➡ came
have (持っている) ➡ had
get (手に入れる) ➡ got

see (見える) ➡ saw
make (作る) ➡ made
read (読む) ➡ read
　　　　　発音だけが変わる
write (書く) ➡ wrote

　過去の否定文は、動詞の前にdidn't（=did not）を入れます。

　過去の疑問文は、文の最初にDidをおきます。

　過去の文でも、否定文と疑問文では動詞はいつも**原形**を使います。過去形は使いません。また、現在の文では、do と does を主語によって使い分けましたが、過去の文では主語が何であっても、否定文ではいつも **didn't**、疑問文ではいつも **Did** を使います。

基本練習

→ 答えは別冊2ページ

1 （　　）内の指示にしたがって英文を書きかえましょう。

(1) I clean my room <u>every Sunday</u>.　　（下線部をlast Sundayにかえて）

----

(2) Emma went to the park three days ago.　（否定文に）

----

(3) Your father used this car yesterday.　（疑問文にかえて、Yes で答える文も）

―---

2 (1)～(3)は（　　）内から適するものを選んで、○で囲みましょう。

(4)と(5)は（　　）内の語を適する形に書きかえましょう。

(1) She (drinks / is drinking / drank / has drunk) cold water when she arrived at school.　　　　　　　　　　　　　　　　　　　　[神奈川県]

(2) *A:* What did you do last weekend?

B: I went to a temple and (take / taken / taking / took) a lot of pictures.

[沖縄県]

(3) *A:* Did you see Mike at school yesterday?

B: I think he (didn't / doesn't / isn't / wasn't) come to school because he was sick yesterday.　　　　　　　　　　　　　　　　[沖縄県]

(4) He went to the front and (begin) his speech.　　　　　[京都府]

〔　　　　　　〕

(5) Look at Graph 1. This shows the results of the school *survey that you answered. I (find) this last week.　　　　　　　　　[岡山県]

(注) survey: アンケート調査

〔　　　　　　〕

入試対策 yesterday (昨日)、last ～ (この前の～)、～ ago (～前に) などの過去を表す語も覚えておこう。

学習した日　　／　　□ もう一度　□ バッチリ!

04 疑問詞で始まる疑問文①

「何？」とたずねるときは、What で文を始めます。一般動詞の文の場合は、What で文を始め、あとに do you ～? などの一般動詞の疑問文の形を続けます。

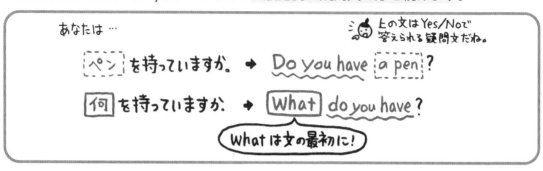

主語が3人称単数なら does、過去の文なら did を使うことにも注意しましょう。上のように「何？」と質問されたら、I have ～. の形で持っているものを答えます。

また、「～は何ですか」なら、What is(＝What's) ～?とたずねます。この文には、It is(＝It's) ～. の形で「何なのか」を具体的に答えます。

What のあとに**名詞**が続くと、「**何の～**」という意味になります。**What time** なら「**何時に～**」と時刻をたずねることができます。

疑問詞には What のほかにも次のようなものがあります。

過去の文ならisを **was** にします。また、一般動詞を使ってたずねる場合は、疑問詞のあとに〈do[does、did]＋主語＋動詞の原形 ～?〉の一般動詞の疑問文の形を続けます。

1 英語にしましょう。

(1) あなたの学校は何時に始まりますか。

----

(2) あなたの英語のテストはいつでしたか。

----

(3) ブラウンさん（Mr. Brown）はどこに住んでいますか。

----

2 (1)と(2)は（　　）内から適するものを選んで、○で囲みましょう。
(3)と(4)はそれぞれ指示にしたがって答えましょう。

(1) (When / Which / Why / How) do you have for breakfast, rice or *bread?

(注) bread: パン 　　　　　　　　　　　　　　　　　　　　　　　　　[神奈川県]

(2) *Miku:* Hi, Joseph. How are you today?

Joseph: I'm fine, thanks, Miku. (How / What / When / Where) are you
going?

Miku: I'm going to the *Child Care Support Center.

(注) Child Care Support Center: 子育て支援センター 　　　　　　　　[20 埼玉県]

(3) （　　）内の語を並べかえて、英文を完成しましょう。

(do / food / like / what / you)? 　　　　　　　　　　　　　　　[長崎県]

----

(4) 次のような場合、どのように英語で表しますか。４語以上で書きましょう。
好きな小説家（author）はだれかとたずねるとき。 　　　　　　　　[三重県]

😀 ミス注意 **1** (2)は過去の文、(3)は主語が3人称単数であることに注意しよう。

学習した日 ｜ ／ ｜ □ 😣 もう一度 ｜ □ 😊 バッチリ!

05 疑問詞で始まる疑問文②

　今回は、**How** という疑問詞について学習します。How は、**「どう？」**と**様子**や**感想**をたずねるときに使います。

　「どうやって？」「どのように？」と**手段**や**方法**をたずねるときも、How を使います。

　「いくつの〜？」と**数**をたずねるときは、**How many 〜?**を使います。

　How old 〜?なら**「何歳の？」「どのくらい古い？」**、**How long 〜?**なら**「どのくらい長い[長く]？」**、**How much 〜?**なら**「いくらの？」**という意味になります。

　「だれの〜ですか」と持ち主をたずねるときの文も覚えておきましょう。**Whose（だれの）**を使います。

・**Whose** bike is this? ― It's mine.（これはだれの自転車ですか。― 私のです。）

1 場面に合う英文を書きましょう。

(1) 旅行から帰ってきた友達に旅行の感想をたずねるとき。

- -

(2) マンガ本（comic books）が好きな友達に、何冊持っているかたずねるとき。

- -

2 それぞれの問題に答えましょう。

(1) （　　）内から適するものを選んで、○で囲みましょう。

　A: （ Where / Which / Whose / Why ） dictionary is it?

　B: It's Tony's. His name is on it.　　　　　　　　　　　　[岩手県]

(2) （　　）内の語句を並べかえて、英文を完成しましょう。

　① *A:* It's cold in Iwate today.

　　 B: Is it snowy there?

　　 A: Yes, a little. (the weather / is / how) in Tokyo today?

　　 B: It's cloudy but warm.　　　　　　　　　　　　　　[岩手県]

- in Tokyo today?

　② *A:* (your / old / is / sister / how)?

　　 B: She is nineteen, four years older than I.　　　　　　　[千葉県]

- -

(3) 会話が成り立つように、（　　）に適切な英語 2 語を書きましょう。

　Alice: *Swallows travel about 10,000 km.

　Mana: Really? They can fly so far! (　　　　　　　　) do they fly to go to
　　　　 the U.K.?

　Alice: I'm not sure, but for more than three weeks.　　　　[栃木県・改]

　(注) swallow: ツバメ

😊 入試対策 **2** (2)(3) 答えの文に注目して、適切な文を考えよう。

学習した日 ／ □ 😐 もう一度 □ 😊 バッチリ!

06 進行形の文とは？

「(今)〜しているところです」のように、「ちょうど今、している最中」であることを表すときは、be動詞（am、are、is）のあとに**動詞のing形**を続けます。**（現在進行形）**

「(そのとき)〜していました」のように、過去のあるときに進行中だった動作を表すには、be動詞の過去形（was、were）のあとに**動詞のing形**を続けます。**（過去進行形）**

現在進行形も過去進行形も否定文・疑問文のつくり方は、be動詞の否定文・疑問文と同じです。否定文はbe動詞のあとに**not**を入れます。

疑問文は**be動詞**で文を始めます。答えの文でもbe動詞を使います。

「あなたは何をしている[していた]のですか。」は、What are[were] you doing?とたずねます。進行形を使って、「している[していた]こと」を具体的に答えます。

基本練習

→ 答えは別冊3ページ

1 英語にしましょう。

(1) 由美（Yumi）は手紙を書いているところです。

----

(2) ロンドン（London）ではそのとき（then）、雨が降っていましたか。

----

(3) 私たちはバスを待っているのではありません。

----

2 (1)～(4)は（　　）内から適するものを選んで、〇で囲みましょう。
(5)は日本語を英語にしましょう。

(1) 私はそのとき、ダンスを練習していました。
I was (practice / practiced / practicing) dance then.　　　　［大阪府］

(2) A: I'm hungry, Mom. What is today's lunch?
B: I'm (cook / cooked / cooks / cooking) spaghetti. You said you wanted
to eat it yesterday.　　　　［福島県］

(3) *Mark:* Did you watch the evening news? Our school festival was on TV.
Ken: I missed it. I (am taken / will take / was taking / have taken) a
bath at that time.　　　　［長野県］

(4) A: Are you using your dictionary now?
B: (Yes, I am. / Yes, I can. / No, I'm not. / No, I can't.) You can use it.
A: Oh, thank you. I forgot mine at home.　　　　［徳島県］

(5) あなたたちは、何について話しているのですか。　　　　［愛媛県］

😊 ミス注意 **1** 主語と現在・過去に注意してbe動詞を使い分けよう。

学習した日　／　□ 😐 もう一度　□ 😊 バッチリ!

07 未来の文とは？

「〜するつもりです」などのように、未来の**予定**や**計画**、**これからしようとしていること**を言うときは、**動詞の前に be going to** を入れます。be とはbe動詞のことで、主語によって **am**、**are**、**is** を使い分けます。to のあとの動詞はいつも**原形**にします。

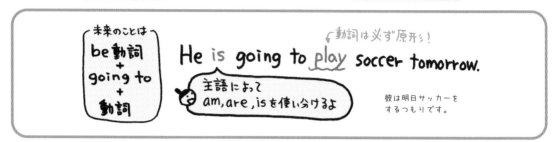

彼は明日サッカーをするつもりです。

be going to 〜の否定文・疑問文のつくり方は、be動詞の文とまったく同じです。否定文は am、are、isのあとに**not** を入れます。疑問文は、**be動詞**で文を始めます。〈Are [Is]＋主語＋going to＋動詞の原形 〜?〉の形になります。

また、**「何をするつもりですか。」**のように相手の予定や計画をたずねるときは、**What are you going to do?** と言います。

未来のことを言うときは、**will** も使えます。**「〜します」**という**意志**や、**「〜でしょう」**という**予想**を表します。will は主語によって形が変わることはなく、あとの動詞はいつも**原形**にします。

willの否定文は、動詞の前に**will not** を入れます。will not は短縮した形の **won't** がよく使われます。

疑問文は、**Will** で文を始めます。〈Will＋主語＋動詞の原形 〜?〉の形になります。Will 〜?にはふつう、**Yes, 〜 will.** または **No, 〜 will not[won't].** の形で答えます。疑問詞を使ってたずねるときは、疑問詞のあとに will の疑問文の形を続けます。

基本練習

→ 答えは別冊3ページ

1 英語にしましょう。

(1) 私は明日、買い物に行くつもりです。（be going toを使って）

----

(2) 明日の午後は暖かいでしょう。（willを使って）

----

(3) 彼女は今週末、パーティーには来ないでしょう。（willを使って）

----

(4) あなたは放課後に何をする予定ですか。（be going toを使って）

----

2 （　）内の語句を並べかえて、英文を完成しましょう。

(1) *A:* I've just arrived in Kyoto. I want to see everything!
  B: Oh, how (you / long / going / to / stay / are) here?
  A: For seven days. ［沖縄県］

  Oh, how _____ here?

(2) *A:* I'm going to go to Canada to study English next week.
  B: Really? (come / you / when / back / will) to Japan? ［宮崎県］

  _____ to Japan?

(3) *A:* (be / what / like / the weather / will) tomorrow?
  B: It'll be sunny. ［宮崎県］

  _____ tomorrow?

😊 ミス注意 **1** (1)(4) be going to の be動詞は主語に合わせて使い分けよう。

学習した日 ／ ☐ もう一度 ☐ バッチリ!

08 助動詞の文とは？①

（助動詞）#中1 #中2

　「～できる」と言うときは、**動詞の前に can** を入れます。主語に関係なく動詞はいつも**原形**を使います。

　「～できない」と言うときは、動詞の前に**can't**（または**cannot**）を入れます。
　また、「～できますか」とたずねるときは、**Can**で文を始めます。Can ～?には、ふつう **Yes, ～ can.** または **No, ～ can't.** の形で答えます。

　Can I ～?は、「**～してもいいですか**」と**許可**を求めるときにも使います。
　May I ～?は、目上の人などにていねいに許可を求めるときに使います。

　Can you ～?は、「**～してくれますか**」と何かを**依頼**するときにも使います。

　許可を求める Can I ～? と、依頼の Can you ～? に「**いいですよ**」などと答えるときはふつう、**Sure.**（もちろん。）、**All right.**（いいですよ。）、**Of course.**（もちろんです。）などの表現を使います。また、断るときはまず **I'm sorry,** と言って、できない理由を言います。

1 英語にしましょう。

(1) 私はあなた（の言うこと）が聞こえません。

----

(2) 彼女は日本語が読めますか。— はい、読めます。

-------------------------------------　—　-------------------------

2 それぞれの問題に答えましょう。

(1) （　　）内から適するものを選んで、〇で囲みましょう。
ここで写真を撮ってもいいですか。
(May / Must / Will) I take a picture here?　　　　　　　[大阪府]

(2) 会話が成り立つように、（　　）内の語を使って英語を書きましょう。
Aiko:　You have many books.
Mary:　Yes. I love books.
Aiko:　Oh, is this book difficult?
Mary:　No. You can try.
Aiko:　（ borrow ）?
Mary:　Of course.　　　　　　　　　　　　　　　　　　[長崎県]

---?

(3) （　　）内に示されていることを伝える場合、どのように言えばよいですか。
適切な英語を書きましょう。
Lucy:　I used the Internet and bought the thing that I wanted! The Internet
is very useful.
Naoto:　I think so, too. （今の私たちに欠かせないね。）　　　　[静岡県]

😊 入試対策 **2**(3) 「私たちは今、それがないと生活することができない」などと言いかえてみよう。

学習した日　　／　　□ 😊 もう一度 　□ 😊 バッチリ!

助動詞 #中2

助動詞の文とは？②

　「～しなければならない」と言うときは、**動詞の前に** must を入れます。動詞は主語に関係なく、**原形**を使います。

　否定文は、must のあとに **not** を入れます。短縮形は **mustn't** です。強い禁止を表して、「**～してはならない**」という意味になります。

　「～しなければならない」と言うときは、have to も使います。主語が3人称単数のときは、**has to** を使います。to のあとには**動詞の原形**がきます。

　否定文は、have to の前に **don't** か **doesn't**（主語が3人称単数のとき）を入れます。「**～する必要はない**」「**～しなくてもよい**」という意味になります。疑問文は、文の最初に **Do** か **Does**（主語が3人称単数のとき）をおきます。「**～しなければなりませんか**」という意味です。答え方はふつうの Do[Does] ～? の疑問文と同じです。

　shall も can や must の仲間です。**Shall I ～?**（〈私が〉～しましょうか。）や **Shall we ～?**（〈いっしょに〉～しましょうか。）の形でよく使われます。

基 本 練 習

➡ 答えは別冊4ページ

1 [　　] から適するものを選び、（　　）に書きましょう。

(1) 舞は宿題をしなければなりません。

Mai（　　　　　　）do her homework.　　　　[shall / have to / has to]

(2) あなたは今日、家にいなければなりません。

You（　　　　　　）stay home today.　　　　[must / has to / can]

(3) 私はここで待たなければなりませんか。—いいえ、その必要はありません。

（　　　　　　）I have to wait here?　　　　[Am / Do / Must]

— No, you（　　　　　　）.　　　　[aren't / don't / mustn't]

2 (1)と(2)は（　　）内の語を並べかえて、英文を完成しましょう。
(3)は空所に入る適切な英語を3語または4語で書きましょう。

(1) *A:* Excuse me.

B: What's the matter?

A: You (not / drink / must) in this room.

B: Oh, I didn't know that.　　　　　　　　　　　　　　　[岩手県]

You ＿＿＿＿＿＿＿＿＿＿＿＿＿＿＿＿＿＿＿＿＿＿ in this room.

(2) *A:* I need to go to the hospital now, but it's raining. Where is my umbrella?

B: Don't worry. You don't (to / it / take / have). I'll take you there by car.　　　　　　　　　　　　　　　　　　　　　　　[愛媛県]

You don't ＿＿＿＿＿＿＿＿＿＿＿＿＿＿＿＿＿＿＿＿＿＿.

(3) One day in April at school, Risa asked me, "Mari, which club are you going to join? Have you decided?" "No, not yet," I answered. She said, "Then, （　　　　　　　　　　　） the tennis club together? If you can play tennis with me again, it will be fun!" "I'll think about it," I said.　　　　[栃木県]

＿＿＿＿＿＿＿＿＿＿＿＿＿＿＿＿＿＿＿＿＿＿＿＿

😊 入試対策 **1**(3) have toの疑問文は、ふつうの一般動詞の疑問文とつくり方や答え方が同じだよ。

027

学習した日 ／ 　□ もう一度　□ バッチリ!

10 不定詞とは？①

不定詞 #中2

〈to＋動詞の原形〉の形を「**不定詞**」といいます。不定詞を使うと、「**〜するために**」という意味で、動詞が示す動作の**目的**を表すことができます。

また、感情を表す形容詞のあとに〈to＋動詞の原形〉を続けて、「**〜してうれしい**」「**〜して驚く**」などのように、**感情の原因**を表すこともあります。

・I'm **happy to meet** you.（私はあなたに会えてうれしいです。）

・I was **surprised to hear** the news.（私はその知らせを聞いて驚きました。）

〈to＋動詞の原形〉は、「**〜するための**」「**〜するべき**」という意味を表すこともあります。この意味では、**不定詞のまとまりが前の名詞をうしろから修飾**する形になります。

名詞のあとだけでなく、代名詞のあとに〈to＋動詞の原形〉がくることもあります。**something to 〜**、**anything to 〜**で「**何か〜するもの**」という意味になります。

・I have **something to tell** you.（私はあなたに言うことがあります。）

・Do you want **anything to eat**?（何か食べるものがほしいですか。）

to のあとの動詞はいつも**原形**を使うことを覚えておきましょう。

1 英語にしましょう。

(1) 彼女はテニスを練習するために毎日公園に行きます。

------

(2) あなたは今日、何かすることがありますか。

------

(3) 私は電車で読むための本がほしいです。

------

2 (1)～(3)は (　) 内の語を並べかえて、英文を完成しましょう。
(4)は指示にしたがって答えましょう。

(1) 私はそれを聞いてうれしく感じます。
I feel (that / happy / hear / to).　　　　　　　　　　［大阪府］

I feel ------------------.

(2) *A:* I'm so tired. Could you give (drink / me / something / to)?
B: Sure.　　　　　　　　　　　　　　　　　　　　　［岩手県・改］

Could you give ------------------?

(3) *A:* We'll have tests next Friday. I'm worried about math.
B: Me, too. But we still have enough (for / time / it / prepare / to).

［福島県］

But we still have enough ------------------.

(4) 次の内容をどのように英語で表しますか。4語以上の英語で書きましょう。
英語を勉強するためにロンドンに来たということ。　　　［三重県］

ミス注意 主語が3人称単数でも過去の文でも、〈to＋動詞の原形〉の形は変わらないよ。

学習した日　　／　　□ もう一度　□ バッチリ!

11 不定詞とは？②・動名詞

(不定詞) (動名詞) (#中2)

〈to＋動詞の原形〉は、「～すること」という意味を表して、like や want などの動詞の目的語になることもあります。like to ～は「～するのが好きだ」、want to ～は「～したい」という意味になります。ほかに、start[begin] to ～（～し始める）、need to ～（～する必要がある）、try to ～（～しようとする）などの形もあります。

「～になりたい」と言うときは、want to ～を使って **want to be ～** と表します。

・**I want to be** a singer.（私は歌手になりたい。）

また、不定詞は be動詞のあとにくることもあります。

・My dream **is to live** in Hawaii.（私の夢はハワイに住むことです。）

「～すること」は、**動詞のing形**でも表せます。これを「**動名詞**」といいます。

like、start[begin]のあとには〈to＋動詞の原形〉も動名詞も続けることができます。

enjoy と finish のあとにくるのは**動名詞だけ**なので注意しましょう。**enjoy ～ing**は「～するのを楽しむ」、**finish ～ing**は「～し終える」という意味です。また、Thank you for coming.（来てくれてありがとう。）のように、動名詞は前置詞のあとでも使います。

動名詞は文の主語になったり、be動詞のあとにきたりすることもあります。

・**Playing tennis** is fun.（テニスをすることは楽しいです。）

・My job **is cooking**.（私の仕事は料理をすることです。）

基本練習

→ 答えは別冊4ページ

1 英語にしましょう。

(1) 私はクリス (Chris) に英語で話しかけようとしました。(不定詞を使って)

----

(2) あなたは昨日、その本を読み終えましたか。(動名詞を使って)

----

(3) 私はピアノを弾くのが得意です。(動名詞を使って)

----

2 (1)と(2)は (　　) 内から適するものを選んで、〇で囲みましょう。
(3)〜(5)は (　　) 内の語を並べかえて、英文を完成しましょう。

(1) Do you like (watch / watches / watching / watched) movies?　　　[栃木県]

(2) I decided (to talk / talking / talk / talks) about my friend living in Germany.　　　[栃木県・改]

(3) I need (at / up / get / to) six o'clock tomorrow morning.　　　[愛媛県]

I need ------------------------------- six o'clock tomorrow morning.

(4) *A:* What (work / be / you / did / to / want) when you were a child?
B: A doctor. I was interested in helping many people. (1語不要) [神奈川県]

What ------------------------------- when you were a child?

(5) *A:* What is your plan for this weekend?
B: My plan (shopping / to / is / go) with my sister.　　　[栃木県]

My plan ------------------------------- with my sister.

😊 **入試対策** **1** (3) 「〜するのが得意だ」はbe good at 〜ing。前置詞atのあとに動名詞を続けよう。

学習した日　　／　　□ 😊 もう一度　□ 😊 バッチリ!

12 そのほかの不定詞の表現

疑問詞のあとに〈to＋動詞の原形〉がくることもあります。例えば、〈how to＋動詞の原形〉で、「～のしかた」「どのように～すればよいか」という意味を表します。

what to ～なら「何を～したらよいか」、when to ～なら「いつ～したらよいか」、where to ～なら「どこで[どこへ]～したらよいか」という意味を表します。

〈to＋動詞の原形〉は文の主語にもなりますが、Itを主語にする言い方のほうがよく使われます。It is … to ～.の形で「～することは…です。」という意味を表します。

「(人)にとって」と言いたいときは、for me（私にとって）などを to の前に入れます。

「(人)に～してほしい」と言うときは、〈want＋人＋to＋動詞の原形〉と表します。

〈tell＋人＋to＋動詞の原形〉なら「(人)に～するように言う」、〈ask＋人＋to＋動詞の原形〉なら「(人)に～するように頼む」という意味を表します。

1 英語にしましょう。

(1) 次に何をすればよいか知っていますか。

----

(2) お互いを理解することは私たちにとって大切です。

----

2 (1)は（　）内から適するものを選んで、○で囲みましょう。
(2)～(4)は（　）内の語を並べかえて、英文を完成しましょう。

(1) *Paul:* I want to play the guitar well like you.
Could you teach me (what / able / want / how) to play it?

Tetsu: Sure. Let's practice together! You can come to my house this Saturday. I'll also (listen / ask / have / speak) my mother to join us.

Paul: That's nice! Thank you.　　　　　　　　　　［山口県］

(2) *A:* The math test was very difficult.

B: Really? It was (me / easy / answer / to / for) all the questions.

A: Oh, I didn't have time to finish the test.　　　　［沖縄県］

It was _____ all the questions.

(3) *A:* Do you (that / think / want / to / me / open) door?

B: Thank you. You are very kind.　（1語不要）　　　［神奈川県］

Do you _____ door?

(4) *A:* Hello. May I speak to Tom, please?

B: Sorry. He's out now. I'll (you / him / call / to / tell) back.　　［宮崎県］

I'll _____ back.

☺ ミス注意 **1** (1)「あなたは」と主語を補って考えよう。
2 (4)「彼に、あなたに電話をかけ直すように言います。」という文。

学習した日　／　□ もう一度　□   バッチリ！

13 比較の文とは？

2人・2つを比べて「〜よりももっと背が高い」などと言うときは、〈比較級＋than 〜〉の形で表します。**「比較級」**は形容詞や副詞の語尾に**er**をつけます。

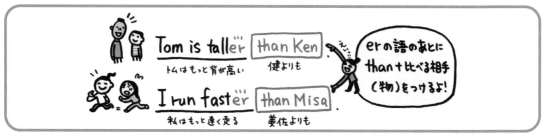

3人・3つ以上を比べて「〜の中でいちばん背が高い」などと言うときは、〈the＋最上級＋of[in] 〜〉の形で表します。**「最上級」**は形容詞や副詞の語尾に**est**をつけます。「〜の中で」は、複数を表す語句には**of**、場所や範囲・グループのときは**in**を使います。

また、popular（人気のある）や interesting（興味深い）などのようなつづりの長い語には、er や est はつけず、比較級は前に**more**、最上級は前に**most**をおきます。
・This book is **more popular** than that one.（この本はあの本よりも人気があります。）

比較の表現には次のようなものもあります。確認しておきましょう。

…と同じくらい〜 〈as＋形容詞・副詞＋as …〉	This box is as big as that one. （この箱はあの箱と同じくらい大きい。）
…ほど〜ではない 〈not as＋形容詞・副詞＋as …〉	This box is not as big as that one. （この箱はあの箱ほど大きくはない。）
〜よりも…のほうが好きだ like … better than 〜	I like dogs better than cats. （私はネコよりも犬のほうが好きだ。）
…がいちばん好きだ like … (the)best	I like dogs (the) best of all animals. （私は全部の動物の中で犬がいちばん好きだ。）

1 [　　]内の語を使って、英語にしましょう。
必要があれば適する形に変えましょう。

(1) このTシャツは3枚の中でいちばん大きいです。[big]

This T-shirt _____ the three.

(2) このカメラはあのカメラよりも人気があります。[popular]

This camera _____ that one.

(3) 私は麻央と同じくらい上手に歌うことができます。[well]

I can _____ Mao.

2 (1)〜(3)は（　　）内から適するものを選んで、◯で囲みましょう。
(4)と(5)は（　　）内の語を並べかえて、英文を完成しましょう。

(1) 私は私の姉よりも速く走ることができます。
I can run (fast / faster / fastest) than my sister.　　　　［大阪府］

(2) 富士山は日本で最も高い山です。
Mt. Fuji is the (high / higher / highest) mountain in Japan.　　　　［大阪府］

(3) Which school event do you like (good / well / better than / the best)?
　　　　［神奈川県］

(4) *A:* Is Tom the tallest in this class?
　　B: No. He (tall / not / as / is) as Ken.　　　　［栃木県］

He _____ as Ken.

(5) *A:* This is (interesting / most / movie / the) that I have ever watched.
　　B: Oh, really?　I want to watch it, too.　　　　［栃木県］

This is _____ that I have ever watched.

😊 ミス注意 **1** (1) big の比較級、最上級は最後の1字を重ねて、er、est をつけるよ。

学習した日　／　□ 😐 もう一度　□ 😊 バッチリ!

14 受け身の文とは？

「主語が何かをする」というのがふつうの文で、「主語が何かをされる」というのが「受け身」の文です。

受け身は〈be動詞＋過去分詞〉の形で表し、「～される」「～された」という意味です。

「～されます」という現在の文なら am、is、are を、「～されました」という過去の文なら was、were を使います。また、「(人)によって」と言うときは、byを使います。

過去分詞は動詞の変化形の１つで、大部分の過去分詞は**過去形と同じ形**です。過去形と過去分詞の形がちがうものは、次のようなものを覚えておくとよいでしょう。

過去形とちがう過去分詞　この12語をおぼえよう！

	過去形	過去分詞
speak (話す)	spoke	spoken
see (見える)	saw	seen
give (与える)	gave	given
do (する)	did	done
eat (食べる)	ate	eaten
come (来る)	came	come
write (書く)	wrote	written
know (知っている)	knew	known
take (取る)	took	taken
break (こわす)	broke	broken
go (行く)	went	gone
become (～になる)	became	become

受け身の否定文・疑問文のつくり方は、be動詞の否定文・疑問文と同じです。否定文は、be動詞のあとに**not**を入れます。疑問文は、**be動詞**で文を始めます。答えの文でもbe動詞を使います。否定文や疑問文でも、過去分詞はそのまま使います。

will や can などの助動詞と組み合わせて使われることもあります。〈**助動詞＋be＋過去分詞**〉の形になります。この形では、be動詞はいつも原形のbeを使います。

・The event **will be held** next month. （そのイベントは来月開催されるでしょう。）

基本練習

→ 答えは別冊5ページ

1 [　　] 内の動詞を適する形に変えて使い、英語にしましょう。

(1) スミス先生（Ms. Smith）は彼女の生徒たちに好かれています。[like]

----

(2) 彼らはそのパーティーに招待されましたか。[invite]

----

(3) この映画は日本では知られていません。[know]

----

2 (1)は（　　）内から適するものを選んで、〇で囲みましょう。

(2)～(4)は（　　）内の語を並べかえて、英文を完成しましょう。

(1) この本はいつ書かれましたか。

When was this book (write / wrote / written)?　　　　　[大阪府]

(2) A: Why do you study English and French?

B: The two languages (are / in / taught) my country.　　　[岩手県]

The two languages _____ my country.

(3) A: A lot of people use English all over the world.

B: Yes.　English is (by / people / as / many / uses / spoken) their first language.　（1語不要）　　　[神奈川県]

English is _____ their first language.

(4) A: I hear so many (be / can / seen / stars) from the top of the mountain.

B: Really?　Let's go to see them.　　　　　[栃木県]

I hear so many _____ from the top of the mountain.

😃 ミス注意 **1**(1)「彼女の生徒たちに」は「彼女の生徒たちによって」ということ。

学習した日 ／ ☐ 😐もう一度 ☐ 😃バッチリ!

15 いろいろな文型①

SVC SVOO SVOC #中2 #中3

「うれしそうに見える」など、**「〜に見える」**と言うときは、look を使います。look のあとに happy（幸せな、うれしい）や tired（疲れた）などの形容詞を続けます。

「彼にプレゼントをあげる」など、**「(人)に(物)をあげる」**と言うときは、give を使います。give のあとに、「(あげる)相手」→「(あげる)物」を続けます。

「(人)に(物)を見せる」は〈show＋人＋物〉、**「(人)に(こと)を話す[伝える]」**は〈tell＋人＋こと〉で表します。「人」→「物・こと」の順序に注意します。「人」が代名詞なら、me(私に)、you(あなたに)、him(彼に)、her(彼女に)などを使います。

「私を幸せにする」など、**「(人・物)を(気持ち・ようす)にする」**と言うときは、**make** を使います。makeのあとに、「人・物」→「気持ち・ようす」を続けます。

「(人・物)を〜と呼ぶ」は〈call＋人・物＋呼び方〉、**「(人・物)を〜と名づける」**は〈name＋人・物＋名前〉で表します。

基本練習

→ 答えは別冊5ページ

1 章 文法問題

2 章

3 章

4 章

模試

1 [   ] から適する語を選び、（   ）に書きましょう。

(1)　ジョシュはとても緊張しているように見えました。

Josh（　　　　　　　）so nervous.　　　　[watched / showed / looked]

(2)　ホテルまでの道を教えてくれますか。

Can you（　　　　　　　）me the way to the hotel?　　[tell / say / speak]

(3)　私は彼女にこの辞書をあげました。

I gave（　　　　　　　）this dictionary.　　　　[she / her / hers]

2 (1)と(2)は（   ）内から適するものを選んで、〇で囲みましょう。

(3)～(5)は（   ）内の語句を並べかえて、英文を完成しましょう。

(1)　The new library near the station（ looks / sees / gives / takes ）great.

[神奈川県]

(2)　*Ann:*　What's that?

Taro:　It's a traditional Japanese soup dish for New Year's Day.

We（ give / call / try / show ）it *ozoni*.　　　　[山口県・改]

(3)　*Emi:*　　　 I heard you went to the zoo.　Did you see the baby lion?

Ms. Baker:　Yes.　I'll show（ it / you / some / of / pictures ）.　　[岐阜県]

I'll show _____.

(4)　*A:*　Have you decided the name of your new dog?

B:　Yes.　I（ Shiro / it / after / its / named ）color.　　　　[宮崎県]

I _____ color.

(5)　In the *past, many houses in some *northern countries had *fireplaces.

Winter in these countries is very cold.　So, people（ wood / their houses / burned / make / to ）warm.

(注) past: 過去　northern: 北の　fireplace: 暖炉　　　　　　　　　　[21 埼玉県]

So, people _____ warm.

入試対策 **2** (5)「家を暖かくするために～」という文にしよう。

16 いろいろな文型②

「…に〜があります」「…に〜がいます」と言うときは、〈There is 〜＋場所を表す語句.〉で表します。

単数の場合は There is を使いますが、複数の場合は **There are** を使います。

「…に〜がありますか」「…に〜がいますか」とたずねるときは、be動詞で文を始めて、**Is there** 〜? や **Are there** 〜? の形にします。答えるときも there is / there are を使います。

否定文は、is または are のあとに **not** を入れます。また、「ありました」「いました」と過去のことを言うときは、is を **was**、are を **were** に変えます。

「Aが〜するのを助ける」と言うときは、〈help＋A＋動詞の原形〉の形で表します。動詞の原形を使うことに注意しましょう。

let や make も同じように使われることがあります。〈let＋A＋動詞の原形〉と〈make＋A＋動詞の原形〉はどちらも「Aに〜させる」という意味を表します。letは「相手が望むようにさせる」、makeは「強制的にさせる」という意味合いがあります。

1章 文法問題

2章

3章

4章

模試

1 [　] 内の語句を使って、英語にしましょう。

(1) 5年前ここには背の高い木が1本ありました。[there, tall]

------

(2) スミス先生（Mr. Smith）は彼らに部屋をそうじさせました。

[made, the room]

------

2 (1)と(2)は（　）内から適するものを選んで、○で囲みましょう。
(3)と(4)は指示にしたがって答えましょう。

(1) *A:* I want to read Japanese manga. (Do / Does / Are / Is) there a library
in this town?

B: Yes. You can enjoy reading many Japanese manga there.　　［岩手県］

(2) *A:* Do you know where we'll practice singing?

B: No. I'll ask our teacher and (show / let / tell / want) you know later.

［熊本県］

(3) （　）内の語句を並べかえて、英文を完成しましょう。

A: How did you like my presentation?

B: It was great.

A: Thank you. Actually (finish / helped / it / me / my friend).

B: Oh, I see. It's nice to study with a friend.　　［富山県］

Actually _____.

(4) 次のような場合、どのように英語で表しますか。6語以上で書きましょう。
日本には訪れる場所がたくさんあると伝えるとき。　　［三重県］

😊 ミス注意 **1**(1) 過去の文であることに注意しよう。　(2) madeのあとの語順に注意しよう。

学習した日 ／ □ 😊 もう一度 □ 😊 バッチリ!

17 接続詞の文とは？

「私は〜だと思う」と言うときは、**I think that 〜.** と表します。この that は「〜ということ」という意味を表す接続詞で、あとには **〈主語＋動詞 〜〉** が続きます。

同じように、**「私は〜と知っている」** は、**I know that 〜.** と表します。that は、会話ではよく省略されますが、省略しても意味は変わりません。

「〜のとき…」 と言うときは、when を使います。この when は「いつ？」とたずねる疑問詞ではなく、文と文をつなぐ接続詞です。あとには **〈主語＋動詞 〜〉** が続きます。

上の文は、**When I got up, it was raining.** のように when 〜の部分を先に言うこともできます。

「もし〜ならば」 と言うときは、**if**を使います。ifのあとに条件を続けます。

「〜なので」「〜だから」 と言うときは、**because** を使います。because のあとに理由を続けます。

1章 文法問題

2章

3章

4章

模試

1 英語にしましょう。

(1) あなたは健（Ken）がスポーツが得意だと知っていますか。

----

(2) もし暇なら、テニスをしよう。

----

2 (1)と(2)は（　）内の語を並べかえて、英文を完成しましょう。
(3)は指示にしたがって答えましょう。

(1) *A:* I have a cute cat. You can come to my house and play with my cat next Sunday.

B: Thanks. Can I ask Rio to come with me? She likes cats too.

A: (can / come / don't / I / she / think). She has a club activity every Sunday.

[富山県]

---.

(2) I have to clean my room, so I will (call / I / leave / when / you) my house.

[岐阜県・改]

I have to clean my room, so I will -------------------------------- my house.

(3) 次の内容を4語以上の英文で書きましょう。

①昨日は、雨が降っていたので、家で過ごしたと伝えるとき。　　[三重県]

----

②春にひかり山（Mt. Hikari）に登ったら、多くの美しい花を見ることができるということ。

[三重県]

😊 **ミス注意** **1**(2)「あなたが」と主語を補って考えよう。日本語には出ていないので注意。
2(1)「〜ではないと思う」は、ふつう I don't think 〜. と表す。

学習した日 ／ □ もう一度 □ バッチリ!

18 現在完了形の文①

　〈have＋過去分詞〉の形を**現在完了形**といい、過去からつながっている「今の状態」を言うときに使います。主語が3人称単数のときは、haveの代わりに **has** を使います。現在完了形には3つの使い方があります。

① **「(今まで)ずっと〜している」** と言うとき。（継続）

　期間の長さには for 〜（〜の間）、**始まった時期**には since 〜（〜以来）を使います。

② **「(今までに)〜したことがある」** と言うとき。（経験）

　「**〜に行ったことがある**」は、have been to 〜と表します。経験した**回数**を言うときは〜 times（〜回）を使います。「1回」はonce、「2回」は twice をよく使います。

③ **「もう〜してしまった」「ちょうど〜したところだ」** と言うとき。（完了）

1 [　] 内の動詞を適する形に変えて使い、英語にしましょう。

(1) 美香（Mika）は何回もパリ（Paris）に行ったことがあります。[be]

----

(2) 私たちはすでに昼食を食べました。[eat]

----

(3) 私はちょうど駅についたところです。[arrive]

----

2 (1)と(2)は（　　）内の語を適する形に書きかえましょう。

(3)と(4)は（　　）内から適するものを選んで、〇で囲みましょう。

(1) I'm tired because I have (be) busy since this morning. [山口県]

〔　　　　　　　　〕

(2) I have (meet) many people in my life, and there is a person who I will never forget among them. [京都府]

〔　　　　　　　　〕

(3) *Ryan:* Let's go to see the movie "My Dog." It's a good movie from America.

Kenta: Sorry. (I've been to America once. / I've already seen it. / I've never touched dogs. / I've had a dog since last year.)

Ryan: Then how about "Long River"? [富山県]

(4) *A:* Do you know where Mary is?

B: Yes. She's at home. She didn't come to school today.

A: What happened?

B: She (didn't have / has been / isn't feeling / was felt) sick since last week. I hope she'll come to school tomorrow. [岩手県]

😊 ミス注意 **1** (1) 主語が３人称単数であることに注意しよう。

19 現在完了形の文②・現在完了進行形の文

現在完了形 現在完了進行形 #中2 #中3

現在完了形の否定文は have または has のあとに**not** を入れます。短縮形は haven't、hasn't となります。

「(今までに) 一度も〜したことがない」と言うときは、notの代わりに、**never** がよく使われます。

「まだ〜していない」と言うときは、文の最後に **yet** をつけます。

疑問文は、**Have** または **Has** で文を始めます。**Yes, 〜 have[has].**または **No, 〜 haven't[hasn't].** の形で答えます。

「(今までに)〜したことがありますか」とたずねるときは、ふつう **Have you ever 〜?** と言います。**「もう〜しましたか」**とたずねるときは、文の最後に **yet** をつけます。

How long have you 〜? で、続けている期間をたずねることができます。

状態（know〈知っている〉、live〈住んでいる〉など）ではなく、動作について**「(今まで) ずっと〜し続けている」**と言うときは、〈have[has] been＋動詞のing形〉の形を使います。これを**現在完了進行形**といいます。

※work、practice、rain、study、learn、play、waitなど、一部の動詞は、現在完了形と現在完了進行形のどちらを使ってもあまり意味が変わらない場合があります。

1 [　] 内の動詞を適する形に変えて使い、英語にしましょう。

(1) サッカーの試合はまだ始まっていません。[start]

----

(2) 彼女はもう家を出ましたか。[leave]

----

(3) 今朝からずっと雨が降り続いています。[rain]

----

2 (　) 内の語を並べかえて、英文を完成しましょう。

(1) My (has / eaten / cousin / never) Japanese food before.　　　[栃木県]

My _____ Japanese food before.

(2) *A:* What sport does your brother like?

B: Soccer! He (been / has / playing / for / it) two hours.

He _____ two hours.

(3) *Eric:* (you / joined / have / ever)*Blue Island Marathon?

Kento: Yes. It has beautiful *courses.

(注) Blue Island Marathon: ブルーアイランドマラソン　course(s): コース　　　[長崎県]

_____ Blue Island Marathon?

(4) *Paul:* Thank you for playing the guitar for me, Tetsu. That was great.

How (you / long / practiced / have) it?

Tetsu: For ten years. My mother is a guitar teacher.　　　[山口県・改]

How _____ it?

ミス注意 **2** (1)はnever、(3)はeverの位置に注意しよう。

学習した日　／　□ もう一度　□ バッチリ!

20 名詞をうしろから修飾する語句

日本語では、「机の上の本」や「動物についての本」などのように、名詞を修飾する言葉はいつも名詞の前にきますが、英語では**名詞をうしろから修飾**する場合があります。

①**前置詞**を使う場合。

②**動詞のing形**（現在分詞）を使う場合。「〜している」という意味で前の名詞をうしろから修飾します。動詞のing形は進行形の文（→p.20）で使いましたね。

③**過去分詞**を使う場合。「〜された」という意味で前の名詞をうしろから修飾します。過去分詞は受け身の文（→p.36）で使いましたね。

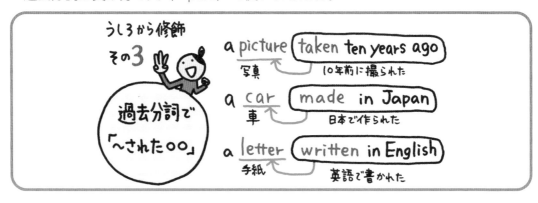

基本練習

→ 答えは別冊6ページ

1 [　] 内の語を使って、英語にしましょう。
必要があれば適する形に変えましょう。

(1) 図書館の前にいるあの少年は私の友達です。[in]

----

(2) 窓のそばにすわっている女性を知っていますか。[sit]

----

2 (1)と(2)は（　）内から適するものを選んで、〇で囲みましょう。
(3)〜(5)は（　）内の語句を並べかえて、英文を完成しましょう。

(1) この地域で育てられた野菜はおいしいです。　　　　　　　　　　　[大阪府]
The vegetables (grow / grew / grown) in this area are delicious.

(2) *A:* Who's the man (wear / wore / worn / wearing) a *kimono*?
B: He's my uncle.　He's my mother's brother.　　　　　　　[宮崎県・改]

(3) *A:* Eri, (have / we / milk / are / any / do) left in the *bottle?　（1語不要）
B: No, I drank it all.　　　　　　　　　　　　　　　　[神奈川県]
(注) bottle：瓶

Eri, _____ left in the bottle?

(4) A few days later, many pictures arrived.　I was very surprised.　I also
(some messages / by / received / local people / written) and *graduates.
(注) graduate：卒業生　　　　　　　　　　　　　　　　　　　　[和歌山県]

I also _____
and graduates.

(5) *Yuki:* Mary, what are you doing here?
Mary: I'm (at / boy / looking / playing / the) soccer over there.　He is so
cool.　　　　　　　　　　　　　　　　　　　　　　　　[岐阜県・改]

I'm _____ soccer over there.

😊 ミス注意 **2** (5)ing形が2つある。1つは進行形に使い、もう1つは名詞をうしろから修飾するのに使う。

学習した日　　／　　□ 😊 もう一度　□ 😊 バッチリ!

21 関係代名詞とは？

　名詞をうしろから修飾するとき、**関係代名詞**を使うこともあります。関係代名詞の **who** を使うと、「**人**」を表す名詞についてうしろから説明を加えることができます。who のあとに、名詞を説明する〈（助動詞＋）動詞〉を続けます。

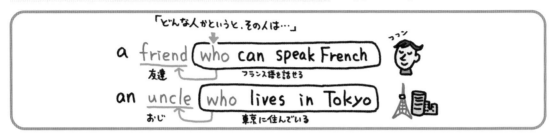

　修飾される名詞が3人称単数で現在の文のときは、関係代名詞のあとの動詞は lives などのようにs のついた形にすることに注意しましょう。

　「**物**」を表す名詞についてうしろから説明を加えるときは、関係代名詞の **that** を使います。that の代わりに **which** を使うこともできます。

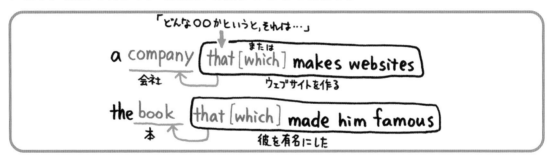

　〈**主語＋動詞**〉のまとまりが前の名詞をうしろから修飾することもあります。

　このとき、〈主語＋動詞〉のまとまりの**前に関係代名詞の that や which を入れる**こともあります。関係代名詞があってもなくても意味は変わりません。

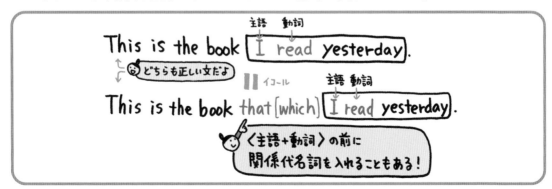

　修飾される語は、anything や something などの代名詞の場合もあります。

基本練習

➡ 答えは別冊7ページ

1 [　　] 内の語を使って、英語にしましょう。

(1) 私には病院で働くおばがいます。[who]

_____

(2) 公園へ行くバスは向こうです。[which]

_____

2 (1)は（　　）内から適するものを選んで、○で囲みましょう。

(2)〜(4)は（　　）内の語句を並べかえて、英文を完成しましょう。

(1) My mother *hangs *noren* (how / who / when / which) are good for each season.　　　　　　　　　　　　　　　　　　（注）hang：〜を掛ける　[静岡県]

(2) 私たちがその場所を訪れることでだけ感じることができるたくさんのことがあります。　　　　　　　　　　　　　　　　　　　　　　　　　　　　　[大阪府]

There are many (that / can / we / things / feel) only by visiting the place.

There are many _____
only by visiting the place.

(3) *A:* Do you (who / know / drinking / is / the boy) coffee over there?
　　B: Yes! He is my cousin. His name is Kenji.　　　　　　　　[栃木県]

Do you _____ coffee over there?

(4) *A:* We're going to watch a soccer game this Sunday. Is (to / anything / I / there / should / bring)?
　　B: You'll need something to drink because it will be hot.　（1語不要）

　　　　　　　　　　　　　　　　　　　　　　　　　　　　　　　[神奈川県]

Is _____ ?

😀 ミス注意 **1** (1) who、(2) which のあとの動詞の形に注意しよう。

学習した日　　／　　□ 😐 もう一度　□ 😊 バッチリ!

22 間接疑問文とは？

　whatなどの疑問詞で始まる疑問文は、別の文の中に入ると疑問詞のあとの語順が変わります。例えば、「私は**これが何なのか**知りません。」は、**I don't know what this is.** と言います。×I don't know what is this.とは言いません。

　疑問詞のあとは、〈**主語＋動詞**〉の語順になるということを覚えておきましょう。

　doやdoes、didなどを使った疑問文の場合も同じです。疑問詞で始まる疑問文が別の文の中に入ると、疑問詞のあとは〈**主語＋動詞**〉になります。

　疑問詞のあとにdoやdoes、didなどは使わないことに気をつけましょう。

　疑問詞のあとの語順が変わらない場合もあります。例えば、「だれがここに住んでいますか。」はWho lives here? と言いますが、「だれがここに住んでいるか知っていますか。」は**Do you know who lives here?** と言います。who（だれが）のように疑問詞が主語になるときは、あとの語順は同じです。

基本練習

→ 答えは別冊7ページ

1 英語にしましょう。

(1) 私が何と言ったか覚えていますか。

------

(2) だれがパーティーに来るか私は知りません。

------

2 （　）内の語句を並べかえて、英文を完成しましょう。

(1) *A:* Do (are / who / they / you / know)?
   B: They are popular dancers.　　　　　　　　　　　　　　　　［千葉県］

   Do _____?

(2) *A:* That's a beautiful picture!
   B: Thank you. It was taken by my brother who lives in India.
   A: (do / is / know / this place / you / where)?
   B: I don't know. I'll ask him later.　　　　　　　　　　　　［富山県］

   _____?

(3) *A:* Please tell (will / goes / you / come / me / when) back home.
   B: Sure. I'll be at home at 7:00 p.m.　（1語不要）　　　［神奈川県］

   Please tell _____ back home.

(4) *A:* I'd like to buy a new computer, but I can't (should / I / one / to / which / decide) buy.
   B: Oh, let me help you.　（1語不要）　　　　　　　　　　　［神奈川県］

   I'd like to buy a new computer, but I can't

   _____ buy.

😊 ミス注意 **1** (2) 疑問詞のあとの語順がもとの疑問文と変わらない場合もあるよ。

1章 文法問題

2章

3章

4章

模試

学習した日　　／　　□ 😊 もう一度　□ 😄 バッチリ！

「もし〜だったら」と現在の事実とはちがうことや現実にはありえない仮定を表すときは、**現在のことでも過去形**で言います。これを**仮定法**といいます。

If I had a planeのあとの「(私は)〜するでしょう」の部分では、will の過去形の would を使って **I would 〜** の形で言います。「(私は)〜できるでしょう」なら can の過去形 could を使って **I could 〜** とします。

「もし私があなただったら〜」 は、**If I were you, 〜.** と言います。仮定法では多くの場合、was の代わりに were が使われます。(was を使う場合もあります。)

「〜だったらいいのに」と現在の事実とはちがう願望を表すときは、**I wish**（私は願います）を使います。I wish のあとの動詞や助動詞は**過去形**にします。

基本練習

→ 答えは別冊7ページ

1 [　] 内の語を使って、英語にしましょう。

(1) もし十分なお金を持っていたら、その車を買うでしょう。［buy］

----

(2) 私が走ることが得意だったらいいのに。［wish］

----

2 (1)と(2)は（　）内から適するものを選んで、〇で囲みましょう。
(3)と(4)は（　）内の語を並べかえて、英文を完成しましょう。

(1) *A:* If you (could / didn't / had / weren't) go back to the past, what would you do?

B: I would say to myself, "You should do everything you want to do."

[岩手県・改]

(2) *A:* I have been sick since this morning.

B: Oh, really? How do you feel now?

A: Not so good. I will go to bed earlier.

B: If I (am / were / wish / wished) you, I would go to the doctor. [岩手県]

(3) *A:* Have you ever been to *Koshien* to watch the baseball games?

B: No. (Hyogo / I / I / in / lived / wish). I would go to watch the baseball games every summer. [富山県・改]

--.

(4) *A:* From tomorrow, I have summer vacation for one week.

B: Great. (were / you / if / I), I would go abroad. [徳島県]

--, I would go abroad.

😊 ミス注意 **1** (1) 「十分な」は enough を使おう。 (2) 「～が得意だ」は be good at ～。be の形に注意。

学習した日 　／　 □😊 もう一度 □😊 バッチリ！

24 命令文・感嘆文・代名詞について

　「〜しなさい」 などのように相手に指示するときは、主語を使わずに、**動詞の原形**で文を始めます。このような文の形を**命令文**といいます。

　be動詞の文の場合は、**Be** quiet.（静かにして。）のように Be で文を始めます。

　「(どうぞ)〜してください」 のように指示の調子をやわらげるときは、**please** を使います。**「〜してはいけません」** と言うときは、命令文の前に **Don't** をおきます。

　「〜しましょう」 と誘ったり提案したりするときは、**Let's** を使います。

　「なんて〜でしょう！」 のように、感動や喜び、驚きを表す文も覚えておきましょう。〈**How**＋形容詞[副詞]!〉や〈**What** (a) 形容詞＋名詞!〉の形で表します。

・**How** big!（なんて大きいのでしょう!）　・**What** a big dog!（なんて大きな犬でしょう!）

　「私」「彼」「それ」 などを表す**代名詞**は、**文の主語**になるとき（〜は）、**名詞の前**にくるとき（〜の）、**動詞や前置詞のあと**にくるとき（〜を、〜に）で形が変化します。

〈単数〉	〜は	〜の	〜を, 〜に	〈複数〉	〜は	〜の	〜を, 〜に
私	I	my	me	私たち	we	our	us
あなた	you	your	you	あなたたち	you	your	you
彼	he	his	him	彼ら			
彼女	she	her	her	彼女ら	they	their	them
それ	it	its	it	それら			

基本練習

➡ 答えは別冊7ページ

1 英語にしましょう。

(1) なんて興味深い映画なんでしょう！（what を使う）

---

(2) 私たちのお気に入りの音楽について話しましょう。（talk、favorite を使う）

---

(3) ここでくつを脱いでください。（please で始める）

---

2 (1)～(3)は（　）内から適するものを選んで、〇で囲みましょう。
(4)は（　）内の語を並べかえて、英文を完成しましょう。

(1) At noon, we had lunch which my mother made for (we / our / us / ours).

[栃木県]

(2) A: Here is your tea.
B: Thank you.
A: (Aren't / Be / Do / Don't) careful. It is still hot.　　　[岩手県]

(3) A: These bananas and oranges look very good.
B: Yes. Which do you want to eat for breakfast tomorrow?
A: Let's buy both of (them / it / you / us). I love all fruits.　　　[岩手県]

(4) A: Don't (afraid / asking / be / to / questions / of) if you have something
you don't understand.
B: Thank you.　　（1語不要）　　　[神奈川県]

Don't _____
if you have something you don't understand.

😀 ミス注意 **2** (2) be動詞の命令文だよ。

057

学習した日 ／ 　□ もう一度　□ バッチリ！

→ 答えは別冊29ページ

得点 ／100点

1章 文法問題

1 次の英文中の (1) から (6) に入れるものとして、下の(1)から(6)のア、イ、ウ、エのうち、それぞれ最も適切なものはどれですか。1つずつ選んで、記号を○で囲みましょう。

[栃木県] 各4点

I like music the best (1) all my subjects. The music teacher always (2) us that the sound of music can move people. I cannot speak well in front of people, (3) I think I can show my feelings through music. I learned (4) play the guitar in class last year. Now, I practice it every day. In the future, I want to visit a lot of countries and play the guitar there. If I can play music, I will get more (5) to meet people. Music (6) no borders, so I believe that I can make friends.

(1) ア at   イ for   ウ in   エ of
(2) ア says   イ tells   ウ speaks   エ talks
(3) ア but   イ or   ウ because   エ until
(4) ア how   イ how to   ウ the way   エ what to
(5) ア lessons   イ hobbies   ウ chances   エ spaces
(6) ア are   イ do   ウ has   エ becomes

2 次の(1)〜(3)の対話文の ( ) の中から最も適当なものを、それぞれア〜エから1つ選び、記号を○で囲みましょう。

[熊本県] 各5点

(1) *A:* Wow, their performance is exciting! That girl on the stage is my classmate.
   B: Really? The boy (ア   is playing   イ   playing   ウ   plays   エ   who play) the guitar is my friend.

(2) *A:* Look at the man over there! He's playing basketball very well.
   B: Right. He's so cool! I wish I (ア   will   イ   can   ウ   could   エ   should) play like him.

(3) *A:* Do you know this book?
   B: Yes. It's *Kusamakura*. It (ア   is written by   イ   was written by   ウ   is writing   エ   was writing) *Natsume Soseki* more than 100 years ago.

3 次は、Shin とオーストラリアから来た留学生の Beth との対話の一部です。2 人は、紙幣 (banknote) について話をしています。これを読んで、下の(1)〜(3)に答えましょう。

［山口県］各5点

Beth: Shin, this is a banknote of Australia. It's made of special plastic.
Shin: Special plastic?
Beth: Yes. It's (A)(strong) than paper, so people can use it for a long time.
Shin: That's great.
Beth: I think that (B)(people / the banknotes / in / use) Japan are also special.
Shin: What do you ____(C)____ ?
Beth: They have wonderful pictures. For example, the picture of Mt. Fuji on the banknote is so beautiful.
Shin: Wow, it's interesting to learn about the banknotes ____(D)____ in each country.

(1) 下線部(A)の(　　　)の中の語を、適切な形にして、英語1語で書きましょう。

〔　　　　　　　〕

(2) 下線部(B)の(　　　)の中の語句を、本文の内容に合うように並べかえて書きましょう。

I think that _____

Japan are also special.

(3) 下線部(C)、(D)に入る最も適切なものを、それぞれア〜エから選び、記号を○で囲みましょう。

(C) ア support　　イ mean　　ウ cover　　エ produce
(D) ア use　　　　イ uses　　ウ using　　エ used

4 次の対話は、アメリカにホームステイをしている中学生の芽依 (Mei) とホストファ
ミリーの高校生のアリア (Aria) が話をしているときのものです。 [(1)] 〜
[(5)] に入る最も適切なものを、それぞれ下のア〜オから1つずつ選び、記号で
答えましょう。

［宮崎県］各4点

Aria: Mei, your English is getting better.

Mei: Thank you for supporting me.

Aria: [(1)] Well, why don't we do something tomorrow?

Mei: I want to go to the library in the morning.

Aria: O.K. I need to go there too. How about lunch?

Mei: I would like to eat seafood.

Aria: There is a delicious seafood restaurant near the station.

Mei: That sounds good. Let's go there.

Aria: What do you want to do after lunch?

Mei: [(2)]

Aria: Oh, I hear the zoo has been closed.

Mei: Really? Then let's go to the art museum in the afternoon.

Aria: [(3)] I'm sure you will like them.

Mei: By the way, my little sister's birthday is coming soon.

Aria: Are you planning to send a birthday present to her?

Mei: Of course. [(4)]

Aria: Sure! How about a picture book? She likes reading, right?

Mei: Yes. I hope I can find a book written in easy English for her.

Aria: There is a bookstore near the art museum. [(5)]

Mei: Great. I think we have made a nice plan for tomorrow.

Aria: I think so too.

ア Can you help me find a nice one?

イ I want to visit the zoo or the art museum.

ウ I'm glad to help you.

エ There are a lot of famous pictures.

オ We can go there in the evening.

(1) [   ]   (2) [   ]   (3) [   ]
(4) [   ]   (5) [   ]

5 次の対話や英文が成り立つように、それぞれ（　　　　）の中の単語や語句を並べかえて英文を完成させましょう。　　　　　　　　　　　　　　各7点

(1) *A:* I really like watching tennis games.

B: Oh, do you? Do you like playing tennis too?

A: No, I just like watching it. (do / play / sport / what / you)?

B: I play baseball every week.　　　　　　　　　　　　　　　　　［富山県］

_____ ?

(2) （家で）

Mother: Tom, are you still reading a book? It's time to go to bed! It's already 11:00 p.m.

Tom:　　Yes, but this book is so interesting that I can't stop reading it.

Mother: Well, (been / long / you / have / how) reading it?

Tom:　　Oh, for more than four hours. I should stop here and go to bed.　　［岐阜県］

Well, _____ reading it?

(3) The *bakery has been popular for many years. There are many kinds of *bread there. My friends and I often go there to buy our favorite bread. We like eating the bread and we often talk about it. *Through the work experience, (the bakery / I / so popular / understood / is / why). I learned a lot about the way to make and sell bread.

(注) bakery：パン屋　bread：パン　through ～：～を通して　　　　　　　　　　　［京都府・改］

Through the work experience, _____

_____ .

単語の効率的な覚え方

英単語は文章の中で覚えるのがコツ

くり返し英文ごと覚えて、自分でも英作文してみよう

　英単語だけを見て、ひたすら日本語の意味を覚えようとしても、なかなか頭に入りませんよね。正確に頭に入れるために大切なのは、文章の中でその英単語の意味を覚えることです。

　まず、教科書や問題集の文章に出てくる英単語の、文中で使われている意味を確認しましょう。定期テストは、教科書に掲載された文章から出題されるので、教科書に出てくる英単語は確実に覚えるようにします。例文の出ている英単語帳を1冊用意して、毎日少しずつ覚えるのもよいでしょう。

　次に、覚えた英単語を使って、自分で英作文をしてみましょう。「自分だったらこの単語をどのように使うかな」と考えながら英文を考えてみることで、その英単語の生きた使い方を身につけることができます。

　英単語の意味は一度で完璧に覚えようとする必要はありません。同じ英単語でも何度かくり返して覚えるほうが、実は効率がよいのです。完璧に覚えようと思わずに、気持ちを楽にして、日々少しずつ英単語や英文に触れながら覚えましょう。

> 自分の好きな日本の漫画を英訳したものを入手して、セリフがどんな英文になっているかを見てみるのもおすすめだよ。

英単語や英文は音声を聞こう

音声を聞くことが大切

　英単語を覚えるとき、音声教材の付いた単語帳などを選んで音声を聞くと、英語の発音やアクセントを正確に覚えることができるだけでなく、英文特有のリズムに慣れることもできます。一つの英単語・英文につき、だいたい20回くらいくり返して聞くと、記憶として定着していきます。

　最近では、アプリで音声を聞けるものもあるので、活用してみましょう。また、自分の好きな英語の曲を見つけて、歌詞を見ながら曲を聞くのもよい勉強法です。

　こうして、英語の音声を聞く機会を増やすことによって、ネイティブの話すリズムや強弱の付け方にも慣れていくことができます。これは、リスニング問題に取り組む際にもとても役に立ちます。毎日10分など時間を決めて、こつこつ続けるとよいでしょう。

2 章

読解問題

25 [指示語] 指示語の内容を答える問題①

　指示語とは、文の中で**1度述べられた語句や内容を指し示す働きをする言葉**のことです。同じ内容をくり返すのをさけるために使われます。**it**、**this**、**that**、**they**、**them** などがあります。入試では、指示語が指している内容を問う問題が出されます。

| it | 単数の物 | this, that | 単数の人・物、前の語句や文の内容 |
| they, them | 複数の人・物 | these, those | 複数の人・物、前の語句や文の内容 |

 単数、複数に注意しよう。**it**、**this**、**that** なら**単数**のもの、**they**、**them**、**these**、**those** なら**複数**のものを指すよ！

　指示語が指す内容は、ふつうその指示語よりも前の部分に書かれています。なので、**前の部分に特に注意して読む**ことが大切です。また、指示語が指すものが、単数なのか複数なのか、人なのか物なのかにも注目します。

例題　次はニュージーランドからの留学生のエドワード（Edward）が英語の授業で行った自動販売機（vending machine）に関するスピーチの原稿の一部です。これを読んで、them の表している内容に当たるものとして最も適しているひとつづきの**英語3語**を本文中から抜き出して書きなさい。　　　　　　　　［大阪府］

　Last week, I saw an interesting vending machine at a station. It was a vending machine for selling fresh fruit. I was surprised to see it. I bought two fresh apples and ate <u>them</u> with my host family at home. They were delicious. I didn't imagine we could buy fresh fruit from a vending machine.

　例題で問われているのは、them が指すものです。**them は複数の人・物**を指すので、前の部分から**複数名詞**を探します。**this、that、it なら単数の人・物**を指します。

 この部分に注目しよう。

I bought two fresh apples and ate **them** with my host family at home.

「3語」という指示があることにも注意しよう。two fresh apples が当てはまるね。

　指示語の部分に two fresh apples を当てはめてみて、意味が通るかどうかを確認しましょう。「**2つの新鮮なリンゴ**を家でホストファミリーといっしょに食べました」となり、意味が通ります。

→ 答えは別冊8ページ

1 次の英文は、中学生の Maki が英語の授業で書いた作文の一部です。下線部 them が指すのは何ですか。英語１語を同じ段落中から抜き出して書きましょう。 [岡山県]

　If your toy is *broken, what do you do? Do you *throw it away and buy a new one? Instead, you can take it to a toy hospital. Toy doctors *repair broken toys at toy hospitals. If toys are repaired, you can play with them again.

　I read a newspaper article about toy hospitals two years ago. To know more about them, I worked at Sato Toy Hospital as a volunteer for a month last summer.

(注) broken：壊れた　throw 〜 away：〜を捨てる　repair 〜：〜を修理する

2 次は、高校生の義雄（Yoshio）、アメリカからの留学生のサラ（Sarah）、久保先生（Mr. Kubo）の３人が交わした会話の一部です。会話文を読んで、本文中の it の表している内容に当たるものとして最も適しているひとつづきの英語５語を、本文中から抜き出して書きましょう。 [大阪府]

Mr. Kubo: Today, we can learn many things easily by using the Internet. But we need to find chances to have experiences in the world.

Yoshio: That's true. I think we should keep that in mind. Now I want to learn more things about *Lake Biwa and go there again.

Sarah: Oh, Yoshio. When you find something interesting about Lake Biwa, please tell us about it.

Yoshio: Sure.

(注) Lake Biwa：琵琶湖

😀 ミス注意 語数の指定があることに注意。また、当てはめてみて意味が通るかも確認しよう。

学習した日 ／ □ もう一度 □ バッチリ!

指示語の内容を答える問題②

指示語の内容を説明する問題には、指示語が指す内容を**本文中から抜き出す**形式や**当てはまる英文を選ぶ**形式のほか、**日本語で説明**する形式もあります。

例題　次は、高校１年生の Tsuneo が書いた英文です。下線部 I thought this was amazing! の this は何を指していますか。日本語で書きなさい。　　　　　[22 埼玉県]

　　There are several *merits of pencils. Do you know how long you can write with just one pencil? I read an article on the Internet. It said you can draw a line about 50 km long! I thought this was amazing! You can write with a pencil longer than many other *writing tools. A pencil can be used in many different environments, too. For example, if you use a *ball-point pen in a very cold place like the top of a mountain in winter, writing will probably be very difficult.

(注) merit：長所　writing tool：筆記用具　ball-point pen：ボールペン

[　　　　　　　　　　　　　　　　　　　　　　　　　　　　　　　　　　]

---

this や that は**前に出た語句**だけでなく、前の文全体の内容を指すこともあります。例題では、Tsuneo が驚くべきことだと思ったのはどんなことかを読み取ります。

 話の流れにも注目。前の文の It は「記事」のことで、記事の内容は「１本の鉛筆でどのくらい長く書けるか」についてだよ。

Do you know <u>how long you can write with just one pencil?</u> I read <u>an article</u> on

the Internet. It said <u>you can draw a line about 50 km long!</u>

 this が指す内容はふつう**直前の文**にあるよ。この部分が当てはまるよ。インターネットの記事には「１本の鉛筆で約 50 キロメートルの長さの線を引くことができる」と書いてあったんだね。

I thought **this** was amazing!

指示語の部分に当てはめてみると、「私は（１本の鉛筆で約 50 キロメートルの長さの線を引くことができること）は驚くべきことだと思いました！」となり、意味が通ります。指示語が指すのはどこからどこまでなのかに注意しましょう。

1 主人公である修二（Shuji）と、その同級生の竜也（Tatsuya）について書かれた英文です。本文中の下線部 that の指す内容は何ですか。日本語で書きましょう。 [栃木県]

　　When we were 11 years old, the situation changed.　In a city tournament, I played a badminton game against Tatsuya.　Before the game, he said to me, "Shuji, I will win this time."　I thought I would win against him easily because I never lost against him.　However, I couldn't.　I lost against him *for the first time. I never thought that would happen so soon.　He smiled and said, "I finally won!" Then I started to practice badminton harder because I didn't want to lose again.

(注) for the first time：初めて

2 次の英文は、高校1年生の絵里奈（Erina）と拓哉（Takuya）が、ある記事（article(s)）について話をしているところへ、ALT のケイト（Kate）先生がやってきて会話に加わった場面です。下線部 That は具体的にどのようなことですか。日本語で書きましょう。 [佐賀県]

Kate: 　Hello, what are you talking about?

Erina: 　Hi, Kate.　We have to *give a presentation in English class, so we are deciding the topic.　Takuya found a good article about *studying abroad.

Takuya: Look at this.　*According to the article, the number of Japanese high school students who want to study abroad is becoming smaller.

Kate: 　Oh, really?　That's not good!　I think we can learn many things through studying abroad.

(注) give a presentation：プレゼンテーションをする　study(ing) abroad：留学する　according to 〜：〜によると

ミス注意 **1** 指示語の指す部分に含まれる代名詞（him）は具体的に書くようにしよう。

学習した日 　／　 □ もう一度 □ バッチリ!

27 内容の説明 下線部の内容を答える問題①

下線部の内容を答える問題には、その**具体的な内容**を**日本語で説明する**形式や、**適切な英文・日本文を選ぶ**形式などがあります。

下線部の語句が表す内容は、その近くに書かれていることが多いので、下線部の**前後の文を中心に読み取る**ことが大切です。また、下線部と同じ語句や、言いかえた表現を探すことも解答への手がかりとなります。

例題 下線部 breakfast is good for our bodies とは具体的にどのようなことですか。あとの文がその説明になるように、〔　　〕に適当な日本語を書きなさい。〔佐賀県〕

　I want to show that breakfast is important for us. In a book, it says that breakfast has two good points. First, breakfast is good for our bodies. Bodies get warmer by having breakfast, and we can play sports well without *getting injured.

(注) get(ting) injured：ケガをする

〔　　　　　　　　　　　　　　　　　　　　　　　　　　　　　　　　〕。

また、ケガをすることなく運動ができる。

まずは下線部の意味を確認しましょう。下線部は「朝食は私たちの体によい」という意味なので、**「朝食が体にもたらすよいこと」**を下線部の前後から探します。すぐあとの文を見ると、下線部と同じ Bodies、breakfast という語があります。この文に着目し、内容を読み取りましょう。

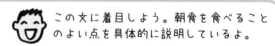

この文に着目しよう。朝食を食べることのよい点を具体的に説明しているよ。

First, breakfast is good for our bodies. Bodies get warmer by having breakfast, and we can play sports well without getting injured.

すでに示されている「ケガをすることなく運動ができる」に当たるよ。これも手がかりになるね。

直後の「朝食を食べることで体が温まり、ケガをすることなくうまくスポーツをすることができる」が下線部の具体的な内容。空所に合うように**「朝食を食べることで体が温まる」**とする。

「ケガをすることなく運動ができる」ということはすでに示されているので、この内容を重複して答えないように注意しましょう。また、**与えられた形式に合うように答えを書くことも大切**です。

1 Hill 先生の英語の授業で、高校生の Bob たちが人々の行動（action）を変えることで社会問題（social problem）を解決する工夫について調べ、その事例を発表（presentation）しました。次の英文は、発表の一部です。あとの問題に答えましょう。 [岡山県]

Mr. Hill: You have learned that people may *solve some social problems in a nice way. I want you to share some examples you have found. Let's start, Bob.

Bob: OK. I have found <u>an example about a *cafeteria in a company</u>. Some workers in that company got sick because they ate too much. Food *waste was also a problem for the cafeteria. To solve these problems, the company *prepared two sizes of *plates for workers who eat at the cafeteria. On the smaller plate, the *amount of food was smaller. A *sign was also put by the plates. It said, "Most of the workers choose the smaller plate." Then, more workers did so and they also ate all the food on the plate. In this way, the company solved both of the problems.

Mr. Hill: Thank you, Bob. The cafeteria did not make any *rules. They just gave people two choices.

(注) solve ~：～を解決する　cafeteria：社員食堂　waste：廃棄物　prepare ~：～の準備をする
plate：料理を入れる皿　amount：量　sign：標示、掲示　rule：規則、ルール

・下線部 <u>an example about a cafeteria in a company</u> について、紹介されている行動変化の内容を説明する次の文の空所にそれぞれ適当な日本語を入れましょう。

より多くの働く人が [　　　　　　　　　　　　　　　] を選び、

しかも皿に盛られた [　　　　　　　　　　　　　　　] ようになった。

😊 **ミス注意** cafeteria で行われたことを読み取ろう。空所に合うように日本語を整えることにも注意。

学習した日 ／ □ もう一度 □ バッチリ!

28 理由の説明 下線部の内容を答える問題②

下線部の内容を答える問題には、**理由を答える**問題もあります。

下線部の行動や出来事などについて理由を答える問題では、まず、**so**（それで、だから）や **because**（〜なので）といった**理由を表す語**が近くにあるか探してみましょう。

例題 健が下線部 <u>I have to study it for two hours every day.</u> のようにするのはなぜですか。その理由を日本語で具体的に答えなさい。

Anna: You study English very hard, Ken.

Ken: Yes. <u>I have to study it for two hours every day.</u>

Anna: Wow, that's great. Why is that?

Ken: I study it because I'm not good at it. I don't do well on every test.

Anna: I see. I'll help you study English.

Ken: Really? Thanks, Anna.

まずは下線部の意味を確認しましょう。「私はそれ（＝英語）を毎日2時間勉強しなければなりません。」という意味です。健が英語を熱心に勉強する理由を読み取ります。ここでは、健の2番目の発言に **because があることに着目**しましょう。because はあとに理由が続くので、あとの文に注意します。so の場合は理由は前にくることも覚えておきましょう。

Ken: Yes. <u>I have to study it for two hours every day.</u>

Anna: Wow, that's great. Why is <u>that?</u> この that は前の健の発言を指しているよ。英語を勉強する理由をたずねているんだね。

Ken: I study it because I'm not good at it. I don't do well on every test.

 理由を表す because があるね。この文に着目！ because に続く文に英語を勉強する理由が書かれているよ。

because に続く文は「私はそれ（＝英語）が得意ではありません」という意味で、これが健が英語を熱心に勉強する理由に当たる。
問われているのは理由なので、「英語が得意ではない<u>から</u>。」などのように答える。

理由を表す because や so がない場合もあります。そのときは、**下線部の前後の文をよく読み**、理由を表す文を探すようにしましょう。

1 次の英文は、晴（Haru）とクリス博士（Dr. Chris）とのオンラインでの対話の一部です。晴は、「宇宙での生活」に関する英語の発表活動に向けた準備をしていて、宇宙に詳しいクリス博士にインタビューをしています。これを読んで、あとの問いに答えましょう。 ［岩手県・改］

［宇宙飛行士は、宇宙では新鮮な野菜をあまり食べることができないということが話題になっています。］

Dr. Chris: One vegetable was grown in space *experiment.

Haru: I want to know how the vegetable was grown in space.

Dr. Chris: I'll tell you about an interesting machine. Its name is "Veggie."

Haru: "Veggie!" That's an interesting name.

Dr. Chris: It uses *LED lights. Vegetables can't get *sunlight at night, but "Veggie" can give light to them *all day. Also, it needs *less water than a farm on the *earth.

Haru: How useful! What vegetable was grown in the experiment?

Dr. Chris: *Lettuce was.

Haru: Lettuce! Let me think about <u>the reasons for growing lettuce</u>. Well..., I think it's very easy to eat because we don't often cook it.

Dr. Chris: That's true. *Astronauts can do other things if they can *save time. Also, lettuce can grow faster than other vegetables in space.

Haru: I see. I'm glad to learn about those things.

(注) experiment：実験　LED light(s)：LEDライト　sunlight:太陽光　all day：一日中　less：より少ない
earth：地球　lettuce：レタス　astronaut(s)：宇宙飛行士　save：節約する

・文中の下線部 <u>the reasons for growing lettuce</u> について、次のア〜エのうち、その内容として正しいものはどれですか。1つ選び、○で囲みましょう。

ア　Astronauts can eat lettuce without cooking it and lettuce can grow fast.

イ　Astronauts can enjoy eating delicious lettuce after they cook it.

ウ　Astronauts have to cook lettuce because it grows fast.

エ　Astronauts have to learn how to get sunlight all day.

理由を表す because があることに着目しよう。

29 内容の説明 下線部の内容を答える問題③

下線部の内容を答える問題には、下線部の具体的な内容や理由を答える問題のほか、think so や do that など、so や that などを含む表現が指す内容を答える問題もあります。

so は「そのように、そのようで」という意味で、前の文などの内容を受ける使い方があり、また that や it などの指示語は前に出た語句や内容を再び指すときに使う語です。ですから、このタイプの問題では、下線部の前の部分に注目して読み取ることが大切です。（指示語の問題は 64、66 ページでもあつかっています。）

例題 次の英文は、中学生のみゆきが書いたメールの一部です。これを読み、下線部 I can't do that について、その具体的な内容を日本語で書きなさい。

Thank you for your e-mail. You enjoyed your vacation in Australia, right? I didn't know about all the amazing wildlife there. I want to go there someday. You held a kangaroo. I saw the picture of that. <u>I can't do that</u> because I'm afraid of animals. Please tell me more about your stay in Australia next time.

みゆきは [　　　　　　　　　　　　　　　　　　　　　　] ということ。

下線部は「私はそれをすることができません」という意味です。that などの指示語が指す内容は前の部分に書かれていることが多いので、下線部よりも前の部分を特に注意して読み取ります。

 do that が指す動作を**前の部分**から探そう。前の文の that も同じものを指しているよ。

You held a kangaroo. I saw the picture of <u>that</u>. <u>I can't do that</u> because I'm afraid of animals.

 because 以下はその動作ができない理由だよ。do that が指す動作ではないよ。

held は hold（かかえる、手に持つ）の過去形なので、do that の部分に hold a kangaroo を当てはめる。すると、「私はカンガルーをだっこすることはできません」となり、意味が通る。答えは、「（みゆきは）カンガルーをだっこすることができない（ということ。）」となる。

基本練習

→ 答えは別冊10ページ

1 中学生の絵美（Emi）と彼女の住む町で作られている「あおい焼（*Aoi-yaki*）」という陶器に関する次の英文を読んで、あとの問いに答えましょう。　［長崎県］

　　One day, when Emi was washing the dishes at home, she *dropped a *cup and it was broken. Her mother said to her, "Actually, that was your father's favorite cup. He bought it and kept using it for more than ten years. It was *Aoi-yaki*." Emi didn't know that. Emi said to her father, "Sorry. I broke your cup. I will buy a new cup for you." "That's OK. <u>You don't have to do that</u>," he said to Emi. He wasn't angry but looked sad.

(注) drop：〜を落とす　cup(s)：カップ、ゆのみ

・次は下線部 <u>You don't have to do that</u> の具体的な内容を説明したものです。
　空欄に、15字以上20字以内の日本語を書きましょう。

　　絵美が 〔　　　　　　　　　　　　　　　　　　〕

　　ということ。

2 次の英文は、高校生の正人（Masato）と ALT（外国語指導助手）のサラ（Sara）の対話です。これを読み、あとの問いに答えましょう。　［和歌山県・改］

Masato:　For yesterday's event, I *did some research on five countries which joined the event. I could talk with the foreign students well because I got some information *in advance. We *knew our *differences and *respected them. So we had some good ideas.

Sara:　Good!

Masato:　I think there are important things which we can learn from our *mistakes.

Sara:　<u>I think so, too.</u>

(注) do some research on 〜：〜の情報を集める　in advance：前もって　knew：know の過去形　difference：違い
　　　respect：尊重する　mistake：失敗

・下線部 <u>I think so, too.</u> について、so の内容を日本語で具体的に書きましょう。

　　〔　　　　　　　　　　　　　　　　　　　　　　〕

😊入試対策 **1** 字数の指定があることに注意。また、空欄の前後の言葉とうまくつながるかも確認しよう。

学習した日　／　□ 😊 もう一度　□ 😄 バッチリ！

適する語句を補う問題には、英文や対話文の空所に入る**語句を選ぶ**形式や、適する**語句を自分で考えて答える**形式があります。この問題では、**選択肢や空所の前後をよく読む**ことが大切です。

例題 次の英文の（　　　　）内から適するものを○で囲みなさい。

　I'm Andy from Canada. I'm going to stay in Japan this summer. I'm interested
(to / with / in) Japanese anime. So I want to go to Akihabara to buy manga. Manga
is very (difficult / popular / expensive) in our country, and many people read it.
I can't wait to visit Japan.

　語句を選ぶ形式では、まず**選択肢の語句を確認**します。次に、（　　　）の前やあとの部分との**つながりを確認**しましょう。

I'm interested (to / with / **in**) Japanese anime.

 前の interested に注目！　interested とつながるものを考えよう。
be interested in 〜で「〜に興味がある」という意味だね。

　このように、熟語が出題される場合もあります。前後とのつながりから、選択肢の語が**熟語の一部になっているかどうかも確認**するようにしましょう。

Manga is very (difficult / **popular** / expensive) in our country, and many people read it.

 （　　　）を含む前半部分は「マンガは私たちの国ではとても〜だ」という意味で、and のあとの後半部分は「多くの人がそれを読んでいる」という意味。
選択肢は「難しい」「人気のある」「（値段が）高い」。popular を入れると前半と後半がうまくつながるね。

　選択肢の**単語の意味を確認**したら**前やあととのつながりを確かめ**、どの語を入れるのが適切かを考えましょう。選んだら、その語を当てはめてみて、意味が通るかどうかを確認しましょう。前後の語句や文とのつながりを確認することが大切です。

　形容詞のほか、名詞、動詞を選ぶ問題もよく出ます。基本的な単語と熟語の意味を覚えて、語いを増やすことも必要です。

基 本 練 習

→ 答えは別冊10ページ

1 次の英文を読んで、（　　　）の中から適するものを選び、〇で囲みましょう。

⑴ I like *penguins the most. Penguins are birds, but they can't fly. They can swim well in the water. There are many kinds (at / by / of / to) penguins in the world. Today, I will talk about my favorite penguin.　　　　［大阪府］

(注) penguin：ペンギン

⑵ How many times do you look at a clock or a watch every day? To (study them / wear them / take care of them / live without them) is difficult today. Now, we can find many kinds of clocks and watches around us. It's very interesting to see them.　　　　［栃木県］

2 次の英文は、鈴木先生（Mr. Suzuki）とアメリカからの留学生のソフィア（Sophia）の対話です。対話文中の⑴～⑶の（　　　）の中から適するものをそれぞれ１つずつ選び、〇で囲みましょう。　　　　［神奈川県］

Mr. Suzuki:　What are you interested in?

Sophia:　　Japanese culture. I think I can learn many important things from it. I ⑴(collect / create / have / respect) it a lot. I'm especially interested in practicing *kendo*, wearing a *kimono*, and writing *haiku*.

Mr. Suzuki:　Great! I think it's a good idea to join the *kendo* club at our school because I want you to have some great ⑵(doors / experiences / schools / seasons) in Japan.

Sophia:　　That sounds nice!

Mr. Suzuki:　I think learning about ⑶(different / few / necessary / same) cultures will help you understand people living in other countries.

Sophia:　　I think so, too, Mr. Suzuki. I'll try many things in Japan.

入試対策 **1**⑵私たちが毎日見る「時計」が話題になっているね。
2⑴直後の it は Japanese culture を指しているよ。

学習した日　／　□ もう一度　□ バッチリ！

適する語句を補う問題では、適切な**動詞の形**や**用法**が問われる場合もあります。進行形や受け身などの基本的な**文の形**や動詞のあとにどのような語が続くかという**動詞の用法**を押さえておく必要があります。また、動詞の形や用法を問う問題では、選択肢と前後の語句とのつながりを確認することが大切です。

例題 次の英文の（　　　　）内から適するものを〇で囲みなさい。

Hi, Judy. You didn't come to school today. I heard you had a fever. Are you (feel / felt / feeling / to feel) better now? I have something to tell you. Ms. White (told / said / spoke / talked) us to bring old clothes next Monday. We will sell them at the school festival. I hope you'll get well soon.

選択肢が１つの**動詞の変化形**になっている場合は、特に**選択肢の前の部分に注目**します。選択肢の**動詞が異なる**場合は、特に**選択肢のあとの部分に注目**します。

 この部分に注目！ be 動詞の Are があるよ。

Are you (feel / felt / **feeling** / to feel) better now?

 選択肢は feel の形が変化したものだね。**be 動詞**と使う形を考えよう。

この部分に注目！「人＋ to ＋動詞の原形」が続いているよ。

Ms. White (**told** / said / spoke / talked) us to bring old clothes next Monday.

 「人＋ to ＋動詞の原形」が続くのは told だけ。told は tell の過去形だよ。〈tell ＋人＋ to ～〉で「(人)に～するように言う」という意味になるよ。

次のような点を押さえておくとよいでしょう。

前が
- be 動詞 …進行形(ing形)または受け身(過去分詞)
- to … 動詞の原形
- have [has] … 現在完了形(過去分詞)

使い方に注意する動詞
- give [show / tell] ＋人＋物
- tell [want / ask] ＋人＋ to ＋動詞の原形
- make ＋人＋形容詞

選んだ語句を当てはめてみて、意味が通るかどうかを忘れずに確認しましょう。

1章

2章 読解問題

3章

4章

模試

1 次の会話文を読んで、（　　　）の中から適するものを選び、○で囲みましょう。

［大阪府］

(1) *Batbayar:* Hi, Rena. I'm thinking about my sister's birthday present.
　　Rena: Oh, you are a kind brother. When is her birthday?
　　Batbayar: It will be next month. Will you (give / hold / know / like) me a good idea about a present?

(2) *Erik:* Hello, Mr. White and Sakura. What are you talking about?
　　Sakura: Hi, Erik. We are talking about the Japanese *tea ceremony.
　　Mr. White: Sakura is a member of the tea ceremony club, and sometimes I join the activity. Erik, have you ever (have / has / had / having) the experience of the Japanese tea ceremony?
　　Erik: No, I haven't, but I heard it's interesting.

(注) tea ceremony：茶道

2 次の英文中の(1)～(6)の（　　　）の中から適するものを選び、○で囲みましょう。

［栃木県］

Dear Emma,

Hi, (1)(how / who / when / why) are you, Emma? I haven't (2)(see / seen / seeing / saw) you for a long time.

A few weeks ago, I learned how to write *hiragana* in a Japanese class. It was really difficult, but (3)(learn / learning / learned / learns) Japanese was a lot of fun. I wrote my name in *hiragana* (4)(by / to / with / for) the first time. My teacher, Ms. Watanabe, said to me, "You did a good job! To keep practicing is (5)(famous / weak / important / terrible)." Her words (6)(made / gave / took / called) me happy. I want to learn Japanese more.

How is your school life? I'm waiting for your email.

Best wishes,

Jane

入試対策 **1** (1)あとに「人＋物[こと]」が続いている。(2)選択肢の前に have、ever があることに着目。

学習した日　　／　　□ もう一度 □ バッチリ！

空所に適するものを補う問題には、語句だけでなく、**適する文**を選ぶ問題もあります。このタイプの問題では、**選択肢の英文**と**空所の前後をよく読む**ことが大切です。

例題　次の英文の　　　　に入る最も適切な文を選び、記号を○で囲みなさい。

[岐阜県]

Next Thursday is Mike's birthday. I think it will be great to hold a party. He likes music, 　　　　 for Mike. Tomorrow, let's talk about what Japanese songs we will sing at the party. Please come to the music room at 4 p.m.

- ア　but I don't want to sing Japanese songs
- イ　but I would like him to sing Japanese songs
- ウ　so I want to sing Japanese songs with you
- エ　so I think we should give flowers

まずは、空所の前後の内容を読み取り、場面の状況や話の流れを押さえましょう。次に、選択肢の英文の意味を確認し、適切な文を選びましょう。

 マイクの誕生日パーティーを開こうとしている場面であることを押さえよう！

 so は前の文の内容を理由として、結論・結果を表す文を導くよ。

He likes music, so I want to sing Japanese songs with you for Mike.
Tomorrow, let's talk about what Japanese songs we will sing at the party.

 直後の文に「どんな日本の歌を歌うかを話そう」とあることから、「マイクは音楽が好きなので、私は彼のためにあなたたちと日本の歌を歌いたい」とするのが適切だね。

それぞれの文を空所に当てはめて、どれを入れると意味が通るかを考える。

- ア　しかし日本の歌を歌いたくない
- イ　しかし彼に日本の歌を歌ってもらいたい
- ウ　それであなたたちと日本の歌を歌いたい
- エ　それで私たちは花をあげるべきだと思う

---

but、so、because などの語も問題を解く手がかりになります。**but** があれば前後の文は**反対の内容**になり、**so** のあとには前を理由とする**結論・結果**が続き、**because** のあとには**理由**が続きます。

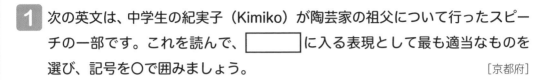

基本練習

→ 答えは別冊11ページ

1 次の英文は、中学生の紀実子（Kimiko）が陶芸家の祖父について行ったスピーチの一部です。これを読んで、□□□□に入る表現として最も適当なものを選び、記号を○で囲みましょう。　　　　　　　　　　　　　　　　　　　　　　　　［京都府］

　　After few days, I went to his shop. He took me to a mountain to get *soil and then we went back to his shop. We put the soil and some water in a box, and *mixed them well. He said, "I'm going to *dry this. I need a few days to *change the soil into *clay." I went to his shop every day to see how it was changing. A few days later, he said, "The clay is ready, so □□□□□□." I decided to make a *plate, and I began to *knead the clay. I tried to make the shape, but it was difficult to make it *by myself. However, I tried to make it many times and finally made it.

(注) soil：土　mix 〜：〜を混ぜる　dry 〜：〜を乾かす　change 〜 into ...：〜を…に変える　clay：粘土　plate：皿　knead 〜：〜をこねる　by myself：私自身で

ア　you can use it to make something　　イ　you should visit my shop to make it
ウ　I will show you the way to make it　　エ　we have to go to the mountain again

2 次の英文を読んで、□□□□に入る英語として最も適当なものを選び、記号を○で囲みましょう。　　　　　　　　　　　　　　　　　　　　　　　　　　　　　［長崎県］

　　Risa is a junior high school student who likes to study English. She joins a lesson at the culture *center in her city every Saturday. She loves this lesson because she can talk to other people about different cultures in English. □□□□□□, so the members are very different from each other. They are students, people with jobs, older people, and people from other countries.

(注) center：施設、センター

ア　All the people that take this lesson are younger than 18 years old
イ　People that come to this lesson have finished studying English at university
ウ　Only Japanese people that need English for their jobs can take this lesson
エ　People that are interested in languages and cultures are welcomed to this lesson

😊 入試対策　**1** 粘土の準備ができたら何をするのかな？　**2** あとにメンバーについての説明が続いているね。

対話文の空所に適する文を補う問題もあります。選択肢から英文を選ぶ形式と、英文を自分で書く形式があります。対話文の場合、**疑問文やその応答の文**が問われることが多いです。**疑問詞と答え方の組み合わせ**を覚えておくとよいでしょう。

例題　次の対話文の　□　に適する英文を選び、記号を○で囲みなさい。　［富山県］

Jenny: Hi, Shota. 　□

Shota: I talked with our new ALT. He's nice!

Jenny: Wow, really? I want to see him soon.

　ア　Where are you from?　　イ　Why are you so excited?

　ウ　Which is your room?　　エ　What are you going to do?

選択肢の英文が**疑問詞で始まる疑問文**の場合は、特に**答えの文に着目**します。

Jenny: Hi, Shota.　**Why are you so excited?**

Shota: I talked with our new ALT. He's nice!

答えの文に着目！　「私たちの新しい ALT の先生と話しました。彼はいい人です！」という意味。

　ア　あなたはどこの出身ですか。　　　イ　なぜそんなに興奮しているのですか。

　ウ　どちらがあなたの部屋ですか。　　エ　あなたは何をするつもりですか。

答えの文の内容から、ア、ウ、エは当てはまらないと判断できるね。**Why ～?** には「理由」を答えるよ。ショウタの発言は「興奮している」理由になっているね。

選んだ文を当てはめてみて、会話がつながるかどうかも忘れずに確認しましょう。

いろいろな**疑問詞**とその答え方を確認しておきましょう。

What ～? …	「何」かを答える。	When ～? …	「時」を答える。
Where ～? …	「場所」を答える。	Why ～? …	「理由」を答える。
Who ～? …	「だれ」かを答える。	Whose ～? …	「持ち主」を答える。
Which ～? …	「どちら・どれ」かを答える。	How ～? …	「方法」「様子」などを答える。
How many ～? …	「数」を答える。	How long ～? …	「長さ」を答える。

1 次の対話文は、高校生の Mana と、友人の Risa が、教室で話をしているとき
のものです。（　）に入る文として最も適当なものを選び、記号を○で囲み
ましょう。　　　　　　　　　　　　　　　　　　　　　　　　　　［三重県］

Mana: Can you tell me about your trip when you come back to Japan?

Risa: Sure.　I'll buy something nice for you in China.　I'll bring it for you when
we meet next time after the trip.

Mana: Thank you.　（　　　　　　）

Risa: For a week.　I'm going to leave Japan on July 27.

ア　How was the summer vacation?

イ　How long are you going to stay there?

ウ　What time did you go there?

エ　When will you come back to Japan?

2 次の英文は、中学生の健（Ken）と留学生のエミリー（Emily）の対話です。
これを読み、あとの問いに答えましょう。　　　　　　　　　　　［和歌山県］

Ken:　I went to Wakayama last week.

Emily:〔　　　　　　〕?

Ken:　Because I wanted to see my grandmother in Wakayama.　I stayed there
for three days.

Emily: Good.　I've been to Wakayama.　I love its wonderful nature.　□□□□□

Ken:　I had a good time.　I enjoyed cooking with my grandmother.

Emily: That's nice.

(1)〔　　〕にふさわしい英語を考えて4語以上で書きましょう。

_____?

(2)□□□□にあてはまる最も適切なものを選び、記号を○で囲みましょう。

ア　What time was it?　　　イ　What do you mean?

ウ　How was your stay?　　エ　How long does it take?

入試対策 **1**は期間、**2**(1)は理由、(2)は感想を答えていることに注目する。

学習した日　　／　　□もう一度　□バッチリ!

34 文を並べかえる問題①

文を並べかえる問題には、**空所に入る英文を話の流れに合うように並べかえる**形式や本文の内容を要約した英文を**本文の流れに合うように並べかえる**形式などがあります。

例題 次の英文の [　　] には、ア〜ウの英文が入る。流れが最も適当になるように、並べかえなさい。 [岡山県]

　When she was young, she practiced the piano hard every day. Though she improved her skills, she still thought that something was *missing from her performance. [　　] The teacher wanted her to realize its meaning *by herself.

(注) missing：欠けている　by herself：彼女自身で

ア　At first, she didn't understand the meaning of the advice, so she asked the teacher a question about it.

イ　However, the teacher didn't answer the question.

ウ　Then, one of her teachers said to her, "You can listen to others more."

〔　　〕→〔　　〕→〔　　〕

文を並べかえる問題では、文のつながりを表す語句に着目しましょう。これらの語句を手がかりに文の流れをつかむことが大切です。

Then, one of her teachers said to her, "You can listen to others more." (**ウ**)

「そのとき、彼女の先生の1人が彼女に、『あなたはほかの人の話（や演奏）をもっと聞くことができますよ。』と言いました。」という意味。**then**（そのとき）のあとには、前の文のあとで起こる内容が続くよ。彼女が悩んでいるときに先生がアドバイスしたんだね。

At first, she didn't understand the meaning of **the advice**, so she asked the teacher a question about it. (**ア**)

「最初、彼女はアドバイスの意味がわからなかったので、それについて先生に質問しました。」という意味。具体的な「アドバイス」を述べている文のあとに続けるのが適切だよ。

However, the teacher didn't answer the question. (**イ**)

「しかし、先生はその質問に答えませんでした。」という意味。**however**（しかしながら）のあとには、前の文と反する内容が続くよ。質問したけれど、先生は答えてくれなかったんだね。答えはウ→ア→イとなるよ。

---

　so（それで）は前の文を理由としてその結果を表す内容、**but（しかし）**は前の文とは反する内容、**for example（例えば）**は具体的な例、**after that（そのあと）**は前の文のあとで起こる内容が続きます。

1 次は、中学生の真子が英語の授業で発表するために書いた原稿の一部です。英文中の□□□には、下のア～エの４つの英文が入ります。意味が通る文章になるように、ア～エの英文を並べかえて、記号で答えましょう。 ［熊本県］

真子が書いた原稿の一部

> I have an *Indonesian friend, and she told me an interesting story. Today, I will tell you about it. Do you know *Nyepi*? It means "a day of keeping quiet" in Indonesian and it is a new year holiday in *Bali. □□□ You may think it is boring to spend *the whole day at home like this, but she told me that she usually enjoys reading books until it gets dark and enjoys looking at beautiful stars at night.

ア People there also cannot watch TV or *turn on the lights at home.

イ For example, they cannot work and go out for shopping or eating.

ウ On this holiday, all the people in Bali have to spend a quiet life.

エ So, stores and restaurants in Bali are all closed.

(注) Indonesian：インドネシア人の、インドネシア語 *Nyepi*：ニュピ Bali：バリ島（インドネシアの島）
the whole day：丸１日 turn on ～：～をつける

〔 　 〕→〔 　 〕→〔 　 〕→〔 　 〕

 For example（例えば）、So（それで）などを手がかりにして、正しい順序を考えよう。

学習した日 　／　 □ もう一度 □ バッチリ！

35 文を並べかえる問題②

英文を並べかえる問題では、文のつながりを表す語句だけでなく、**指示語・代名詞**も文と文のつながりを判断する手がかりになります。

例題 次の英文の ☐ には、**ア〜エ**の４つの英文が入る。意味が通る文章になるように、並べかえなさい。

[熊本県・改]

　Do you know the *pink handfish? It lives in Australia. ☐ So there is not much information about the fish. Let's find some new information about it.

ア 　By using them, it can walk along the *sea bottom.

イ 　It's about 10 cm long and its color is pink.

ウ 　Until now, only four were found.

エ 　It also has *fins like hands.

(注) pink handfish：ピンクハンドフィッシュ　sea bottom：海底　fin：ひれ

〔　　〕→〔　　〕→〔　　〕→〔　　〕

　英文に**指示語・代名詞がある場合、それらが何を指しているのか読み取る**ことが大切です。指示語・代名詞が指すものを含む文→指示語・代名詞を含む文の順番になります。

 まずは、英文の意味を確認しよう。アは「それらを使うことで、海底を歩くことができます。」、イは「それは体長が約10センチで、色はピンクです。」、ウは「今までに4匹だけ発見されました。」、エは「それにはまた、手のようなひれがあります。」という意味だよ。

 the pink handfish について書かれた文だよ。文の内容から、イとエの文の It は the pink handfish を指すと考えられるね。

It's about 10 cm long and its color is pink.（**イ**） It also has fins like hands.（**エ**）

 also も手がかりになるよ。「〜もまた」という意味だから、この文はイのあとに続ければいいね。

By using them, it can walk along the sea bottom.（**ア**）

 この them は fins を指しているよ。「ひれを使うことで歩くことができる」となり、意味が通るね。

Until now, only four were found.（**ウ**）

 空所のあとの文は、So で始まっているね。だから最後の文はこの文の理由になる内容の文が入ると考えられるね。答えはイ→エ→ア→ウとなるよ。

並べかえた英文を通して読み、**自然な流れになっているか**確認しましょう。

1 次は、高校生の由香（Yuka）が、英語の授業で行ったスピーチの原稿の一部です。本文中の□□□に、下の(i)～(ⅲ)の英文を適切な順序に並べかえ、前後と意味がつながる内容となるようにして入れたい。あとのア～エのうち、英文の順序として最も適しているものはどれですか。1つ選び、記号を○で囲みましょう。

[大阪府・改]

　Many *shorebirds visit Japan in spring when they fly to northern parts of the earth. They also visit Japan in autumn when they fly to the south. Look at this map. It shows examples of the *routes of two kinds of shorebirds. We can see that they flew a very long distance to *migrate. When shorebirds migrate by routes like these two routes, many of them visit *wetlands in the east of Asia, *including Japan. Why do they visit those wetlands? □□□ Before I learned these things, I didn't know that wetlands in Japan are important for shorebirds. I have learned that knowing how shorebirds live is the first thing we should do to protect them.

(注) shorebird：シギ・チドリ類（水辺によく来る鳥）　route：経路、ルート　migrate：（鳥などが）渡る
　　wetland：湿地　including ～：～を含めて

(ⅰ)　This change in the environment caused a very difficult situation for shorebirds.

(ⅱ)　They need to rest and eat food there during their long travel to migrate.

(ⅲ)　However, more than 60% of wetlands in the world including Asia have disappeared since 1900.

ア　(ⅰ) → (ⅱ) → (ⅲ)　　　　　イ　(ⅰ) → (ⅲ) → (ⅱ)

ウ　(ⅱ) → (ⅰ) → (ⅲ)　　　　　エ　(ⅱ) → (ⅲ) → (ⅰ)

 入試対策 (ⅰ) This change（この変化）、(ⅱ) They、there が何を指しているかを考えよう。

学習した日　／　□ もう一度 　□ バッチリ!

36 文の位置 文が入る適切な場所を選ぶ問題

　読解問題には、長文中に空所が３、４か所あり、その中から**与えられた英文が入る最も適切な場所を選ぶ**形式の問題もあります。

> **例題**　次の英文を入れるのに最も適切な場所を、　ア　～　ウ　から選びなさい。
>
> ・I want to join a volleyball team but my school doesn't have one.
>
> 　My favorite sport is volleyball.　　ア　　I have two reasons. First, I can jump high.　　イ　　It is exciting to jump high and *spike the ball. Second, I like playing on a team. A volleyball team has six players and it's fun to play together.　　ウ　　Next year, I want to start a volleyball team.　　(注) spike：(ボール)をスパイクする

　この問題では、挿入する文の意味を確認したあとに、空所の前後がつながらない場所を探すようにするとよいでしょう。

> 与えられた英文は「私はバレーボール部に入りたいのですが、私の学校にはバレーボール部がありません。」という意味だよ。
>
> 空所に何も入れなくても、話は自然につながるね。
>
> My favorite sport is volleyball.　　ア　　I have two reasons.
> 「私の大好きなスポーツはバレーボールです。」　　「理由は２つあります。」
>
> 空所に何も入れなくても、話は自然につながるね。
>
> First, I can jump high.　　イ　　It is exciting to jump high and spike the ball.
> 「１つ目は、高くジャンプできるからです。」　「高くジャンプしてボールをスパイクすることはわくわくします。」
>
> 話のつながりがすっきりしないね。
>
> A volleyball team has six players and it's fun to play together.　　ウ　　Next year,
> 「バレーボールチームには６人の選手がいて、いっしょにプレーするのは楽しいです。」
> I want to start a volleyball team.
> 「来年、私はバレーボール部を始めたいと思っています。」
>
> ここに与えられた英文を入れると、話のつながりが自然になるね。

　話がつながらない場所を見つけたら、空所に英文を当てはめてみて、話がつながるかどうかを確認することも大切です。また、与えられた英文や空所の前後に **but（しかし）**や **so（それで、だから）**、**because（なぜなら）**など、文のつながりを示す語があれば、それも手がかりになります。

1 次は、中学生の Daisuke が書いた英文です。これを読んであとの問いに答え
ましょう。

[22 埼玉県・改]

I am a junior high school student and I love music. But I couldn't play
*instruments well until *recently. One day, I had a chance to try a guitar in music
class at school. One of my friends, Aki, and I *made a pair and we practiced with
one guitar. Aki played the guitar well because she learned the guitar when she
was an elementary school student. ☐ A ☐ Then, our music teacher, Mr.
Kishi, gave me some *advice for playing the guitar.

After coming back home, I said to my mother, "I practiced the guitar but I
couldn't play it well yet." "Oh, I see. Do you want to try my guitar? I still have
the guitar I played when I was young," my mother said. I didn't know that my
mother could play the guitar, so I was surprised to hear that. She smiled and
brought the guitar from her room and gave it to me. ☐ B ☐ "Can I play this?"
I asked. "Of course!" said my mother. *Thanks to my mother's help and Mr.
Kishi's advice, I started to get better.

At the next music class, I did my best to play the guitar, but I made some
mistakes. Mr. Kishi and the other students were surprised because I improved a
lot since last time. Now, I have a new goal. ☐ C ☐ I am going to play the
guitar with Aki at the school festival. We have been practicing the guitar together
every day after school.

(注) instrument：楽器　recently：最近　make a pair：ペアをつくる　advice：助言　thanks to 〜：〜のおかげで

・本文中の ☐ A ☐ 〜 ☐ C ☐ のいずれかに、But it was very difficult for me
to play it well. という１文を補います。どこに補うのが最も適切ですか。
☐ A ☐ 〜 ☐ C ☐ の中から１つ選び，その記号を書きましょう。

〔　　　　　〕

😃 入試対策 空所の前後の文をよく読んで、話がつながらない部分を探してみよう。

37 グラフ・表 グラフや表などを読み取る問題①

　グラフや表などの資料がある問題では、**何についてのグラフ・表なのかを押さえる**ことと、英文と資料を照らし合わせて必要な情報を整理することがポイントです。

> **例題** 次のグラフの内容として最も適当なものを選び、記号を○で囲みなさい。
>
>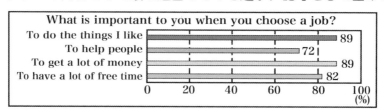
>
> [大分県]
>
> ア "To help people" is the highest of the four answers.
>
> イ "To have a lot of free time" is higher than "To get a lot of money".
>
> ウ "To do the things I like" is as high as "To get a lot of money".
>
> エ "To get a lot of money" is not as high as "To help people".

この問題では、表・グラフの**タイトル**や**項目名・数値・割合**などに注意しましょう。

> タイトルに着目。「仕事を選ぶとき、あなたにとって何が大切ですか。」というアンケートの結果をまとめたグラフだね。項目と割合(%)を読み取り、情報を整理しよう!
>
> ア "To help people" is the highest of the four answers.
> →「人々を助けること」は 72% でいちばん低いので×。
>
> イ "To have a lot of free time" is higher than "To get a lot of money".
> →「多くの自由な時間があること」は 82%、「多くのお金を得ること」は 89% なので×。 as high as ～は「～と同じくらいの高さ」という意味だね。
>
> ウ "To do the things I like" is as high as "To get a lot of money".
> →「自分の好きなことをすること」と「多くのお金を得ること」は 89% で同じなので○。
>
> エ "To get a lot of money" is not as high as "To help people".
> →「多くのお金を得ること（89%）」の方が「人々を助けること（72%）」より高いので×。

　グラフ・表の問題では、**比較の表現**に注意して読み取るようにしましょう。また、increase（増える）、decrease（減る）、high（高い）、low（低い）、change（変わる）などの増減や高低、変化を表す語句があれば、グラフ・表の情報と照らし合わせましょう。

1 （　　）内の状況での会話の内容を最も適切に表しているグラフをあとのア～エの中から１つ選び、記号を〇で囲みましょう。　　　　　　　　［佐賀県］

（It is Sunday today. They are watching the weather on the news.）

Lisa: The temperature on Tuesday will be lower than the temperature on Monday.

Yuji: Yes, but the temperature on Wednesday will be higher than the temperature on Tuesday.

Lisa: I hope it will get warmer next week.

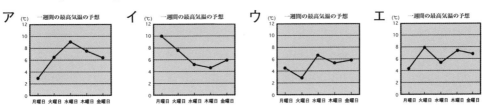

2 次の英文を読んで、グラフの項目（　A　）～（　D　）に入る最も適切なものを、それぞれ次のア～エから１つずつ選び、記号で答えましょう。　［宮崎県］

Do you see any foreigners who travel around Miyazaki? A lot of foreigners have visited Japan to enjoy many things.

Please look at the graph below. It shows what these foreigners wanted to enjoy before they visited Japan. More than 50 percent of the foreigners wanted to enjoy shopping and Japanese food. Japanese food was the most popular among them. Also, hot springs were not as popular as scenery.

Miyazaki is a good place for sightseeing. We want more foreigners to know about Miyazaki.

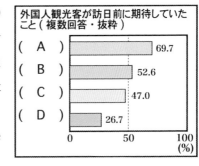

外国人観光客が訪日前に期待していたこと（複数回答・抜粋）

（ A ）	69.7
（ B ）	52.6
（ C ）	47.0
（ D ）	26.7

ア　温泉　　　イ　日本食　　　ウ　風景　　　エ　買い物

A〔　　　〕　　B〔　　　〕　　C〔　　　〕　　D〔　　　〕

😊 入試対策　1 2 どちらも比較の表現に着目して、内容を正確に読み取ろう。

学習した日　　／　　□ もう一度　□ バッチリ！

38 グラフ・表 グラフや表などを読み取る問題②

　表を使った問題には、英文を読んで**表の項目に当てはまるものを答える**形式や、表の情報を読み取って**英文の空所に適する語句を答える**形式などがあります。

例題　次の英文を読んで、Table の　C　に入るものを選び、記号を○で囲みなさい。

[岐阜県]

　Look at the *table. This shows five *prefectures with the largest number of camping sites in Japan in 2021. I am glad to find that Gifu is one of them. Hokkaido has more than 200 camping sites. The second is Nagano. You can see the number of camping sites in Yamanashi is a little larger than the number in Gifu. I think all of these five prefectures have great nature.

(注) table: 表　prefecture: 都道府県

【Table】

First	A	222
Second	B	149
Third	C	99
Fourth	D	93
Fifth	Niigata	79

ア　Gifu　　　イ　Hokkaido　　　ウ　Nagano　　　エ　Yamanashi

　表の項目・数値などから、英文のどの部分を読み取ればよいかを考えるようにしましょう。表の内容と英文をよく確認しながら、手がかりとなる表現を探すとよいでしょう。

 英文の１、２文目に着目。この表は **「2021 年に日本で最も多くの数のキャンプ場がある５つの都道府県」** のランキングであることを押さえておこう！

Hokkaido has more than 200 camping sites.

 表の **First**（１位）を見ると「222」とある。Aは「北海道」だと判断できるね。

The second is Nagano. **Second**（２位）のBには「長野」が入るね。

You can see the number of camping sites in Yamanashi is a little larger than the number in Gifu.

 比較の表現に注目。キャンプ場の数は、山梨＞岐阜。Cは「山梨」、Dは「岐阜」だと判断できるね。

Cに入るのはエの「山梨」。

　数値を含む表を使った問題では、足したり引いたりする**計算が必要となる場合があります**。この点にも注意しておきましょう。

1 次の英文は、中学生の Taku が、調べたことについて Slide（スライド）を用いて授業で発表する原稿の一部です。(あ)〜(う)に入る英語の組み合わせとして最も適当なものを１つ選んで、記号を○で囲みましょう。 [岡山県]

Slide 1
*Average Sleeping Time of Animals in a Day

animal	average sleeping time in a day
（あ）	15.8 h
lion	13.5 h
（い）	2.9 h
*African elephant	2.0 h
（う）	1.9 h

How long do animals usually sleep in a day? Slide 1 shows the answer to this question, about five kinds of animals. Tigers and lions usually sleep for more than half of the day. *Giraffes, horses, and African elephants don't sleep for a long time. The sleeping time of giraffes is the shortest of the five.

(注) average：平均の   African：アフリカの   giraffe：キリン

ア （あ）tiger （い）horse （う）giraffe　イ （あ）tiger （い）giraffe （う）horse
ウ （あ）horse （い）tiger （う）giraffe　エ （あ）giraffe （い）horse （う）tiger

2 次の表は、あるクラスの生徒の通学方法と通学時間別の人数を示したものです。このクラスの陽太（Yota）さんと ALT のジャック（Jack）先生が、この表について話をしています。（ ア ）、（ イ ）に入る数字を書きましょう。 [富山県]

How long / How	～ 9 minutes	10～19 minutes	20～29 minutes	30 minutes ～
Walk	8	9	4	0
Bike	2	7	3	1
Bus	0	3	1	2

Jack: More than ten students come to school by bike but only （ ア ） students come by bus.

Yota: I walk to school. It takes fifteen minutes.

Jack: I see. It takes longer than fifteen minutes to come to school for some students.

Yota: In this class, it takes twenty minutes or more to come to school for （ イ ） students, and for three of them, it takes thirty minutes or more.

ア〔　　〕　イ〔　　〕

 入試対策 **1**「動物の１日の平均睡眠時間」をまとめた表だよ。**2** 通学時間の範囲に注意。

学習した日　／　□もう一度　□バッチリ!

39 グラフ・表 グラフや表などを読み取る問題③

　英文や対話文につけられた**地図**や**電車の路線図**、建物・施設内の**案内図**などを読み取る問題もあります。

　地図や案内図では、**どの場所に何があるのかに注意**します。**方向や場所を表す語句**に注意して、地図や案内図にわかった情報を書き込みながら読み進めるとよいでしょう。

例題　英文を読んで、center（センター）のある場所を**ア〜エ**の中から１つ選びなさい。

[20 埼玉県・改]

　The center isn't too far from the station. When you get to the station, go straight to the post office. From there, *keep walking and then turn left after you go across Tsukushi River. Then, walk along the river and the center will be on your right. The center is next to a park. So, I'm sure you won't miss it.

（注）keep 〜ing：〜し続ける

〔　　　〕

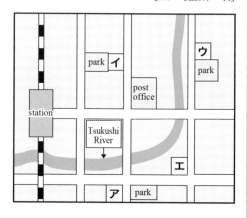

　目的地までの道順を説明する文章では、**go straight（まっすぐ行く）**、**turn right [left]（右[左]に曲がる）**、**next to 〜（〜の隣）**といった道案内でよく使われる表現に注意しましょう。

 駅から目的地（center）までの道順を地図でたどりながら確認しよう！

① 　〜 , <u>go straight to the post office.</u>
　「郵便局までまっすぐ行く」

② 　〜 <u>turn left after you go across Tsukushi River.</u>
　「ツクシ川を渡ったあと左折する」

③ 　〜 <u>the center will be on your right.</u>
　「センターは右手にある」

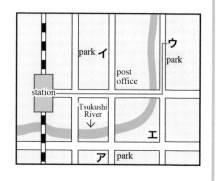

 センターがある場所は**ウ**だね。

　電車の路線図を扱った問題では、**目的の駅まで何駅あるかや、乗り換える駅などの情報に注意**しましょう。

基本練習

→ 答えは別冊15ページ

1 次の英文と地図（Map）について、あとの質問の答えとして最も適するものを1～5の中から1つ選び、番号を○で囲みましょう。　〔神奈川県・改〕

［ヒロトはカモメ駅でボランティアをしています。エミリーはオーストラリアから来た旅行者です。］

Emily: Excuse me. I want to have lunch and go to the city museum.

Hiroto: OK. What do you want to eat?

Emily: I want to eat Japanese food.

Hiroto: How about sushi? There is a good sushi restaurant near the museum.

Emily: Sure. I want to try it. Please tell me the way to get there.

Map

Hiroto: Well, can you see the guitar school *over there?

Emily: Yes, I can see it from here.

Hiroto: Please walk to the guitar school and turn right. There is a cake shop *next to the hospital. Turn left at the cake shop. The restaurant will be on your right.

Emily: OK. Then, how can I get to the city museum after lunch?

Hiroto: There is a *bridge by the restaurant. The museum is on your left after you go *across the bridge.

Emily: Thank you. And I want to buy special things in Kamome City for my family in Australia.

Hiroto: You can get nice things for your family at the shop next to the guitar school.

Emily: I see. So, I'll go there after the museum. Thank you very much.

(注) over there：向こうに　next to ～：～の隣に　bridge：橋　across ～：～を越えて

質問：Which places will Emily visit on the map?

1　(エ)→(ア)→(ウ)　　2　(エ)→(イ)→(カ)　　3　(オ)→(ア)→(ウ)

4　(オ)→(ア)→(カ)　　5　(オ)→(イ)→(カ)

入試対策 ヒロトの説明を地図上で確認しながら読もう。

学習した日　　／

もう一度　　バッチリ！

40 英問英答 英語の質問に英語で答える問題①

英語の質問に英語で答える問題では、**問われていることは何か**を正確に読み取ることが大切です。

> **例題** 次の英文を読んで、あとの質問に主語と動詞のある1文で答えなさい。
>
> Kate loves sports, for example tennis and soccer. She likes soccer the best. She is on the tennis team at school. There is a big game next month, so she practices it hard every day.
>
> Question 1: What is Kate's favorite sport?
>
> ------------------------------------
>
> Question 2: Why does Kate practice tennis hard every day?
>
> ------------------------------------

「主語と動詞を含む1文で」や「〇語以上で」などと条件が与えられている場合もあります。条件を守っていないと減点されてしまうので、条件に合うように答えることが大切です。

まず、**質問文で使われている疑問詞**に着目し、答えることは何かを判断しましょう。**What 〜?** には「何」かを、**Why 〜?** には「理由」を答えます。次に、質問文と**同じ表現や似た意味の表現**を含む本文中の文を手がかりとして、本文から答えを探しましょう。

1. **What is Kate's favorite sport?** → What の疑問文。**「何」**かを具体的に答える。

 favorite を本文では like 〜 the best と表しているよ。

She likes soccer the best.

解答例：Her favorite sport is soccer. ／ It's[It is] soccer.

 Kate's は Her と代名詞におきかえるようにしてね。

2. **Why does Kate practice tennis hard every day?** → Why の疑問文。**「理由」**を答える。

 これが理由だね。　同じ表現がある文が答えの手がかりになるよ。

There is a big game next month, so she practices it hard every day.

解答例：Because there is a big game next month.

 理由や目的を答えるときは、Because 〜. か To 〜. を使おう。

質問に合う形で答えることも大切です。**主語や動詞の形に注意**しましょう。

1 英語のホワイト先生（Mr. White）が、授業で次の話をしました。これを読んで、あとの質問に２語以上の英語で答えましょう。　　　　　　　　　　［滋賀県］

　　Hello, everyone. What do you do on weekends? Do you play sports? Do you watch TV? I enjoy slow trips by bike. I am interested in local history, so I travel around many places in Shiga.

　　When I travel by bike, I sometimes experience interesting things. Now, I will talk about one of my experiences. Last month, I rode a bike to visit a small town. During the trip, I enjoyed the sight of mountains, rivers, and the town. They were beautiful.

・Why does Mr. White travel around Shiga?

----

2 次は、高校生の涼（Ryo）が、英語の授業でスピーチをするために書いたものの一部です。英文を読んで、あとの質問に英語で答えましょう。　　［熊本県・改］

　　Hello, everyone. I am going to talk about my experience during the summer vacation, and I want you to know about working on our *chicken farm.

　　I knew my parents worked very hard there every day, but I actually did not know much about how they worked. So, during the summer vacation, I worked with them as a son of the chicken farm and learned many things.

　　Last August, I got up early in the morning every day and helped my parents clean our chicken farm, give *feed to the chickens, and collect the eggs. I had to be careful when I collected the eggs because they are easily broken. After lunch, I helped my parents check the size of the eggs and put them in the boxes. At first, doing all these things looked easy, but I realized it was not.

(注) chicken farm：養鶏場　feed：(動物への)飼料、えさ

・What did Ryo do after lunch every day last August?

☺ ミス注意 **1**は滋賀を旅行する「理由」、**2**は昼食後に「何」をしたかが問われているよ。

学習した日　／　□ もう一度　□ バッチリ!

41 英問英答 英語の質問に英語で答える問題②

　英語の質問に英語で答える問題では、What ～?（何）や Why ～?（なぜ）と問う質問が多いですが、ここではそのほかの疑問詞で始まる疑問文について見ていきます。

例題　次の英文を読んで、あとの質問に英語で答えなさい。

　A festival will be held at City Hall this weekend. Tim's parents are going to go on Saturday, but Tim is going to go on Sunday with his friend Mana. They will take a bus to get to City Hall.

　Question 1: When will Tim's parents go to the festival?

- -

　Question 2: How will Tim and Mana get to City Hall?

- -

　先に質問文に目を通しておくと、本文を読むときにどんなことに注目すればよいかがわかります。**When ～?** には**「時」**、**How ～?** には**「方法・手段」**を答えるので、「時」や「方法・手段」について述べている部分に特に注意して読めばよいと判断できます。

---

1. **When** will Tim's parents go to the festival? → **When** の疑問文。**「時」**を答える。

Tim's parents とあるので、この文に着目。on Sunday は Tim が行く日。

Tim's parents are going to go on Saturday, but Tim is going to go on Sunday ～ .

解答例：They will go (to the festival) on Saturday.

Tim's parents は They と代名詞におきかえるようにしてね。また、On Saturday. と短く答えてもいいよ。

2. **How** will Tim and Mana get to City Hall? → **How** の疑問文。**「手段・方法」**を答える。

この They は Tim and Mana を指すよ。

They will take a bus to get to City Hall.

to City Hall は there とおきかえよう。短く By bus. と答えてもいいよ。

解答例：They will take a bus to get there.

　また、次のような疑問詞と答え方も確認しておきましょう。

- **Where ～?**…「場所」　 **Who ～?**…「人」　　 **Which ～?**…「どちらか」
- **How many ～?**…「数」　 **How long ～?**…「長さ」　 **How old ～?**…「年齢・古さ」

1章

2章 読解問題

3章

4章

模試

1 次の英文は、高校生の浩紀（Hiroki）が、英語の授業で行ったスピーチ原稿の一部です。これを読み、あとの⑴、⑵の質問の答えを、それぞれ英語で書きましょう。

[和歌山県・改]

Hello. Today, I'll talk about my experience with people from foreign countries.

Last fall, I saw foreign people at a station. They were trying to buy train *tickets. But they didn't know where to buy the tickets. Though I wanted to help them, I couldn't talk to them. I had no *courage. I was sad.

At home, I told my father about it. He said, "When you find foreign people in need, you should talk to them. That will help them. I know you often help Japanese people. You should help not only Japanese people but also foreign people by talking to them."

A few days later, I saw a young foreign man in front of my house. His name was *Robert. He was looking at a *map *alone on his bike. I remembered my father's *words. I thought, "He may *be lost. I should talk to him."

I said to him, "Hello. Can I help you?" in English. Robert said, "Hello. I'm a *tourist. I'm from Australia." He began to talk about his *situation. He said, "I bought a bike in Wakayama. But it's difficult for me to find information about *cycling courses in Wakayama." He wanted someone to help him.

(注) ticket：切符　courage：勇気　Robert：ロバート（男性の名前）　map：地図　alone：一人で　word：言葉
be lost：道に迷っている　tourist：旅行者　situation：状況　cycling course：サイクリングコース

⑴　When did Hiroki see foreign people at a station?

⑵　Where is Robert from?

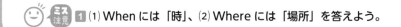 **1** ⑴ When には「時」、⑵ Where には「場所」を答えよう。

42 内容一致 内容に合う文を選ぶ問題①

英文・対話文の内容に合う英文・日本文を選ぶ問題では、先に**選択肢の英文・日本文にざっと目を通してキーワードとなる表現・語句を確認しておく**とよいでしょう。確認したキーワードに注意しながら本文を読み進めましょう。

例題 次の英文を読んで、内容と合うものを1つ選び、記号を○で囲みなさい。

　Ren is fifteen and lives in Kyoto. He visited his aunt in Taiwan last summer. He was surprised to know that they don't usually eat breakfast at home in Taiwan. He thought, "I always eat breakfast at home in Japan. There are different cultures in the world."

ア　Ren lives in Taiwan with his aunt.
イ　Ren was surprised that people in Taiwan usually eat out for breakfast.
ウ　Ren thought Japan and Taiwan have similar cultures.

選択肢で押さえたキーワードに関係する内容が本文に出てきたら、本文と選択肢の内容を読み比べて、合うかどうかを判断しましょう。選択肢では本文の内容が別の表現・語句で言いかえられていることもあるので、ていねいに読み取るようにしましょう。

 英文を読むときは、「だれ」が「いつ」「どこで」「何をした[する]」かに注意しながら読もう。

ア　Ren lives in Taiwan with his aunt.

 本文の Ren ~ lives in Kyoto. と He visited his aunt in Taiwan ~. に着目。Taiwan に住んでいるのは Ren のおばだけ。

イ　**Ren was surprised that people in Taiwan usually eat out for breakfast.**

 本文の He was surprised to know that they don't usually eat breakfast at home in Taiwan. に着目。驚いた理由を読み取ろう。この they は people in Taiwan を指すよ。「家で朝食を食べない」を、選択肢では「朝食は外食する」と言いかえていることにも注意！

ウ　Ren thought Japan and Taiwan have similar cultures.

 本文の He thought, "~ There are different cultures in the world." に着目。He (= Ren) が思ったことを読み取ろう。「世界にはいろいろな文化がある」とあるから×だね。

「選択肢**ア**は第1段落の内容、**イ**は第2段落の内容」というように、選択肢の順番は本文の段落・流れと対応している場合が多いので、**ア**から順番に内容を追っていくとよいでしょう。

→ 答えは別冊16ページ

1 次は、中学生の Toshiya が書いた英文です。これを読んで、本文の内容と合うものを、ア〜エの中から１つ選び、記号を○で囲みましょう。[21 埼玉県・改]

My younger sister started to go to elementary school last year. One day in spring, she asked me to show her how to ride a bike. I started riding a bike when I was in elementary school, too. At that time, my father helped me *patiently. I practiced hard. I remember my father looked very happy when I rode a bike for the first time.

The next day, I brought out a small, old bike from the *garage because I wanted my sister to practice with it. It was my first bike, and I practiced with it when I was younger. I cleaned it up. I was glad that we could still use it.

That weekend, we began to practice with the bike. When my sister tried to ride the bike for the first time, she couldn't *balance herself well. I told her to hold the *handlebars with both hands and I held the back of the bike for her. My sister practiced hard, too. So, I tried to help her patiently like my father.

A week later, she could finally ride the bike *all by herself! She was really happy and I was happy for her. Now, we're going to buy her a new bike next week.

(注) patiently：忍耐強く　garage：車庫　balance 〜：〜のバランスをとる　handlebar：ハンドル
all by herself：ひとりで

ア　Toshiya's sister decided to ride a bike because he told her to do so.

イ　When Toshiya was learning to ride a bike, his father helped him.

ウ　It was hard for Toshiya's sister to balance herself, but he just watched her.

エ　Toshiya and his sister bought a new bike last week.

入試対策　ア、イは第１段落、ウは第３段落、エは第４段落の内容と照らし合わせてみよう。

43 内容一致 内容に合う文を選ぶ問題②

　本文の内容に合うものを選ぶ問題では、英文を読んで**内容に合うタイトルを選ぶ**形式もあります。この問題でも先に**選択肢を読んでおき、英文の内容を推測**しておくとよいでしょう。

例題　次の英文を読んで、タイトルとして適切なものを1つ選び、記号を○で囲みなさい。

　Can you kick a soccer ball well? Many people think it is hard to do, but there is a simple way to do it well. When you kick with your toes, the ball won't go straight. To kick the ball straight, kick it with the inside of your foot. In this way, you will be a better soccer player.

ア　A simple way to become a soccer player

イ　The importance of kicking the ball

ウ　How to kick the ball well

　適切なタイトルを選ぶ問題では、本文で伝えたいことの中心は何かを読み取ることが大切です。重要なポイントはどこかを考えながら、読み進めましょう。選択肢の内容が本文の要点と合っているかどうかを確認しましょう。

選択肢の内容から、**「サッカー」**に関連した内容だと推測できるね。「サッカー」のどんなことが話題になっているかに気をつけながら本文を読もう。

ア　A simple way to become a soccer player

述べられているのは、サッカー選手になる簡単な方法ではなく、上手にボールをける方法なので×。

イ　The importance of kicking the ball

述べられているのは、ボールをけることの重要性ではなく、上手にける方法なので×。

ウ　**How to kick the ball well**

「ボールを上手にける方法」について述べている文章だね。

　文章の主題・筆者の言いたいことは、最初の文（段落）や最後の文（段落）に書かれていることが多いので、この部分に特に注意しましょう。また、本文を読みながら、キーワードや重要な文に印をつけることもよい方法です。

　まとまった長文を読む場合には、**段落ごとに要点をまとめながら読む**とよいでしょう。

1章

2章 読解問題

3章

4章

模試

1 (1)、(2)の英文のタイトルとして最も適当なものを、それぞれの英文の下のア〜エの中から1つずつ選び、記号を○で囲みましょう。　　　　　　　　　　　[佐賀県]

(1)　The number of people is increasing all over the world. *As a result, some people may not have enough food to live in the future. A lot of countries are trying to find the answers to this problem. One of them is *insects. Insects have some good points to be our food. For example, they have a lot of *nutrients, and *breeding insects is very easy. It may be strange for some Japanese people to eat insects, but people in some parts of the world eat them. We can buy the food made from insects in some stores even in Japan.

(注) as a result：その結果　insect(s)：昆虫　nutrient(s)：栄養　breed(ing) 〜：〜を育てる

　　ア　It is difficult for us to get insects.
　　イ　People in different countries eat different food.
　　ウ　Japanese people should not eat insects.
　　エ　Insects may save our lives someday.

(2)　Noriko is very *shy. When she *entered her junior high school, she couldn't talk to many classmates. So she didn't have many friends at that time. However, she wanted to make a lot of friends. One day, she asked her teacher what she should do. Her teacher said, "You should have the *courage to talk to your classmates, and this courage may make you happy." Noriko understood the *importance of trying to talk to her classmates. Then, she talked to her classmates many times. Now she is a second year student, and she has a lot of friends.

(注) shy：恥ずかしがり屋の　enter(ed) 〜：〜に入学する　courage：勇気　importance：大切さ

　　ア　Having a lot of friends is easy for all of us.
　　イ　Courage is one of the important things to make friends.
　　ウ　All students need teachers' help to make friends.
　　エ　Second year students are not good at talking to many classmates.

入試対策 **1** (1)選択肢から insects がキーワードになりそうだと推測できるよ。

要約文を完成させる問題では、**先に要約文を読んでおく**とよいでしょう。本文の大まかな内容をつかむことができるので、英文が読み取りやすくなります。

例題 次の英文を読んで、あとの【問い】に答えなさい。

　Many people play computer games on their smartphones and enjoy themselves even on the train or bus. Even though games are fun, we should be careful. Some games cost a lot of money. This can cause a lot of trouble.

【問い】上の英文の内容に合うように、（　　）に適する英語を書きなさい。

　A lot of people enjoy（　①　）computer games on their smartphones. When we play games, we should be careful not to（　②　）too much money.

　　　　　　　　　　　　　①　------------------------------------

　　　　　　　　　　　　　②　------------------------------------

　要約文の空所の前後の語句に注目し、本文のどの部分に対応するかを探すようにしましょう。

A lot of people enjoy（ **playing** ）computer games on their smartphones.

本文１文目に着目。「たくさんの人がスマートフォンでゲームをしていて、電車やバスの中でも楽しんでいる」とあるね。**Many people** を **A lot of people** としているよ。空所の前が **enjoy** であとに **computer games** と続くから、**playing** が適切だね。

When we play games, we should be careful not to（ **spend** ）too much money.

money や **should be careful** がキーワード。２文目と３文目の内容を読み取ろう。「ゲームは楽しいが、ゲームの中にはお金がたくさんかかるものがある」の文が、「ゲーム」ではなく「私たち」が主語になっていることに注意して、「ゲームでたくさんのお金を使いすぎないように気をつける」と表そう。

　同じ内容を本文とは別の表現で言いかえている場合があるので、**言いかえの表現にも注意**しましょう。

1 下の ▭ 内の英文は、筆者が伝えたいことをまとめたものです。次の英文を読んで、（　　）に入る最も適切なものを選び、記号を〇で囲みましょう。

[栃木県・改]

Many people love bananas. You can find many ways to eat them around the world. （略）Bananas are also very healthy and they have other good points. In fact, bananas may *solve the problems about plastic.

Some people in India have used banana *leaves as plates, but those plates can be used only for a few days. Today, like people in other countries, people in India are using many things made of plastic. For example, they use plastic plates. After the plates are used, they are usually *thrown away. That has been a big problem. One day, an Indian boy decided to solve the problem. He wanted to make banana leaves stronger and use banana leaf plates longer. He studied about banana leaves, and finally he *succeeded. Now, they can reduce the plastic waste.

This is not all. A girl in *Turkey wanted to reduce plastic made from oil. Then she *focused on banana *peels because many people in the world throw them away. Finally, she found how to make plastic which is kind to the earth. （略）

Now, you understand the wonderful points bananas have. Bananas are a popular food and, at the same time, they can save the earth.

(注) solve：解決する　leaves：leaf（葉）の複数形　throw ～ away：～を捨てる　succeed：成功する
Turkey：トルコ　focus on ～：～に注目する　peel：皮

> Many people in the world like eating bananas. Some use banana leaves and peels to reduce plastics. If you look around, （　　　　）.

ア　you may find a new idea to make something good for the earth

イ　you may find plastic plates which you can use again and again

ウ　you will learn that many people like bananas all over the world

エ　you will learn that people put bananas into many kinds of food

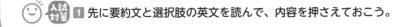
1 先に要約文と選択肢の英文を読んで、内容を押さえておこう。

学習した日　／　□ もう一度　□ バッチリ!

45 要約文完成 要約文を完成させる問題②

本文に合う内容を表す文になるように、空所に適する語を入れる形式もあります。完成させる英文を先に読んでおき、本文中から**キーワードとなる語句、英文と同じ内容を表す語句や表現**を探して、答えの手がかりとするとよいでしょう。

例題 次の Keita から Judy へのメールを読んで、あとの【問い】に答えなさい。

Hello, Judy. I'm Keita. I hear you're interested in Japanese culture. Do you want to write your name in *kanji*? I'm in the calligraphy club, so I'll teach you. I'm happy if you become a member of our club.

【問い】 メールの内容に合うように、（　　　　）に適する語句を書きなさい。
・Keita will teach Judy（　①　）in *kanji* and he wants her to（　②　）.

① --
② --

完成させる英文の空所の前後の語句に着目し、キーワードとなる語句を本文中から探してみましょう。指示語が指す人・物にも注意。前後をよく読んで判断しましょう。

Keita will teach Judy（ how to write her name ）in *kanji*

 空所の前の **teach Judy** とあとの **in *kanji*** に着目。

本文に **Do you want to write your name in *kanji*？ ～, so I'll teach you.**（名前を漢字で書きたいですか。～ 私（＝Keita）が教えます。）とあるので、「Judy に漢字での名前の書き方を教える」とするのが適切だね。本文の **write your name** は **write her name** とすることに注意。**the way to write her name** などでもいいよ。

and he wants her to（ be a member of the calligraphy club ）.

 この **he** は Keita で、**her** は Judy だよ。**代名詞が指す人・物にも注意！**

Keita が Judy にしてもらいたいことを読み取る。
本文最後の **I'm happy if you become a member of our club.**（あなた（＝Judy）が書道部のメンバーになってくれるとうれしい。）に着目。「書道部の部員になってもらいたい」とするのが適切。**join the calligraphy club** などでもよい。

空所に語句・表現を入れたら、完成した英文を読み直して、**意味が通っているか、本文の内容と合っているかを確認**するようにしましょう。

→ 答えは別冊18ページ

1 次の英文は、高校生の涼真（Ryoma）が英語の授業で書いた作文の一部と、下線部 <u>my speech</u> に関して説明したものです。これらを読んで、下の問い(1)、(2)に答えましょう。

[京都府]

One day, every student made a speech in our English class. The topic was "What is the most important in your life?" Each speaker went to the front of the classroom. We made our speeches when our *turns came. Finally, my turn came after many speakers made their speeches. I started <u>my speech</u>. "I think friends are the most important in my life. I have three reasons. First, they *cheer me up when I am sad. Second, they help me solve problems that I have. Third, it is important for me to talk with them every day because we can share our opinions with each other." I was so nervous during my speech, but I *did my best.

(注) turn：順番　cheer ～ up：～を元気づける　do my best：最善を尽くす

Ryoma made a speech in his English class. The topic was "What is the most important in your life?" He felt 　i　 when he was making his speech, but he tried hard. He told his classmates that friends are the most important, and as one of the reasons, he told it is important for him to talk with his friends every day because 　ii　.

---

(1) 本文の内容から考えて、　i　 に入る最も適当な語を、本文中から1語で抜き出して書きましょう。

- -

(2) 本文の内容から考えて、　ii　 に入る表現として最も適当なものを、次のア～エから1つ選び、記号を○で囲みましょう。

　ア　he can give them his ideas and also get theirs
　イ　they cheer him up when he is sad
　ウ　he enjoys talking with them
　エ　they help him solve a problem

😊 入試対策 **1** (1)涼真の気持ち、(2)なぜ友達と毎日話すことが大切だと考えているのかを読み取ろう。

1 次は、日本の高校生の萌（Moe）が英語の授業で行った和紙（*washi*）に関するスピーチの原稿です。彼女が書いたこの原稿を読んで、あとの問いに答えましょう。

［大阪府］各8点

Today, I'm going to talk about traditional Japanese paper. It is called "*washi*" in Japanese. I heard an interesting story from my friend. She made *washi* before she graduated ⬚①⬚ junior high school. In her junior high school, the students in the third grade make *washi*. The *washi* is used for their *graduation certificate. I thought *washi* was used only for making traditional things, for example, *shoji* or *lanterns. I think making *washi* for their own graduation certificate is a great experience for the students.

I became interested in *washi*, so I read some books about *washi*. I found many interesting things. I'll tell you one of Ⓐthem. *Washi* is used for making clothes. I was surprised to know this. The clothes made with *washi* have many good points. I'll give you three examples. First, they are light, so people ⬚②⬚ them can move easily. Second, air can go through *washi* easily, so the clothes can make people feel cool in summer. Finally, the clothes can easily return to nature because *washi* is made with trees and plants. This means they are good for the environment. I think clothes made with *washi* are wonderful. I want to wear such clothes someday. How about you? Do you want to try? Thank you for listening.

(注) graduation certificate：卒業証書　*shoji*：障子（複数形も *shoji*)　lantern：ちょうちん

(1) 次のうち、本文中の ⬚①⬚ に入れるのに最も適しているものはどれですか。1つ選び、記号を○で囲みましょう。
　　ア　from　　　　　イ　off　　　　　ウ　on　　　　　エ　to

(2) 本文中の Ⓐthem の表している内容に当たるものとして最も適しているひとつづきの英語3語を、本文中から抜き出して書きましょう。
　　　　　　　　　　　　　　　　　　　　〔　　　　　　　　　　　　　　　〕

(3) 次のうち、本文中の ⬚②⬚ に入れるのに最も適しているものはどれですか。1つ選び、記号を○で囲みましょう。
　　ア　wear　　　　　イ　wears　　　　　ウ　wearing　　　　エ　to wear

(4) 次のうち、本文で述べられている内容と合うものはどれですか。1つ選び、記号を○で囲みましょう。
　　ア　萌の友だちが通っていた中学校では、2年生の生徒が和紙作りをすることになっている。
　　イ　萌は、和紙に興味をもったので、和紙を使って実際にちょうちんを作ってみた。

ウ　萌は、和紙は空気を通さないので、和紙で作られた服を着ると涼しく感じるということを知った。

エ　萌は、和紙で作られた服をすばらしいと考えていて、いつか着たいと思っている。

2 次の英文は、中学生の花（Hana）、海斗（Kaito）、陸（Riku）、美香（Mika）が、ペットボトル（plastic bottle）のリサイクル（recycling）について調べ、英語の授業で話し合いをしているときのものです。(1)～(6)の問いに答えましょう。　[岐阜県]

(1)～(5)各8点、(6)各6点

Hana: Today's topic is the recycling of plastic bottles. It's important to think about how to solve the problem of plastic bottle *waste. What do you think about it? Kaito, could you tell us your idea first?

Kaito: OK. I think we can do some small things in our daily lives for recycling. For example, when we *throw away plastic bottles at home, we can remove the *caps and *labels, and wash the bottles for recycling. It may sound like a small thing. But when I went to the *recycling center, I learned it's very important for recycling. In the center, I was surprised to see what the staff members were doing. They were removing the caps with their hands. I still remember that one of them said, "We'll be happy if you just remove the caps and labels, and wash the bottles. Then, more waste can turn into *resources!" Through this experience, I found that everyone should do something good for recycling.

Hana: Wow, you had a great experience. You learned that 　①　. Is that right?

Kaito: That's right.

Riku: I see your point, Kaito. But in my opinion, we should think about how to live without plastic bottles first. If we don't buy drinks in plastic bottles, we don't even need to think about recycling. Do you remember the 3 Rs? Among the 3 Rs, I think "*Reduce" is the most important. "*Reuse" is the second most important, and "*Recycle" should be the last choice. After recycling, most of the plastic bottles become different products such as *food trays or clothes. But it's not possible to collect all the plastic bottles for recycling. Also, I hear that it's difficult to repeat the recycling of these products many times. So recycling isn't perfect. We should think about how to stop using plastic bottles. For example, we can use our own *water bottles. It seems a small change, but it's important to start something.

Hana: Thank you, Riku. You mean that 　②　, right?

Riku: Yes.

Mika: Well, I understand Riku's idea. But because of new technology, we can make new plastic bottles from used plastic bottles. This way is called "B to B", "Bottle to

Bottle". According to research, the *recycling rate of "B to B" is still low. It was only 15.7% in 2020. But the number of plastic bottles made from used plastic bottles has been increasing *little by little.

Hana: I don't know much about "B to B". Can you tell us more about "B to B"?

Mika: Sure. There are some good points of "B to B". For example, plastic bottles can be used as "resources" almost forever. It means that used plastic bottles can become resources to make new plastic bottles. Now, imagine your life without plastic bottles. It would be difficult to live. They're very useful, so I don't think a lot of people will stop using them. The number of plastic bottles will not decrease a lot with Riku's idea. We should start from small things for recycling. So I agree with Kaito. As one way, we should send clean plastic bottles without caps and labels to the recycling center.

Hana: Thank you. I think only ③ has a different opinion about recycling of plastic bottles. ③ explained a different way to solve the problem of plastic bottle waste. But I think all of your ideas are almost the same in one point. You all want to say that the things we do may be small, but ④ , right?

〈*Kaito, Riku and Mika agree with Hana.*〉

Hana: Thank you. "All great things have small beginnings." It was nice talking with you today.

(注) waste：ごみ　throw away：捨てる　cap：ふた　label：ラベル　recycling center：リサイクル施設　resource：資源
Reduce：リデュース　Reuse：リユース　Recycle：リサイクル　food tray：食品トレー　water bottle：水筒
recycling rate：リサイクル率　little by little：少しずつ

(1) 海斗は、リサイクル施設の職員がどのような作業をしているのを見て驚きましたか。本文で述べられているものを、ア〜エから１つ選び、符号を○で囲みましょう。

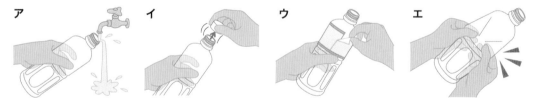

(2) 本文中の ① と ② に入る最も適切なものを、ア〜エからそれぞれ１つずつ選び、符号で書きましょう。

ア　even small things that we do in our daily lives are related to recycling

イ　there is new technology to solve the problem of plastic bottle waste

ウ　we should think about how we can stop using plastic bottles before recycling

エ　the 3 Rs are not important to solve the problem of plastic bottle waste now

① 〔　　　　　　〕　② 〔　　　　　　〕

(3) 本文中の ③ と ④ に入る組み合わせとして最も適切なものを、ア〜エから 1 つ選び、符号を○で囲みましょう。

ア ③ Kaito ④ it's necessary to think about how to increase the recycling rate

イ ③ Kaito ④ it's important for us to think about what we can do and to take action

ウ ③ Riku ④ it's necessary to think about how to increase the recycling rate

エ ③ Riku ④ it's important for us to think about what we can do and to take action

(4) 次の質問に対する答えを、本文の内容に即して、英語で書きなさい。

1. Does Riku think "Recycle" is the most important thing to do among the 3 Rs?

[   ], he [   ].

2. According to Mika, what is one good point of "B to B"?

We can [   ] plastic bottles as resources to make new plastic

bottles almost [   ].

(5) 本文の内容に合っているものを、ア〜オから 1 つ選び、符号を○で囲みましょう。

ア Mika says that the number of plastic bottles made from used ones has not been increasing.

イ Mika says that the recycling rate of "B to B" was lower than 15% in 2020.

ウ Mika thinks that many people will continue using plastic bottles because they are useful.

エ Hana knew a lot about "B to B" before she talked with Kaito, Riku and Mika.

オ Hana thinks that the ideas of Kaito, Riku and Mika are the same in all points.

(6) 次の英文は、陸が英語の授業で花、海斗、美香と話し合ったことをもとに、考えを まとめたレポートの一部です。（⑤　）、（⑥　）に入る最も適切な英語を、本文中 から抜き出して 1 語ずつ書きましょう。ただし、（　　）内に示されている文字で 書き始め、その文字も含めて答えること。

I think "Reduce" is really important, but I learned different ideas about the recycling of plastic bottles today. Mika told us about a (⑤ w   ) that is called "B to B". I was surprised to know that used plastic bottles can become resources to make new plastic bottles. I also learned a lot from Kaito. Now, I think we should do something good for recycling. Then, more waste can (⑥ t   ) into resources. I want to think more about how to live with plastic bottles well.

⑤ [   ] ⑥ [   ]

合格につながるコラム③

集中力が続かない場合、どうしたらいいの？

 勉強しやすい環境を作ろう

勉強机を整理し、スマートフォンは電源オフ

　勉強しようと思ってもなかなか集中できないという人は、机の上にある勉強道具以外のものを片付けることから始めましょう。また、スマートフォンをいじらないように電源をオフにするか、他の部屋に置いておくことも大切です。

　自分の部屋の机に向かっていても、気づけばベッドでごろごろしてしまう人は、勉強する場所を変えてみましょう。家のリビングで、家族の目がある場所を選ぶだけでも集中の度合いに違いが出てくるものです。また、思い切って外に出て、図書館の学習室、塾の空き教室など、勉強以外にすることがないという環境を選ぶのも大切です。

 10分集中、勉強内容を見える化してみよう

まずは10分集中して、できたことを記録しよう

　集中しづらいときに役に立つのが、キッチンタイマーです。まずは勉強に集中する時間を10分とし、キッチンタイマーを10分にセットして、机に向かいます。10分経ってタイマーが鳴ったら5分休憩し、再び10分勉強に取り組み、5分休んで……とくり返していきます。

　10分集中できるようになったら、15分、20分、30分…と時間を増やしていきます。45分〜50分程度続くようになったら、いったん休憩して心身を休めることを習慣付けると、その後もその習慣を継続しやすくなります。
　そして、勉強した時間や、その時間に勉強した内容を記録するとよいでしょう。自分がどのくらい勉強できたかを可視化すると、達成感が得られます。

> キッチンタイマーと記録用のノートを用意して、取り組もう。
>
> 10分集中・5分休憩
> （何度かくり返す）
> ↓
> 15分集中・5分休憩
> （何度かくり返す）
> ↓
> 集中した時間を表やグラフにして色を塗る
> ↓
> 勉強した内容を、教科ごとに箇条書きにする

3章

リスニング問題

英文や対話文の内容についての質問に答える問題では、答えの**選択肢を先に読んでおきましょう**。質問の内容が予想でき、聞き取るべきポイントをしぼることができます。

例題 対話と対話の内容に関する質問を聞いて、その質問の答えとして適切なものを、ア～エの中から選びなさい。 [山口県]

ア <u>Her dog.</u>　　　　　イ <u>Her uncle's dog.</u>

ウ <u>Her teacher's dog.</u>　エ <u>Her grandfather's dog.</u> 〔　　　〕

 選択肢にはどれも dog がある。「犬」についての対話だと考えられるね。それぞれの選択肢で、犬の飼い主がちがっているよ。**飼い主はだれかと問う問題**だと予想できるね。**聞き取りのポイントは、犬の飼い主**。選択肢にある uncle、teacher、grandfather に注意。

それぞれの選択肢を比べて、**ちがっている点**、**同じ点を確認**しておきましょう。

リスニングでは、**メモを取りながら聞く**ようにしましょう。全部を細かく書く必要はありません。確認した聞き取りのポイントや大切だと思ったことを簡潔に書きましょう。

読まれた英文

A: Hi, Haruka. You are walking a cute dog.

B: Thanks, Pat. But this dog is not mine. ハルカは自分の犬ではないと言っているよ。

My uncle lives near my house, and sometimes I walk his dog.

 選択肢にある **uncle** が出てきたね。his dog の his が指しているのは、「**ハルカのおじ（の）**」だよ。代名詞が何を指しているかに注意しよう。

A: Oh, I see.

Question: Whose dog is Haruka walking?

 問われているのは「**ハルカはだれの犬を散歩させているのか**」なので、**正解はイ**。

【日本語訳】A：こんにちは、ハルカ。かわいい犬を散歩させていますね。／B：ありがとう、パット。でも、この犬は私の犬ではありません。おじが私の家の近くに住んでいて、ときどき彼の犬を散歩させているんです。／A：ああ、そうなんですか。
質問：ハルカはだれの犬を散歩させていますか。

質問の文は疑問詞で始まることが多いです。**質問の出だしを特に注意して聞き**、質問されていることは何かを押さえるようにしましょう。

基本練習

→ 答えは別冊18ページ

1 留守番電話に残された John のメッセージを聞いて、それに続く(1)と(2)の質問の答えとして最も適当なものを、ア～エの中から１つずつ選んで、記号を○で囲みましょう。　　　　　　　　　　　　　　　　　　　　　　　　　　　　　［大分県］

(1)　ア　Because he must stay at home in the afternoon.
　　　イ　Because he must go shopping with his parents.
　　　ウ　Because he must take the train to go to the movie theater.
　　　エ　Because he must practice longer at the club activity.

(2)　ア　11：00.　　　　　　イ　12：00.
　　　ウ　13：00.　　　　　　エ　14：00.

2 対話を聞いて、対話の内容に関するそれぞれの問いの答えとして最も適切なものを、ア～エの中から１つずつ選んで、記号を○で囲みましょう。　　　［山口県］

(1)　ア　Today.
　　　イ　Tomorrow.
　　　ウ　This Sunday.
　　　エ　Next Saturday.

(2)　ア　To get some vegetables and pizza.
　　　イ　To buy two tomatoes and an onion.
　　　ウ　To make pizza with tomatoes.
　　　エ　To finish his homework.

(3)　ア　Yuko.
　　　イ　Yuko's brother.
　　　ウ　Yuko's sister.
　　　エ　Mr. Smith.

入試対策 選択肢に目を通して、聞き取りのポイントを押さえよう。各選択肢のちがう点に特に注意。

英文や対話文の内容についての質問に答える問題には、答えの文の空所に入る英語を書いて文を完成させる形式もあります。**問題文と答えの文を読んでおきましょう。**問われていることは何かを押さえ、この点に注意して放送を聞くようにしましょう。

例題 対話の内容についての質問に対する答えとなるように、〔　　〕に適する英語を書きなさい。

[23 埼玉県・改]

Question: When did Tomoki take the pictures in the U.S.?

Answer:　He took them last〔　　　　　　　　　　　　　　〕.

まずは、**質問文と答えの文の意味を確認**しよう。「質問：トモキは**いつ**アメリカでその写真を撮りましたか。」「答え：彼はそれらを**この前の**〔　　〕に撮りました。」という意味。写真を撮ったのは「**いつ**」かを答えればいいね。take the pictures、the U.S.、last がキーワード。

When には「**時**」、**What** には「**物、事がら**」、**Why** には「**理由**」、**How long** には「**長さ**」を答えます。**疑問詞に着目**して、質問に適切に答えられるようにしましょう。

確認した**聞き取るべきポイントとキーワード**に注意して、放送を聞きましょう。

読まれた英文 この them は **these pictures** を指しているよ。指示語が指すものに注意！

Tomoki: Alice, look at these pictures. I took them when I traveled to the U.S. last summer.

 キーワードとなる **the U.S.** と **last** が出てきたね。この文をしっかり聞き取ろう！

Alice:　Wow. You took so many. Wait, who is this man, Tomoki?

Tomoki: He's my American friend, David. When I was on the bus in San Francisco, he was standing next to me and said with a smile, "*Konnichiwa.*"

 トモキが写真を撮ったのは「**この前の夏**」なので、空所には **summer** が入るよ。

【日本語訳】トモキ：アリス、これらの写真を見てください。私は、この前の夏にアメリカへ旅行したときに、それらを撮りました。／アリス：わあ。とてもたくさん撮りましたね。待ってください、この男性はだれですか、トモキ。／トモキ：彼はアメリカ人の友達のデイビッドです。サンフランシスコでバスに乗っていたとき、彼は私の隣に立っていて、「こんにちは。」と笑顔で言いました。

答えを書いたら、必ず見直しをしましょう。つづりを確認したり、完成した文を読み直して意味が通るか確かめたりしましょう。

基本練習

➡ 答えは別冊19ページ

1 中学生の健太(Kenta)の話を聞いて、質問に対する答えとなるように〔　　〕の中に適切な数字や語、語句を記入しましょう。なお、先に質問を2回くり返し、そのあとで話を2回くり返します。　　　　[静岡県]

(1) How long did Kenta's parents stay in Nagano?

They stayed there for 〔　　　　　　　　　〕 days.

(2) What did Kenta do with his sister before breakfast?

He 〔　　　　　〕 the 〔　　　　　〕 with his sister.

(3) Why were Kenta's parents surprised when they came home?

Because Kenta 〔　　　　　　　　　　　　　　　〕.

2 これから読む英文は、中学生の信二(Shinji)とベーカー先生(Ms. Baker)が話しているときのものです。次の(1)〜(3)に対する答えを、信二とベーカー先生の会話の内容に即して、英語で書きましょう。ただし、〔　　〕の部分には1語ずつ書くこと。　　　　[岐阜県]

(1) How often does Shinji work as a member of 'Nature Club'?

答え　He works every 〔　　　　　　〕.

(2) Who told Shinji about 'Nature Club'?

答え　His 〔　　　　　　〕 told him about it.

(3) What does Shinji want to do through his activities?

答え　He wants to 〔　　　　　　　　〕 their future.

😊 入試対策 質問文と答えの文の意味を先に確認しておこう。疑問詞から答えることを判断しよう。

学習した日 ／ ☐ もう一度 ☐ バッチリ!

読まれた英文や対話文の内容に合うイラストを選ぶ問題では、各イラストで**ちがっている部分に注目**しましょう。この部分が問題を聞き取るときのポイントになります。

例題 対話の内容に最も合う絵を、**ア～エ**の中から１つ選びなさい。 [和歌山県]

ア 　イ 　ウ 　エ

[　　　]

 ファストフード店で注文している場面だね。各イラストで**注文しているものと数**がちがっているね。女の子が注文したものが聞き取りのポイントになると判断できるね。

聞き取るときのポイントを確認したら、**メモを取りながら聞く**ようにしましょう。**人、時、場所、数**などの情報はメモしておくとよいでしょう。

読まれた英文

店員：　Hello. Can I help you?

女の子：Yes. I want a hamburger and two hot dogs.

 品物と数をしっかり聞き取ろう！ 注文しているのは、**ハンバーガーを「１つ」とホットドッグを「２つ」**だね。

店員：　Sure. Do you want anything to drink?

女の子：No, thank you.　 飲み物は注文していないよ。

 女の子は「ハンバーガー１つ、ホットドッグ２つ」を注文しているから、正解は**ウ**。

【日本語訳】店員：こんにちは。いらっしゃいませ。／女の子：はい。ハンバーガー１つとホットドッグ２つ、ほしいのですが。／店員：かしこまりました。何か飲むものはいかがですか。／女の子：いいえ、結構です。

人物のイラストなら**持ち物**や**身に着けているもの**、**行動**のちがい、カレンダーやイベントのポスターなら**曜日**や**日付、イベントの内容**のちがいなどに着目しましょう。

また、物が机などに置かれているイラストなら**位置関係**のちがいに着目しましょう。under、on、by、near などの前置詞が聞き取りのポイントになります。

基本練習

1 対話の内容に最も合う絵を、ア～エの中から1つずつ選んで、記号を〇で囲みましょう。

［和歌山県］

(1) ア　　　　　　イ　　　　　　ウ　　　　　　エ

(2) ア　　　　　　イ　　　　　　ウ　　　　　　エ

(3) ア　　　　　　　　　　　イ

　　ウ　　　　　　　　　　　エ

2 ジェニーと高志との会話を聞いて、2人が明日、教科書のほかに学校に持っていく必要のあるものの組み合わせを示したものとして、次のア～エの中から最も適していると考えられるものを1つ選んで、記号を〇で囲みましょう。　　［大阪府］

ア　　　　　　イ　　　　　　ウ　　　　　　エ

😊 ミス注意 **1** (1)は日付、(2)は物とその位置、(3)は人物と犬の数、持ち物などがちがっているね。

学習した日　　／　　□ 😐 もう一度　□ 😊 バッチリ！

49 イラスト選択 正しいイラストを選ぶ問題②

イラストを選ぶ問題には、英文や対話文とその内容についての質問を聞き、その質問の答えとして適するイラストを選ぶ形式もあります。この場合も、各イラストで**ちがっている部分を確認**し、聞き取りのポイントを押さえておくことが大切です。

例題 対話とそれについての質問を聞いて、質問の答えとして最も適当なものを、ア〜エの中から1つ選びなさい。

[愛媛県]

ア	イ	ウ	エ

〔 　　 〕

 人物が**していること**がちがっているね。**しているスポーツ、演奏している楽器**が聞き取りのポイントになると推測できるね。

質問が読まれる場合は、**問われていることは何か**を聞き取ることが大切です。**最初の疑問詞**をしっかり聞き取りましょう。

読まれた英文

A: What did you do after school yesterday, Satoshi?

B: I played baseball with my friends. サトシがしたことは「野球」だね。

　 How about you, Keiko?

A: I practiced the piano. ケイコがしたことは「ピアノの練習」だね。

Question: What did Keiko do after school yesterday?

 質問されているのは、「ケイコ」がしたことは「何」かということ。ケイコはピアノの練習をしたので、正解はエ。

【日本語訳】A：昨日の放課後は何をしましたか、サトシ。／B：私は友達と野球をしました。あなたはどうですか、ケイコ？／A：私はピアノを練習しました。
質問：ケイコは昨日の放課後、何をしましたか。

時計のイラストの場合は、**時刻**のちがいに着目しましょう。音声に**数が出てきたら、メモを取る**ようにするとよいでしょう。また、天気のイラストなら sunny、cloudy、rainy、hot、warm、cold などの**天気**や**寒暖**を表す語句が聞き取りのポイントになります。

基本練習

→ 答えは別冊21ページ

1 話される英語を聞いて、あとの質問に対する答えとして最も適当なものを、ア
からエまでの中から1つ選んで、記号を〇で囲みましょう。 ［滋賀県］

ア   イ   ウ   エ

2 健（Ken）とリサ（Lisa）の会話を聞いて、質問の答えとして最も適切なもの
をア～エの中から1つ選んで、記号を〇で囲みましょう。 ［静岡県］

(1) ア   イ   ウ   エ

(2) ア   イ

ウ   エ

😊 ミス注意 **1** 時刻、**2** (1)行動、(2)午前と午後の天気や地名に注意して聞き取ろう。

学習した日   ／   □ もう一度   □ バッチリ!

50 図や表を見て答える問題①

　表・グラフがある問題では、まず**何についての表・グラフなのか内容を確認**しましょう。その内容をもとに、読まれる英文や問われることを予想し、その点に注意しながら聞き取りましょう。

例題　英文を聞き、その内容と一致するものを**ア、イ、ウ**の中から１つ選びなさい。

[長崎県]

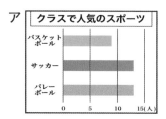 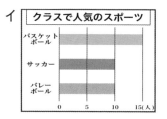 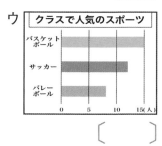

 クラスで人気のスポーツを調べたアンケート結果についての英文が読まれると推測できるね。グラフを見比べて、各グラフの中でいちばん多いもの・少ないもの、数が同じものなどをチェックしておこう。そこが聞き取りのポイントになるよ。

　グラフの問題では、**比較表現や数に注意**しましょう。何と何を比べているのか、どちらのほうが数量が多い[少ない]のかなど、**メモを取りながら聞く**ようにしましょう。

読まれた英文

Look at this. It shows three popular sports in my class. Soccer is as popular as volleyball.

 比べているのは、サッカーとバレーボールだね。「同じくらい人気」だと言っているから、ウのグラフは合わないと判断できるね。

But basketball is the most popular of the three.

 ３つの中で「バスケットボールがいちばん人気がある」と言っているよ。アとイのグラフでは、イがこの内容と一致するね。正解は**イ**。

【日本語訳】これを見てください。私のクラスで人気のある３つのスポーツを示しています。サッカーはバレーボールと同じくらい人気があります。ですが、バスケットボールは３つの中でいちばん人気があります。

　英文の内容と明らかに合わないグラフは消去していくとよいでしょう。答えをしぼることができます。時間割やイベントのスケジュールなどの表では、**教科**と**曜日**、**日付や時刻**などに注意して聞き取るとよいでしょう。

基本練習

➡ 答えは別冊21ページ

1 説明を聞き取り、あとの英語の質問の答えとして最も適切なものを、ア～エの中から1つ選んで、記号を○で囲みましょう。 ［富山県］

Number of Visitors to Japan

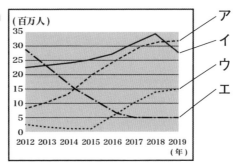

2 これから読む英文は、新聞部が行ったアンケートの結果を、浩志（Hiroshi）がグラフにまとめ、英語の授業で発表したときのものです。浩志が発表のときに見せたグラフをア～エの中から1つ選んで、記号を○で囲みましょう。 ［岐阜県］

ア

イ
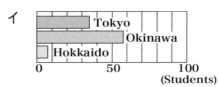

ウ
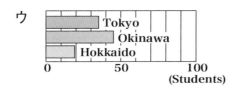

エ
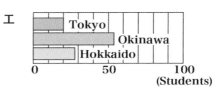

3 会話のあとに質問が続きます。その質問に対する答えとして適切なものを、ア～エの中から1つ選んで、記号を○で囲みましょう。 ［兵庫県］

	月	火	水	木	金
1校時		国語	数学	体育	英語
2校時		音楽	家庭	数学	国語
3校時		数学	英語	理科	数学
4校時	祝日	社会	社会	美術	理科
		昼休み			
5校時		英語	国語	英語	総合
6校時		理科	音楽	国語	体育

ア Tuesday.
イ Wednesday.
ウ Thursday.
エ Friday.

ミス注意 **1** 人数の増減、**2** 3つの場所の人数の比較、**3** 教科と曜日に注意して聞き取ろう。

学習した日 ／ □ もう一度 □ バッチリ!

51 図や表を見て答える問題②

図表の読み取り

図表の問題には、**地図や路線図**から正しい場所を選んだり、**室内のイラスト（配置図）**から物の位置を選んだりするパターンもあります。これらの問題では、**左右の方向**や、**上下などの位置を表す語句**、1番目、2番目などの**順序を表す語句**に注意して聞きましょう。

例題 対話とそれについての質問を聞いて、答えとして最も適当なものを、ア～エの中から1つ選びなさい。 ［滋賀県］

〔 　　　 〕

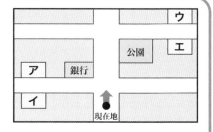

 地図の問題では、もちろん**道順の説明**が聞き取りのポイント。**現在地を確認**し、道順を地図にかきこみながら放送を聞くといいよ。**左右のどちらに曲がる**か、**右手にあるのか左手にあるのか**、**何番目の角**を曲がるかなどを正確に聞き取ろう。

<u>turn right[left]</u>（右[左]に曲がる）や<u>go straight</u>（まっすぐ行く）、<u>at the first [second] corner</u>（最初[2番目]の角で）など、道案内でよく使われる表現を覚えておきましょう。

読まれた英文

A: Excuse me. Is there a bookstore near here?

 目的地は「書店」だね。

B: Yes. Go down this street and turn right at the park.

 現在地から「**まっすぐ進み、公園のところで右折**」だよ。

Then you'll see it on your left.

A: Thank you.

 it が指しているのは「書店」で、「**左側**」にあると言っているよ。

Question: Which is the bookstore?

 「書店」があるのは、**ウ**。曲がる方向や位置が右か左かしっかり確認しよう。

【日本語訳】A：すみません。この近くに書店はありますか。／B：はい。この通りをまっすぐ行き、公園のところで右に曲がってください。そうすると、左手に見えますよ。／A：ありがとうございます。
質問：書店はどれですか。

室内のイラストの場合は、**in**（～の中に）、**on**（～の上に）、**under**（～の下に）、**near**（～の近くに）、**by**（～のそばに）などの位置を表す前置詞に注意しましょう。

1 これから読む英文は、道夫（Michio）が、外国人に郵便局の場所を説明しているときのものです。郵便局はどこにありますか。ア〜エの中から1つ選んで記号で答えましょう。

[岐阜県]

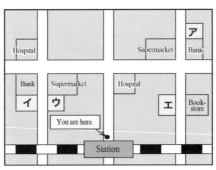

〔　　　〕

2 対話を聞き取り、あとの英語の質問の答えとして最も適切なものをア〜エの中から1つ選んで記号で答えましょう。

[富山県]

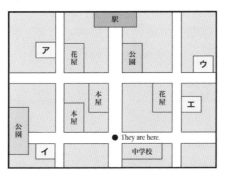

〔　　　〕

3 中学生の健太（Kenta）と留学生のメアリー（Mary）の会話を聞いて、質問の答えとして最も適切なものをア〜エの中から1つ選んで記号で答えましょう。

[静岡県]

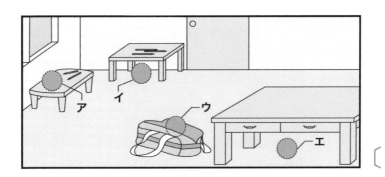

〔　　　〕

ミス注意 **1 2** 現在地から道順をかきこみながら聞こう。　**3** 位置を表す語をしっかり聞き取ろう。

52 適する応答を選ぶ問題①

　対話を聞いて、その最後の発言に対する適切な応答を選ぶ問題では、**先に選択肢に目を通しておき、対話の内容を予想**しておくことと、対話の**最後の発言をしっかりと聞き取る**ことが大切です。

例題　英語による対話を聞いて、対話の最後の英文に対する受け答えとして、ア〜ウから最も適当なものを1つ選びなさい。　　　　　　　　　　　　［三重県］

　ア　Three days ago.
　イ　For three weeks.
　ウ　It took seven hours.

〔　　　〕

 選択肢は、ア「3日前。」、イ「3週間。」、ウ「7時間かかった。」という意味。最後の発言は「いつ?」や「どのくらい長く?」などとたずねる文になりそうだと予想できるね。

　最後の発言は疑問詞で始まる疑問文の場合がよくあるので、特に**出だしの部分を聞き取る**ことを意識して聞きましょう。疑問詞を聞き取り、問われていることに合う応答を選びましょう。**対話の流れを押さえることも大切です。**

読まれた英文

A: How was your summer vacation, Bob?

B: I had a great time with my family in London.

 夏休みについての対話だね。ボブは家族とロンドンで過ごしたようだよ。全部の内容を正確に聞き取る必要はないよ。大まかな話の流れを押さえることが大事。

A: Oh, when did you come home?

 最後の発言の出だしの部分に注意! when で始まる疑問文。「いつ帰宅したのか?」と「時」をたずねているから、ア「3日前。」が質問の答えに合うね。

【日本語訳】A：夏休みはどうでしたか、ボブ。／B：ロンドンで家族とすばらしい時を過ごしました。
A：わあ、帰宅したのはいつですか。

　疑問詞と答え方をもう一度確認しておきましょう（→ p.16、p.18）。また、答えの選択肢が、**Yes や No で始まっている場合**は、最後の発言が Did 〜?や Are 〜?などの疑問文だと考えられます。この場合も、対話の流れを押さえることと問われていることは何かを聞き取ることが大切です。

基 本 練 習

→ 答えは別冊23ページ

1 英語による対話を聞いて、それぞれの対話の最後の英文に対する受け答えとして、ア～ウの中から最も適当なものを1つ選んで、記号を〇で囲みましょう。

［三重県］

(1) ア　This morning.　　　　イ　Two hours later.
　　ウ　Near the bed.

(2) ア　About two hours ago.　　イ　At about seven in the evening.
　　ウ　For about three minutes.

(3) ア　When I was eight years old.　イ　It was so difficult.
　　ウ　My brother taught me.

2 ジュディー（Judy）とケン（Ken）が話をしています。チャイムのところに入るケンの言葉として最も適するものを、ア～エの中から1つ選んで、記号を〇で囲みましょう。

［神奈川県］

(1) ア　Yes, he went there alone.
　　イ　Yes, I went there with my family.
　　ウ　No, my sister and I went there.
　　エ　No, he stayed in Australia.

(2) ア　I've been practicing soccer for ten years.
　　イ　I practiced very hard with my club members.
　　ウ　I practice soccer five days in a week.
　　エ　I practice for two hours in a day.

(3) ア　I was excited when I visited Kyoto with my friends.
　　イ　I'm going to visit a museum with my group members.
　　ウ　I liked the temple the best because it had a beautiful garden.
　　エ　My favorite restaurant was not in Kyoto.

 入試対策 最後の発言の出だしの疑問詞をしっかり聞き取って、適切な応答を選ぼう。

学習した日　　／　　　□ もう一度　□ バッチリ!

53 適文選択 適する応答を選ぶ問題②

適切な応答を選ぶ問題には、**依頼や提案に対する応答**を選ぶパターンもあります。基本的な依頼や提案の表現と応じ方を覚えておくとよいでしょう。

例題 2人の対話を聞き、最後のチャイムの部分に入る英語として最も適当な答えを、ア、イ、ウ、エのうちから1つ選びなさい。 [岩手県]

ア　I'm sorry. I don't cook on weekends.　　イ　I'm sorry. I don't have breakfast.

ウ　Sure. How about next Saturday?　　エ　Sure. How about Indian food?

〔　　　〕

 選択肢は、ア「ごめんなさい。週末には料理をしません。」、イ「ごめんなさい。朝食は食べません。」、ウ「いいですよ。次の土曜日はどうですか。」、エ「いいですよ。インド料理はどうですか。」という意味。料理についての対話のようだね。また、**謝っている**ことや**承諾している**ことから、依頼や提案に対する応答の文だと予想できるよ。

Can you 〜?（〜してくれますか。）、**Could you 〜?**（〜してくださいますか。）、
Can I 〜?（〜してもいいですか。）、**Why don't you 〜?**（〜してはどうですか。）、
Would you like 〜?（〜はいかがですか。）などの表現と応じ方を整理しておきましょう。

読まれた英文

A: Do you cook?

B: Yes. I like cooking Japanese food. I cook on weekends.

 話題は料理をすることについてだね。男性は**料理が好きだ**と言っているよ。

A: Could you show me how to cook Japanese food?

 Could you 〜? は「〜してくださいますか。」とていねいに**依頼**するときの表現。

B:（チャイム）

 依頼に応じるときは Sure. など、断るときは I'm sorry. などと言うよ。お願いの内容は**和食の作り方を教えてもらいたい**ということで、男性は週末に料理をすると言っているので、**ウ**が適切。

【日本語訳】Ａ：料理はしますか。／Ｂ：はい。和食を作るのが好きです。週末に料理をします。／Ａ：和食の作り方を教えてくださいますか。

買い物、道案内、食事の注文、体調をたずねるなどの場面のやり取りが出ることもあります。これらの場面でよく使われる表現も確認しておきましょう。

1 英語による対話を聞いて、それぞれの対話の最後の英文に対する受け答えとして、ア〜ウの中から最も適当なものを1つ選んで、記号を〇で囲みましょう。

［三重県］

(1) ア　I'd like to help you.　　　イ　Here you are.
　　ウ　Orange juice, please.

(2) ア　Here you are.　　　　　　イ　You're welcome.
　　ウ　It's perfect.

(3) ア　I want to take care of you.
　　イ　I'll take you to the nurse's office.
　　ウ　I have a stomachache.

2 対話を聞いて、それぞれの対話に続く受け答えとして最も適切なものを、ア〜エの中から1つずつ選んで、記号を〇で囲みましょう。　　　　［山口県］

(1) ア　Yes, I can.　　　　　　　　イ　Thank you, please.
　　ウ　Well, I like your desk.　　エ　Sure, here you are.

(2) ア　Sorry. I must do my homework.
　　イ　No. I watched it last month.
　　ウ　I see. You can join us.
　　エ　Sure. I've seen it twice.

3 放送を聞いて、チャイムのところに入る対話の応答として、最も適当なものを、ア〜エの中から1つ選んで、記号を〇で囲みましょう。　　　　［熊本県］

〈休み時間の対話〉
ア　OK. How about tomorrow?　　イ　OK. How about you?
ウ　Sorry. I can't play the piano.　エ　Sorry. I don't like music.

最後の発言をしっかり聞き取ろう。対話が行われている場面を押さえることも大事。

学習した日　　／　　□ もう一度　□ バッチリ！

54 適語補充 表やメモを完成させる問題

表やメモの空所に適語を入れる問題では、**放送が始まる前に表やメモに目を通しておき、聞き取るべきポイントを予測**しておきましょう。

例題 海外旅行中のKazukiが、ツアーガイドによるアナウンスを聞いてメモを取っています。メモの（あ）〜（う）に適当な英語１語を入れなさい。 [岡山県]

[Kazukiのメモ]

	Places to visit	Things to do
1	a lake	eat （あ）
2	a large （い）	see beautiful mountains
3	a market	buy a lot of （う）

（あ）〔　　　　　　〕　（い）〔　　　　　　〕　（う）〔　　　　　　〕

 メモの内容を確認しよう。「**訪れる場所**」とそこで「**すること**」をまとめているね。（あ）は「〜を食べる」、（い）は「大きな〜」、（う）は「たくさんの〜を買う」という意味。

空所の前後の語句と関連する語句に気をつけて聞き、必要な情報をとらえましょう。

読まれた英文

Tomorrow we will visit three places. First, we will go to a lake. There is a good restaurant to eat breakfast.

 メモの「1」の内容。「湖」ですることは、「レストランで**朝食**を食べる」ことだね。

Next, we will visit a large park. It is a very popular place, because we can see beautiful mountains from there.

 メモの「2」の内容。「美しい山を見る」のは、「大きな**公園**」でだよ。

Then, we will go to a market. You can buy a lot of apples. Please come here at eight in the morning.

 メモの「3」の内容。「市場」ですることは、「たくさんの**リンゴを買う**」ことだね。

 （あ）には **breakfast**、（い）には **park**、（う）には **apples** が入るよ。

【日本語訳】明日、私たちは３つの場所を訪れます。最初に、湖に行きます。朝食を食べるのにいいレストランがあります。次に、大きな公園を訪れます。そこから美しい山が見えるので、とても人気のある場所です。それから、市場に行きます。リンゴがたくさん買えます。朝８時にここに来てください。

時刻、曜日、場所、行動、数などの情報が出てきたら**メモを取る**ようにしよう。

1 あなたは今、海外留学プログラムでイギリスに来ています。ある城についてガイドの説明を聞いて、英語で感想文を書くためのメモを完成させましょう。ただし、メモの(1)には数字を入れ、(2)と(3)には英語を入れましょう。 [栃木県]

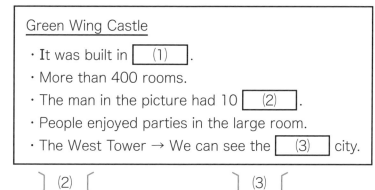

Green Wing Castle
・It was built in 　(1)　 .
・More than 400 rooms.
・The man in the picture had 10 　(2)　 .
・People enjoyed parties in the large room.
・The West Tower → We can see the 　(3)　 city.

(1) 〔　　　　〕 (2) 〔　　　　　　　　　〕 (3) 〔　　　　　　　　　　　〕

2 あなたは、3日間の「イングリッシュ・デイ」（英語に親しむイベント）に参加しています。今から、そのイベント初日における先生の話を聞いて、その内容に合うように、【ワークシート】の下線部（A）、（B）、（C）に、それぞれ話の中で用いられた英語1語を書きましょう。また、下線部（D）には、先生の質問に対するあなたの返答を、4語以上の英語で書きましょう。 [山口県]

【ワークシート】

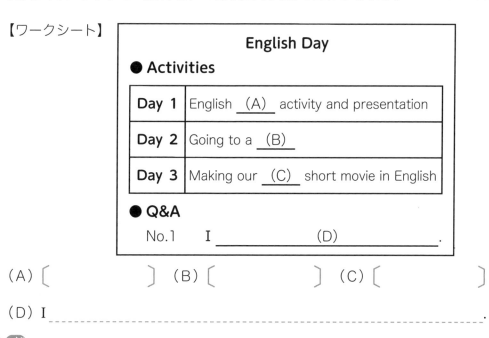

English Day

● Activities

Day 1	English _(A)_ activity and presentation
Day 2	Going to a _(B)_
Day 3	Making our _(C)_ short movie in English

● Q&A
No.1　　I ＿＿＿＿＿＿＿＿(D)＿＿＿＿＿＿ .

(A) 〔　　　　　　〕 (B) 〔　　　　　　　　〕 (C) 〔　　　　　　　〕

(D) I ＿＿＿＿＿＿＿＿＿＿＿＿＿＿＿＿＿＿＿＿＿ .

まずはメモやワークシートを確認しよう。空所の前後の語句も聞き取りの手がかりになるよ。

学習した日　　／　　□ もう一度　□ バッチリ！

放送を聞き、質問に対する自分の答えや自分の考えを書く問題では、場面や与えられている**条件**を押さえて、**状況や設定に合う英文を書く**ことが大切です。

例題 英語を聞いて、あなたの考えを英語で書く問題です。英文はいくつでも構いませんが、それぞれ主語と動詞を含んだ英文で書きなさい。 [宮崎県]

 「主語と動詞を含んだ英文」という指示があることに注意。条件に合う英文を書こう。放送を聞くときは、**何について自分の考えを書けばよいのかに注意**しよう。

指示文は放送の内容を理解する手がかりになる場合もあるので、きちんと読んでおきましょう。何かの説明やある人物の経験談などが読まれたあとに、それに関する質問が読まれることもあります。話の内容をふまえて答えることも大切です。

答えを書くときは、**自分の知っている表現で表せるかどうか**を考えてみましょう。表現するのが難しいときは、**同じ内容を別の表現で言いかえられるか**を考えてみましょう。

読まれた英文

Japan has four seasons. Which season do you like the best?

 質問は「どの季節がいちばん好きですか。」という意味。I like ～(the best) を使って好きな季節を答えよう。

And why do you like it?

 好きな季節を答えるだけではダメだよ。その季節が**好きな理由**も答える必要があるよ。放送は最後までしっかり聞こう。

 次のような答えが考えられるよ。
解答例: I like spring because flowers are beautiful.
（花が美しいので、私は春が好きです。）
We can enjoy swimming in the sea, so I like summer the best.
（海で泳いで楽しむことができるので、私は夏がいちばん好きです。）
【日本語訳】日本には四季があります。あなたはどの季節がいちばん好きですか。そして、なぜその季節が好きなのですか。

好きな季節、通学手段、将来の夢、趣味、思い出に残っていること、学校の紹介など、身近なテーマについて問われることが多いので、こうしたテーマについて自分のことや自分の考えを英語で書く練習をしておくとよいでしょう。

1 章

2 章

3 章 リスニング

4 章

模試

1 あなたは、あなたの学校を訪問している海外の中学生と話をしているところです。相手の話をよく聞いて、最後の質問に対するあなたの返答を、英語で簡潔に書きましょう。 ［佐賀県］

- -

2 あなたは、アメリカでホームステイをしています。今から、あなたのホストファミリーがあなたに話したことを放送します。「メモ」は、その話の内容をまとめたものです。放送を聞いて、「メモ」の①、②、③に適当な英語1語を書きましょう。また、「ホストファミリーの質問に対する答え」では、staying home または、going out のいずれかを選んで〇で囲み、④に適当な英語を2語以上で書き、あなたの答えとなる文を完成させましょう。 ［熊本県］

「メモ」

> ### Things to do from today
>
> ・To clean my [①] on the weekends
> ・To [②] my dishes in the kitchen
> ・To [③] the dog in the afternoon

① 〔   〕　② 〔   〕　③ 〔   〕

④ 「ホストファミリーの質問に対する答え」

　 I like 【 staying home / going out 】better because

　 I -

　 in my free time.

ミス注意 **1** 通学方法について話しているよ。　**2** ④becauseのあとには理由を続けるよ。

学習した日 ／ □ もう一度 □ バッチリ!

→ 答えは別冊30ページ

得点

／100点

🎧35　🎧36

1、2 →　　3、4 →

1　(1)〜(3)の英語による対話とそれについての質問が読まれます。その英文を聞いて、質問に対する答えとして最も適当なものを、ア〜エの中からそれぞれ1つずつ選び、記号を○で囲みましょう。　　　[愛媛県] 各10点

(1)　ア 　イ 　ウ 　エ

(2)　ア 　イ 　ウ 　エ

(3)　ア 　イ 　ウ　エ

2　これは、2人の対話を聞いて答える問題です。それぞれの対話は、女性、男性、女性、男性の順で行われます。最後に、男性が話す英語の代わりにチャイムが鳴ります。このチャイムの部分に入る英語として最も適当な答えを、それぞれア、イ、ウ、エのうちから1つずつ選んで、その記号を○で囲みましょう。　　　[岩手県] 各10点

(1)　ア　Well, I think it's Paul's.　　イ　Well, I think it's mine.
　　ウ　Well, it's in my classroom.　　エ　Well, it's under the desk.

(2)　ア　A week ago.　　イ　It's March 7.
　　ウ　My friend was.　　エ　My brother did.

3

英語による対話を聞いて、英語の質問に答える問題です。質問に対する答えとして適するものを次のア〜エの中からそれぞれ1つ選び、記号を○で囲みましょう。

［23 東京都］各10点

(1) ア　To have a birthday party. 　　イ　To write a birthday card for her.
　　ウ　To make some tea. 　　　　　エ　To bring a cake.

(2) ア　He was giving water to flowers. 　イ　He was doing his homework.
　　ウ　He was eating lunch. 　　　　　　エ　He was reading some history books.

4

高校生のケイタ（Keita）が英語の授業でスピーチを行います。スピーチを聞いて、次の〈ワークシート〉を完成させるとき、あとの(1)、(2)の問いに答えましょう。

［神奈川県］各15点

〈ワークシート〉

Keita's Speech
・Keita usually 　①　 on weekends if it's not rainy.
・Last Saturday, he 　②　 .
・Last Sunday, his family 　③　 .
Question：What is Keita's message to the students in the class?
　④　

(1) 　①　〜　③　の中に入れるものの組み合わせとして最も適するものを、あとのア〜ケの中から1つ選び、その記号を○で囲みましょう。

① A. reads books 　　　　　　　　B. plays tennis 　　　　　　　C. does new things
② A. cooked lunch for his family 　B. practiced tennis at school
　 C. read books at home
③ A. ate the lunch he cooked 　　 B. went to a restaurant in Okinawa
　 C. played tennis together

ア	①－A	②－A	③－C	イ	①－A	②－B	③－A
ウ	①－A	②－B	③－B	エ	①－B	②－A	③－C
オ	①－B	②－C	③－A	カ	①－B	②－C	③－B
キ	①－C	②－A	③－B	ク	①－C	②－B	③－A
ケ	①－C	②－C	③－A				

(2) 　④　の中に入れるものとして最も適するものを、次のア〜エの中から1つ選び、その記号を○で囲みましょう。

ア　You should practice harder than other people if you want to be a good tennis player.
イ　You should try something different when you can't do the things you want to do.
ウ　You should stay home and read books when it's rainy on weekends.
エ　You should cook lunch for your family when it's rainy on weekends.

学習した日　　／　　□ もう一度　□ バッチリ！

塾に行けば偏差値が上がる？

 ## 塾は成績を上げる魔法の場所ではない

自ら勉強しようという意識が大切

　苦手な教科を克服したいときや、手っ取り早く偏差値を上げたいときは、塾に行けば何とかなると思ってしまいがちです。しかし、塾は行くだけで頭をよくしてくれる魔法の場所ではありません。

　もちろん、塾に入れば、必然的に定期的に授業を受けることになるので、強制的に勉強時間が確保されます。それに、同じ塾に通う仲間ができれば心強い面があるし、先生から受験の情報が得られるというメリットもあります。しかし、受け身でただぼんやり授業を受けているだけで成績が上がるというものではありません。また、塾でも宿題が出されることがあるので、学校の授業の予習・復習に加えて自宅での勉強時間が増えることも忘れてはなりません。

　何よりも肝心なのは、自分の意志で勉強しようと思うことです。その意志さえあれば、必ずしも塾が必要とは限りません。こうしたことを知ったうえで、塾を活用するかどうかを考えてみるとよいでしょう。

偏差値は簡単には上がらない

偏差値はあくまでも情報のひとつ

　塾に通って学校の成績が上がったら、偏差値も同様に上がることを期待してしまいますよね。ですが、テストの各教科の偏差値もありますし、点を10点上げれば、それに比例して偏差値も上がるというものではありません。

　そもそも偏差値は、試験を受けた集団の中で自分の成績がどれくらいの位置にあるかを示したものです。したがって、多くの人の得点が低い中で満点を取れば高い偏差値になりますが、多くの人の得点が高ければ、たとえ満点であってもそこまで高い偏差値にはなりません。また、偏差値の基準を満たしているからといって、必ず志望校に合格できるわけではありません。各校の偏差値は、「過去にこの高校に受かった人の偏差値がこのくらいだった」という情報に過ぎないからです。

　偏差値はあくまで目安であることを理解し、まずは、各教科の理解度を高め、確実な学力をつけていくことを重視することが大切です。

> 各教科をまんべんなく勉強し、学力をしっかりつけることが大切なんだね。

4 章

英作文問題

56 語順整序 語句を並べかえる問題

語句を並べかえる問題では、**手がかりとなる語句を見つけてから文を組み立てる**とよいでしょう。動詞が手がかりになることが多いので、**動詞に着目**しましょう。

例題 次の英文が完成するように、（　　）内の語句を並べかえなさい。

(1) I (short stories / written / reading / liked) for small children.

---

 written、reading、liked の3つの動詞が手がかりになりそうだね。

(2) Please (to / where / tell / go / me) next.

---

 tell と疑問詞が手がかりになりそうだね。Please があるから、主語がない**命令文**だと考えられるね。

文の主語・動詞（・目的語）は何かを考えましょう。また、見つけた手がかりとなる語を中心に、語句をつなげて**小さなまとまりを作る**とよいでしょう。そうすることで、全体の文を組み立てやすくなります。

---

(1) I (liked reading short stories written) for small children.

 与えられた語句の中に be 動詞や have[has] がないから written は受け身や現在完了形ではなく、reading も進行形ではないと判断できるね。だから、文の動詞は liked だよ。liked の目的語を考えると、reading を**動名詞**と考えて、liked reading short stories（短い話を読むことが好きだ）というまとまりを作れるね。written は short stories written for ～（～のために書かれた短い話）のように**名詞を後ろから修飾する**形にすると意味が成り立つね。

(2) Please (tell me where to go) next.

 tell は〈**tell ＋人＋教えること**〉で「(人)に～を教える」という意味になるね。だから、tell me（私に教える）というまとまりが作れるよ。そして、疑問詞 where と to があることに着目しよう。「**教えること**」にあたる部分に〈**疑問詞＋ to ～**〉**がくる**こともあるよ。to のあとには動詞の原形が続くから、where to go（どこに行けばよいか）というまとまりが作れるね。これを tell me のあとに続けよう。

動詞のあとの語順が重要な文型（→ p.38）や不定詞のさまざまな表現（→ p.32）、間接疑問文（→ p.52）や名詞を後ろから修飾する語句（動詞の ing 形、過去分詞、関係代名詞→ p.48、p.50）など、語順に注意すべき表現を確認しておきましょう。

1 （　）内の語句を並べかえて、英文を完成しましょう。　　［岩手県］

(1) *A:* How many brothers or sisters do you have?

　　B: I have a sister. This is a picture of my family.

　　A: Which person is your sister in this picture?

　　B: Well, she is the girl (a book / a cap / and / has / wears / who) in her hand.

　　Well, she is the girl _____
　　in her hand.

(2) *A:* Are you free now?

　　B: Yes.

　　A: Will you help (carry / to / me / this desk) our classroom?

　　B: OK, but I think it is too heavy.

　　Will you help _____ our classroom?

(3) *A:* I like your shoes.

　　B: Thanks. I bought them last Sunday.

　　A: Oh, I see.

　　B: When I run, wearing (always / designed / for / makes / shoes / running) me happy.

　　When I run, wearing _____
　　me happy.

(4) *A:* What's the matter?

　　B: I have lost my pen.

　　A: Is it in your bag?

　　B: No. (am / for / I / looking / must / the pen) be in my room.

　　_____ be in my room.

1 (1) この who は関係代名詞。　(2) 空所の前の help、(3) makes、(4) must に着目しよう。

57 対話文完成 対話の流れに合う英文を書く問題

対話文の空所に適する英文を書く問題では、**対話の流れを押さえる**ことが大切です。自然な対話になるように、適切な内容の文を考えましょう。

例題 次のジム (Jim) と香奈 (Kana) の対話を読み、対話の流れに合うように〔　　〕に入る英文を4語以上で書きなさい。

Jim: Hi, Kana. Our soccer team will have a game tomorrow. Can you come?

Kana: Sure. 〔　　　　　　　　　　　　　　　　　　　　　〕?

Jim: At 10 a.m.

Kana: OK. I'll come with Akari. By the way, how long have you played soccer?

Jim: 〔　　　　　　　　　　　　　　　　　　　　　〕.

 サッカーの試合に来ないかと**誘っている場面**だね。1つ目の空所にはたずねる文、2つ目の空所には質問に答える文が入ると考えられるね。また、「4語以上」という**条件にも注意**して、対話がつながる内容を考えよう。

空所の前後をよく読んで、入れるべき表現を考えましょう。たずねる文を入れる場合は、**答えの文から適切な疑問文を考えましょう**。また、質問に答える場合は、**問いに合う答えの文を考えましょう**。対話の内容をふまえて、答えの文を考えることも大切です。

Kana: Sure. 〔（例）What time will the game start[begin]〕?

Jim: At 10 a.m.

 時刻を答えていることに着目。試合の始まる時間をたずねるといいね。**When is the game going to start[begin]?** とたずねることもできるよ。

Kana: OK. I'll come with Akari. By the way, how long have you played soccer?

 質問は「どのくらい長くサッカーをしていますか。」という意味だね。

Jim: 〔（例）I've played it for 10 years / Since I was ten years old〕.

 期間を答える文を入れよう。for や since が使えるね。「**4語以上**」という条件があるので、For 10 years. / Since last year. などではダメだよ。

答えを書いたら必ず見直しをして、**話の流れに合っているか**、**文法やつづりのまちがいがないか**、**条件を守っているか**などを確認しましょう。

1章
2章
3章
4章 英作文
模試

1 達也（Tatsuya）さんは、留学生のジョージ（George）さんと話をしています。それぞれの場面に合う対話になるように（　）内に**3語以上**の英語を書きましょう。なお、対話は①から⑨の順に行われています。　　　　　［富山県］

1. ① How was your weekend?

② I went to Tokyo with my family. I had a good time there.

2. ③ (　　　　　　　　　　)?

④ I went to a *space museum. I learned many things and bought a book about space there.

⑤ That's good.

3. ⑥ This is for you. It's "Space Tea."

⑦ Wow, "Space Tea." (　　　　　　　　) Thank you.

4. The next day

⑧ Hi, Tatsuya! The "Space Tea" was good. I became interested in space too. (　　　　　　　　)?

⑨ Of course.

(注) space：宇宙

③ _____?

⑦ _____.

⑧ _____?

😊 入試対策 **1** ③応答の内容に注目。　⑦お茶をもらったよ。　⑧応答からお願いする文が入りそうだね。

58 条件英作文 絵・図・表を見て英文を書く問題

絵や図、表などから読み取った内容を英語で書く問題では、与えられた資料をよく見て**必要な情報を読み取り、どのように表現すればよいかを考える**ようにしましょう。

例題 次の【写真】をもとに、【スピーチ原稿】の(1)と(2)に、写真の内容と状況に合うように5語以上の英語を書きなさい。 [佐賀県・改]

【スピーチ原稿】

I'm going to talk about a picture of my family.

I went to a mountain in Kumamoto with my family last year. Please look at this. At this moment, we saw a big bird which was flying in the sky, and my father was so excited.

【写真】

(1) [   ] because he likes bird watching. However, my sister began to cry when she saw the bird. My mother took care of her and said, "(2) [   ]." After that, we had lunch on the top of the mountain. It was a great time.

 「思い出の写真」についての発表だよ。**示された写真と英文から、場面の状況を押さえよう。**条件にも注意して、適切な表現を考えよう。(1)は**父親がしていること**、(2)は**母親の様子**に着目しよう。

話の流れに合う文を書くことも大事です。空所の前後をよく読んで、前後とうまくつながる文を書くようにしましょう。

---

(1) 〔(例) He was taking some pictures〕 because he likes bird watching.

 写真で、父親はカメラを手にしているから「彼は写真を撮っていました」などが考えられるね。「写真を撮る」は take a picture で表せるよ。写真は何枚か撮ったと考えて、some pictures とするといいね。**He took a picture of the bird**(彼はその鳥の写真を撮りました)などとしてもいいよ。

(2) My mother took care of her and said, "〔(例) Don't worry about the bird〕."

 泣いている女の子にかける言葉としては、「鳥のことは心配しないで」などが考えられるね。**The bird will not hurt you**(鳥はあなたを傷つけないよ)などでもいいね。

簡単な表現でもいいので**文法的に正しい英文を書く**ことを意識しましょう。

基本練習

→ 答えは別冊27ページ

1 次は、中学生のすず（Suzu）と、ジョーンズ先生（Ms. Jones）との会話です。英文を読んで、 ① 、 ② に、会話が成り立つような英語を、それぞれ3語以上で書きましょう。　　　　［熊本県］

Ms. Jones: Did you enjoy our class?

Suzu: Yes, I did. Well, I think it's more fun to speak English, but my classmates like ① .

Ms. Jones: Really? Why do you think so?

Suzu: Our English teacher, Ms. Tanaka asked us which English activities we liked. Please look at *Graph 1.

Ms. Jones: It's interesting. What does Graph 2 show?

Suzu: It shows that many of us enjoy *pair activities. Also, most of us try to share our ideas even when we don't know how to say them in English. However, we don't use English very much *other than during English lessons. So, I think we should ② during our lessons.

Ms. Jones: Wonderful! If you try to do so, your English will be better. I want you to speak to me more often.

(注) graph：グラフ　pair：ペア　other than ～：～以外に

Graph 1　好きな英語の活動（複数回答）　Graph 2　英語の学習について

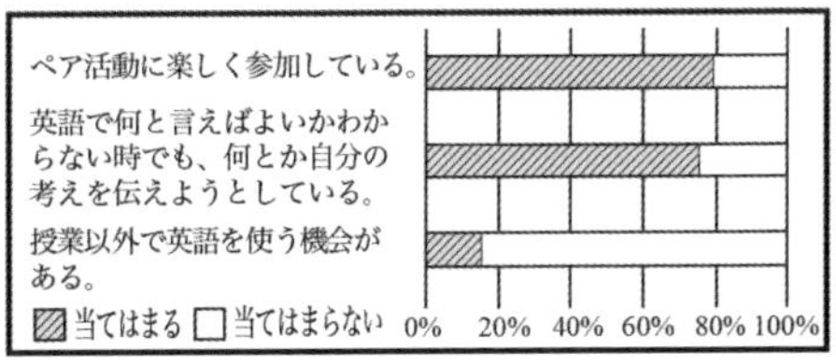

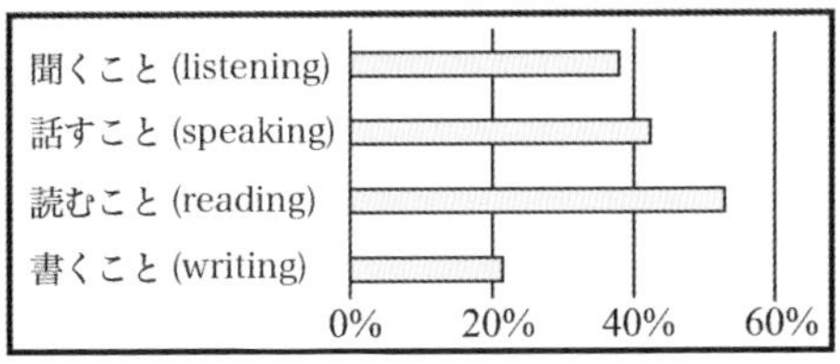 聞くこと (listening)			
話すこと (speaking)			
読むこと (reading)			
書くこと (writing)			
	0%　20%　40%　60%		

ペア活動に楽しく参加している。
英語で何と言えばよいかわからない時でも、何とか自分の考えを伝えようとしている。
授業以外で英語を使う機会がある。
▨ 当てはまる □ 当てはまらない　0% 20% 40% 60% 80%100%

① _____

② _____

😊 **1** ①ほかのクラスメイトの好きな活動は何かな？　②So があるから前の文が理由だよ。

59 条件英作文 場面や条件に合う英文を書く問題

　場面や条件に合う英文を書く問題では、**指示文をよく読む**ことが大切です。書くべき内容を確認できたら、**与えられた英文**、**場面・状況**、**条件**をチェックしましょう。**指示に合う英文を書く**ようにしましょう。

例題　あなたのクラスでは、帰国する ALT（外国語指導助手）のためのお別れ会を計画しており、下の案内状（invitation）を送ることになりました。あなたは、クラスで、その ALT のためにどのようなことをしますか。〔　　　〕に当てはまるように文を書きなさい。ただし、8 語以上の 1 文で書くこと。　　　　　　　　　　　　　　　［愛媛県］

Invitation

Hello. We will have a party for you next Friday.

〔　　　　　　　　　　　　　　　　　　　　　　　　　　　　　　　　　　　　〕

We hope you will enjoy the party.

 お別れ会で、ALT のために**「どのようなことをするか」**ということを書く問題だね。どんなことが考えられるかな。前後の文にうまくつながるように書くことも大事だよ。

　「〇語以上で」などのように、条件が与えられていることも多いので、**条件を必ず確認**するようにしましょう。

 　次のような手順で考えてみよう。

① 　お別れ会で何ができるか、まずは日本語で考えてみよう。「先生の好きな歌をみんなで英語で歌う」「自分たちで作った動画を見せる」などが考えられるよ。

② 　次に、その内容をどのような表現を使って英語にすればよいかを考えよう。
　　We will sing your favorite songs in English together.
　　We will show you the video we made.

③ 　語数の条件に合っているか、つづりや文法のまちがいがないかなど、見直しをしよう。

　自分の考えた内容をそのまま英語にするのが難しい場合は、**別の言い方で表すことができるか**を考えてみましょう。

→ 答えは別冊27ページ

1
章

2
章

3
章

4
章
英作文

模試

1 次のような状況において、あとの(1)と(2)のとき、あなたならどのように英語で表しますか。それぞれ4語以上の英文で書きましょう。 ［三重県］

【状況】 あなたは、アメリカから来た留学生の Sam と、休み時間に教室で話をしているところです。

(1) 自分たちの野球チームが昨日試合に初めて勝ったことがうれしいと伝えるとき。

- -

(2) 次の土曜日、自分たちの練習に参加しないかとたずねるとき。

- -

2 次は、Mika からの誘いを断る、Jenny の返信メールです。あなたが Jenny なら、どのような返信メールを送りますか。 ☐ に2文以上の英文を書きましょう。1文目は I'm sorry, but に続けて、「コンサートに行けない」ということを伝え、2文目以降は、【語群】の中の語を1語のみ使ってその理由を書きましょう。 ［23 埼玉県］

From: Jenny
To: Mika
Subject: Re: Sai Junior High School Brass Band Concert
Hi, Mika! Thank you for your e-mail.
☐
I hope I can go to your brass band concert next time. Your friend, Jenny

【語群】
· dentist
· family
· homework

I'm sorry, but -

- -

入試対策 **1** (2)相手に頼んだり、誘ったりする文にしよう。 **2** have to や must が使えそうだね。

学習した日 ／ ☐ もう一度 ☐ バッチリ!

　自分の考えを書く問題では、**将来の夢、中学生時代の思い出、学校や地域の紹介、休暇中にしたいこと**などのテーマがよく出されます。

例題　次の英文は、英語のブラウン先生（Mr. Brown）が問いかけた内容です。問いかけに対する答えを、15 語以上 35 語以内の英語で書きなさい。2 文以上になってもかまいません。

[滋賀県]

【ブラウン先生の問いかけ】

Hello, everyone.

You will graduate soon. I think you have a lot of wonderful *memories of your school life. Can you tell me about one of your best memories?

(注) memories：memory（思い出）の複数形

 最後の問いかけは「あなたの最もよい思い出の 1 つについて私に教えてくれますか。」という意味だね。**学校生活で思い出に残っていること**を条件に合わせて書こう。

　語数や**文の数**、**理由を含める**などの条件にも注意しましょう。指示文をきちんと読んで、確認しておくことが大事です。

　思い出に残っているのはどんなことかを最初に書き、そのあと、自分が経験したことやそのときの気持ち・感想などのくわしい説明を続けるとよいでしょう。

 まずは日本語で書く内容を整理し、文章の構成を考えよう。

① 思い出に残っていることを 1 つ選ぶ。「校外学習」なら、Our field trip is my best memory. と表せるね。

② 次に、校外学習で行った場所、したこと、感想などをつけ足そう。例えば、「城を訪問した。歴史を学ぶのは興味深かった」などと、簡単に書き出してみよう。この内容を英語で書くと、例えば We visited the castle in our city last year. It was interesting for me to study the history of our city. などと表せるよ。

③ 英文を書いたら、語数などの条件に合っているか、つづりや文法のまちがいなどがないか、見直しをしよう。この解答例は「28 語」で、条件に合うね。

　初めに示したようなテーマについて、実際に書いて練習をしておくとよいでしょう。

1 次の(1)と(2)の質問に答える文を書きましょう。ただし、(1)と(2)は2つとも、それぞれ6語以上の1文で書くこと。 [愛媛県]

(1) あなたは、夏休み中に、どのようなことをしましたか。

------

(2) また、そのとき、どのように思いましたか。

------

2 あなたの将来の夢について、〔条件〕にしたがい、Danny に伝わるように、 [   ] に3文以上の英文を書いて、メールを完成させましょう。 [22 埼玉県・改]

> Hi, Danny. How are you? Thank you for your interesting e-mail.
>
>
>
> See you!

〔条件〕 ① 1文目は、あなたの将来の夢はどのようなものかを、My dream に続けて、書きなさい。

② 2文目以降は、①について具体的に、2文以上で書きなさい。

① My dream ------

② ------

------

3 次の質問に対するあなたの返答を、理由を含めて、30語以上の英語で書きましょう。 [和歌山県]

〔質問〕 Which month do you like the best?

😊 入試対策 **2** 将来したいこと、就きたい職業などを書こう。 **3** 1年で好きな「月」とその理由を書こう。

学習した日 　／　 ☐ 😓 もう一度 ☐ 😊 バッチリ!

自分の考えを書く問題②

自分の考えを書く問題には、ある意見やテーマに対してどちらの立場かを選んで、それについて自分の意見を書く形式もあります。**自分が書きやすいほうの立場を選ぶ**とよいでしょう。

例題 日本への旅行を計画している海外の友人から次の［質問］を受けた場合、あなたならどのように答えるか。Summer または Winter のいずれかを選び、その理由を〔　　〕に８語以上の英語で書きなさい。　　　　　　　　　　　　　　　［長崎県］

［質問］ I have long holidays in summer and in winter. Which season is better to visit Japan?

[Summer / Winter] is better, because 〔　　　　　　　　　　　　　　　　〕.

まず、**英文の意味を確認**しよう。「夏と冬に長期の休暇があります。日本を訪問するのにどちらの季節のほうがいいですか。」という意味だね。日本で夏に楽しめること、冬に楽しめることをそれぞれ考えてみよう。

どちらの立場にするかを決めるには、どのような理由が考えられるかを、それぞれいくつか書き出してみるとよいでしょう。

日本では夏と冬にどんなことができるかを考えて、どちらの季節を選ぶか決めよう。

① 「夏」には、海で泳いだり、夜に花火を楽しんだりすることができそうだね。

② 「冬」には、ウインタースポーツや雪の中で温泉を楽しんだりできそうだね。

③ 考えた理由から英語で表現できるほうを選ぼう。

　夏：Summer is better, because 〔 you can go swimming in the beautiful sea / you can enjoy seeing beautiful fireworks at night 〕.

　冬：Winter is better, because 〔 you can enjoy many kinds of winter sports / you can enjoy hot springs while the snow falls 〕.

④ 条件に合うように書けているか、見直しをするのを忘れないようにしよう。

次のような表現を覚えておくとよいでしょう。

・**I think (that) 〜.**（私は〜だと思います。）

・**I like A better than B.**（私は B よりも A のほうが好きです。）

・**I like A the best.**（私は A がいちばん好きです。）

・**I agree. / I don't agree.**（私は賛成です。／私は賛成ではありません。）

基 本 練 習

→ 答えは別冊28ページ

1 次の質問に対して、あなたならどのように答えますか。**Yes, I do.** または **No, I don't.** のいずれかを選び、その理由を 10 語以上の英語で書きましょう。なお、英語は 2 文以上になってもかまいません。

[長崎県・改]

・Do you want to study in a foreign country in the future?

【Yes, I do. ／ No, I don't.】（いずれかを○で囲む）

----

2 あなたは、英語の授業で、次のテーマについて陽子と英語で意見交換をしています。下の陽子の発言に対するあなたの答えとして、**Yes, I do.** または **No, I don't.** のいずれかを選び、続けてその理由を 25 語以上 35 語以内の英語で書きましょう。

[熊本県]

テーマ

　"Using a *Tablet in English Classes – Good Points and Bad Points"

(注) tablet：タブレットコンピューター

陽子の発言

　I think using a tablet in English classes has more good points than bad points. Do you agree that we should use a tablet in every English class?

あなたの答え

　【Yes, I do. / No, I don't.】（いずれかを○で囲む）

😊 入試対策 質問の内容と条件をしっかり確認しよう。自分の書きやすい内容を考えてみよう。

学習した日　　／　　□ もう一度　□ バッチリ!

1 次の対話文の（　　）内の語を並べかえて、正しい英文を完成させましょう。

各10点

(1) （放課後の教室で）

Bob: I can't finish this homework by tomorrow. I wish I had more time.

Kumi: Are you OK? Well,（ anything / can / I / is / there ）do for you?

Bob: Thank you. Can I call you tonight if I need your help?

Kumi: Sure.　　　　　　　　　　　　　　　　　　　　　[岐阜県]

Well, _____ do for you?

(2) *A:* What（ you / looking / have / been ）for since this morning?

B: My dictionary. My father brought it for me.　　　　[愛媛県]

What _____ for since this morning?

(3) *A:* Can you play the piano?

B: Just a little. But I（ better / wish / were / I / could / at ）playing it.　（1語不要）

[神奈川県]

But I _____ playing it.

2 次の英文は、正太（Shota）とマーク（Mark）との会話です。会話の流れが自然になるように、次の ⌈(1)⌋、⌈(2)⌋ の中に、それぞれ7語以上の英語を補いましょう。

[静岡県]　各15点

Shota: Hi, Mark. Let's go to the sea next week.

Mark: OK. Let's go there by bike because ⌈　　(1)　　⌋

Shota: I understand, but using a train is better. If we use a train, ⌈　　(2)　　⌋

Mark: I see.

(1) Let's go there by bike because _____

_____.

(2) If we use a train, _____

_____.

3 次の問いに答えましょう。英語の授業で、「私が大切にしているもの」をテーマにして発表原稿を書くことになりました。あなたが大切にしているものを1つ選び、その大切にしているものについて、15語以上35語以内の英語で書きましょう。なお、次の書き出しで始めることとし、書き出しの文は語数に含めません。　［滋賀県］20点

書き出し　I'm going to tell you about something important to me.

----

4 次は、高校生の Ayako とシンガポールの高校生 Judy が、オンラインで交流しているときの対話の一部です。あなたが Ayako ならば、Judy に何を伝えますか。対話文を読んで、Judy に伝えることを書きなさい。ただし、下の【注意】に従って書くこと。　［山口県］20点

Ayako: When will you come to Japan, Judy?

Judy: I'm going to start studying in Japan next September. Oh, I only have five months to improve my Japanese!

Ayako: How long have you been studying Japanese?

Judy: For three years. I love reading Japanese, but speaking Japanese is still difficult for me. I want to speak Japanese better. What should I do? Give me your *advice.

Ayako: OK. [　　　　　　　　　　　　]

Judy: That's a great idea! I'll try it. Thank you, Ayako.

(注) advice：助言

【注意】
① 対話の流れに合うように、20語以上30語以内の英語で書くこと。文の数はいくつでもよい。符号（., ?! など）は、語数に含めないものとする。
② 内容のまとまりを意識して、具体的に書くこと。

勉強ってなんでするの?

☺ 「勉強すること」自体が人生では欠かせない

勉強は一生続くこと

「なぜ勉強しなければならないのだろう?」

「こんなことを覚えたり考えたりして、何の意味があるのだろう?」

誰でも、一度は抱く疑問ではないでしょうか。また、「大人になったら勉強しなくてすむから、早く大人になりたい」と思う人もいるかもしれません。

しかし、どんな形であれ、勉強は一生続くことです。勉強しなければ乗り越えられない「人生の壁」というものも、高校入試や大学入試、就職試験以降にもあります。そう言われると、勉強が嫌いな人は絶望的な気持ちになるかもしれませんが、勉強は、つまらなかったり、苦痛だったりするだけのものでは決してありません。

勉強とは、「わからないことを理解して、できないことをできるようにすること」なのです。勉強によって理解が深まり、自分の知識や技術が高まれば、自分の人生をよりよく生きることができるのです。また、自分の趣味や興味のあることを調べたり、学んだことを実践したり、それについて発信したりすることも、「勉強」に入ります。

☺ 中学生時代の勉強は、人生で役立つトレーニング

勉強して身に付けた知識や理解力は一生役立つ

みなさん、それぞれ、不得意な教科があると思います。そのような教科にたいして、例えば、英語が苦手だと、「国際社会だとはいえ、日本に住んでいるのだから、日本語さえ話せれば充分だ」とか、数学が苦手だと、「計算は計算機がやってくれるし、数学なんてできなくても大丈夫」と思うかもしれません。

しかし、それぞれの教科を学び、考えることは、脳のさまざまな部位を活性化し、育てることにつながります。中学生の今は、脳が若く、たくさんのことを吸収し、考え、自分の可能性をどこまでも広げられる時期です。そんな時期だからこそ、各教科の勉強に真正面に取り組んで理解を深めることは、未来のあなたの人生の力になります。

今流行りの「脳トレ」の一種と思えば、嫌いな勉強でも少しはやる気になるかもなあ。

模擬試験

実際の試験を受けているつもりで取り組みましょう。
制限時間は各回45分です。

制限時間がきたらすぐにやめ、
筆記用具を置きましょう。

模擬試験①

時間45分　100点満点　点

→ 解答・解説は別冊32ページ

1 音声を聞き、次の(1)と(2)の問いに答えなさい。　［各4点　合計24点］

(1) No. 1〜No. 3の対話文とその対話の内容に関する英語の質問を聞いて、その答えとして最も適切なものを**ア〜エ**の中から1つずつ選び、記号で答えなさい。

No. 1 　ア　　　　　　イ　　　　　　ウ　　　　　　エ

No. 2

No. 3

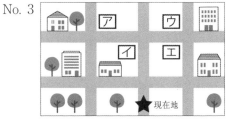

No. 1 ［　　］　　No. 2 ［　　］　　No. 3 ［　　］

(2) No. 1〜No. 3の対話文を聞いて、それぞれの対話の最後の文に対する応答として最も適切なものを**ア〜エ**の中から1つずつ選び、記号で答えなさい。

No. 1　ア　Yes. Here you are.　　　イ　Apple juice, please.
　　　　ウ　OK, I'm coming.　　　　　エ　No, I have nothing to eat.

No. 2　ア　I'll tell her to call you back.　イ　I don't know when the P.E. class is.
　　　　ウ　Can I leave a message?　　エ　Can you ask her to call me?

No. 3　ア　Sure. How about tomorrow?　イ　Sure. I like making cakes.
　　　　ウ　Sorry, I can't make sweets.　エ　Sorry, I don't know the cake shop.

No. 1 ［　　］　　No. 2 ［　　］　　No. 3 ［　　］

2 次の(1)〜(3)の英文について、(　　　)に入る最も適切なものを、**ア〜エ**から1つ選び、記号で答えなさい。　［各3点　合計9点］

(1) This movie was really *moving. It made me (　　　　).　(注)moving：感動的な
　　　ア　to cry　　イ　crying　　ウ　cries　　エ　cry　　　　　　［　　］

(2) Look at this picture. This is a baseball player (　　　　) is famous in Japan.
　　　ア　he　　　　イ　which　　ウ　who　　　エ　what　　　　　［　　］

(3) If I were you, I (　　　　) say such a thing.
　　　ア　can't　　　イ　don't　　ウ　wouldn't　エ　will　　　　　［　　］

152

3 次の(1)〜(4)の対話文について、(　　)内の語句を意味が通るように並べかえて、正しい英文を完成させなさい。ただし、それぞれ不要な語句が1語あります。　　[各5点　合計20点]

(1) *A:* Alex, you're good at math, right?　I (to / don't / how / know / answer) solve this problem.　Can you teach me?

　　B: Of course.　I'll help you.

　　I ＿＿＿＿＿＿＿＿＿＿＿＿＿＿＿＿＿＿＿＿ solve this problem.

(2) *A:* I'm enjoying the new school.　My classmates are very nice.

　　B: That's good.　I'm (understood / to / are / that / they / happy / hear) kind to you.

　　I'm ＿＿＿＿＿＿＿＿＿＿＿＿＿＿＿＿＿＿＿ kind to you.

(3) *A:* The idea (sounded / shared / in / wonderful / look / our group).　How about your group?

　　B: Well, our group members didn't say much about their ideas.

　　The idea ＿＿＿＿＿＿＿＿＿＿＿＿＿＿＿＿＿＿ .

(4) *A:* You look tired.　What's wrong?

　　B: I (studying / since / morning / have / study / this / been).　Next week, I have a test.

　　I ＿＿＿＿＿＿＿＿＿＿＿＿＿＿＿＿＿＿＿＿ .

4 次の英文を読んで、あとの問いに答えなさい。　　[(1)(2)各3点、(3)5点　合計14点]

　　Have you ever ①(be) to Canada?　Why don't you try a homestay in our country this summer?　Canada is ②(cool) than Japan in summer.　You can improve your English skills *away from Japan's summer *heat!　To join us, you must be between twelve and fifteen years old, and have a passport.　Also, your parents must say OK. *You must also want to learn English and about Canadian culture and try new things. Don't you think it sounds like fun?　③Can you tell us what you want to do during your homestay?　For more information, visit our website.　Join our program!

(注)away from 〜：〜からはなれて　heat：暑さ　you must want to 〜：〜したいと思っていなければならない

(1) ①と②の(　　)の中の語を、適切な形にして、それぞれ英語1語で書きなさい。

　　　　　　　　　　　① [　　　　　　　] ② [　　　　　　　]

(2) このプログラムの参加条件として、本文で述べられていることと異なるものはどれですか。ア〜オの中から1つ選んで、記号で答えなさい。

　　ア 12歳から15歳までであること。イ パスポートを持っていること。

　　ウ 親の許可を得ていること。　　エ 英語とカナダの自然を学びたいと思っていること。

　　オ 新しいことに挑戦したいと思っていること。　　　　　　[　　　　]

(3) 下線部③の質問にあなたならどう答えますか。7語以上の英語で書きなさい。

＿＿＿＿＿＿＿＿＿＿＿＿＿＿＿＿＿＿＿＿＿＿＿＿＿＿＿＿＿＿

5 次の対話は、留学生のルーシー（Lucy）とクラスメイトの拓也（Takuya）と奏（Kanade）が SNS や動画サイトなどのソーシャルメディア（social media）について話をしているときのものです。これを読んで、あとの問いに答えなさい。 [(1)(3)(4)(6)各3点、(2)(5)各4点 合計33点]

Lucy: Hello, Takuya and Kanade. What are you doing?

Takuya: Hi, Lucy. We're talking about social media. We can't live （ ① ） it. I spend a lot of time on social media every day.

Kanade: Me, too, Takuya. Social media is really *convenient. However, it also has some bad points.

Lucy: ② That's true. So, what are the good points and the bad points of social media?

Takuya: *As for the （ ③－a ） points, social media helps us （ ④ ） with friends and family easily. We can send messages and share photos quickly.

Kanade: You're right. Also, it is a place to express ourselves. We can *present our own work, （ ⑤ ） illustrations, music, or novels.

Lucy: I see. Well, what are the （ ③－b ） points? *Cyberbullying is a big problem. Some people hide behind their screens and say bad things about someone.

Takuya: Anyone can say their thoughts easily on social media without writing their name. I think that is one of the problems.

Kanade: There is a problem of privacy, too. ⑥ Our （ can / personal information / seen / others / by / be ）.

Lucy: I think people can also use social media to gather their friends and fight for change.

Takuya: Yes, that's right, Lucy! Social media can be a tool to *raise awareness about social problems: *hashtags like "*#BlackLivesMatter" and "*#MeToo" have *spread all over the world.

Kanade: I also learned a lot about the problems in the world through social media. But, it is not good for your health to use social media for a long time.

Lucy: I agree. I usually don't use social media after 10 p.m.

Takuya: There are both good points and bad points in social media. We should use social media carefully.

Kanade: I think so, too, Takuya!

(注)convenient：便利な　as for ～：～について言えば　present：～を発表する　cyberbullying：ネットいじめ
　　raise awareness：意識を高める　hashtag：ハッシュタグ(SNSで使われる#記号。キーワードを入れて検索に使用する)
　　#BlackLivesMatter：ブラック・ライブズ・マター(人種差別抗議運動)　#MeToo：ミートゥー(被害を告発する運動)
　　spread：広がる(過去形・過去分詞も同じ形)

(1) (①)、(④)、(⑤)に最も適する語句を、それぞれア〜エの中から1つずつ選んで、記号で答えなさい。

① ア with イ without
　ウ after エ through [　　　]

④ ア communicate イ to communicated
　ウ communicating エ communicated [　　　]

⑤ ア because of イ thanks to
　ウ at first エ such as [　　　]

(2) 下線部② That's true. の That が指しているのはどんなことですか。日本語で具体的に書きなさい。

[　　　　　　　　　　　　　　　　　　　　　　　　　　　　　　　　　　　　]

(3) (③−a)と(③−b)に入る語の組み合わせとして最も適するものをア〜エの中から1つ選んで、記号で答えなさい。

ア ③−a：bad ③−b：good イ ③−a：best ③−b：nice
ウ ③−a：good ③−b：bad エ ③−a：nice ③−b：best [　　　]

(4) 下線部⑥が「私たちの個人情報がほかの人に見られる可能性があります。」という意味になるように、(　　　)の中の語句を並べかえなさい。

Our ＿＿＿＿＿＿＿＿＿＿＿＿＿＿＿＿＿＿＿＿＿＿＿＿＿＿＿＿＿＿＿＿＿.

(5) 本文の内容についての①、②の質問に、3語以上の英語で答えなさい。

① Does Kanade think social media has a privacy problem?

＿＿＿＿＿＿＿＿＿＿＿＿＿＿＿＿＿＿＿＿＿＿＿＿＿＿＿＿＿＿＿＿

② What does Lucy say about how she uses social media in her daily life?

＿＿＿＿＿＿＿＿＿＿＿＿＿＿＿＿＿＿＿＿＿＿＿＿＿＿＿＿＿＿＿＿

(6) 次のア〜オの英文から、本文の内容と合うものを2つ選んで、記号で答えなさい。

ア Takuya thinks that by using social media, you can send messages and share photos quickly.

イ Takuya thinks that social media can be a tool for raising awareness about environmental problems.

ウ Lucy thinks that bullying on social media is a serious problem.

エ Kanade thinks that you should use social media for a long time because it makes us healthy.

オ Kanade thinks that you can use social media to get information and money.

[　　　][　　　]

→ 解答・解説は別冊34ページ

1 音声を聞き、次の(1)と(2)の問いに答えなさい。 [各3点 合計24点]

(1) No. 1～No. 3の対話文とその対話の内容に関する英語の質問を聞いて、その答えとして最も適切なものを**ア**～**エ**の中から1つずつ選び、記号で答えなさい。

No. 1 **ア** It's Tuesday, September 12.　**イ** It's Thursday, September 12.

　　　ウ It's on Tuesday, September 20.　**エ** It's on Thursday, September 20.

[　　　]

No. 2 **ア** It's sunny and warm.　**イ** It's windy and hot.

　　　ウ It's rainy and cold.　**エ** It's cloudy and cool.

[　　　]

No. 3 **ア** For five days.　**イ** For six days.

　　　ウ For eight days.　**エ** For a week.

[　　　]

(2) ALTのベーカー先生(Mr. Baker)が英語の授業で宿題について話しています。これを聞いて、下の【メモ】の①～⑤の[　　]に当てはまる日本語を書きなさい。

【メモ】

> 宿題について
> ・① [　　　　　　　　　　　　　　　　　　　　　]を1つ選び、レポートを書く。
> ・レポートでは、次の3つのことを書くこと
> ② [　　　　　　　　　　　　　　　　　　　　]
> ③ [　　　　　　　　　　　　　　　　　　　　]
> ④ [　　　　　　　　　　　　　　　　　　　　]
> ・80語以上の英語で書くこと。
> ・レポートの提出日は⑤ [　　　　　　　　　　　]

2 次の英文の（　①　）～（　④　）に入る英語をあとの［　　　］の中から選び、必要に応じて適切な形に変えなさい。 [各3点 合計12点]

　　Dan has a cat （　①　） Becky. Dan likes cats very much and wanted a cat for a long time. Last year, the cat was （　②　） to his house by his father. Dan and Becky have （　③　） good friends since then. Playing with Becky always （　④　） him happy. He wants her to live a long time and takes care of her every day.

| be | bring | make | name |

①[　　　　　] ②[　　　　　] ③[　　　　　] ④[　　　　　]

3 次の公平(Kohei)とメアリー(Mary)の対話文を読んで、あとの問いに答えなさい。

[各5点　合計20点]

Kohei: Mary, could you help me later?

Mary: Sure! (　　①　　)

Kohei: I can't solve a math problem.

Mary: Math is my favorite subject.　I'll help you.

Kohei: Thank you, Mary.

Mary: (　　②　　)

Kohei: ③I have to study it every day.

Mary: Every day?　Why is that?

Kohei: I didn't do well in the last test, so I want to get a good score this time.

Mary: Good luck, Kohei!　Could you help me with something, too?

Kohei: Sure.　What can I do for you?

Mary: (　　④　　)

Kohei: Sorry, I don't know.　I can't read it either.　I'll ask Haruka to help us.　She's good at Japanese.

(1) (　①　)、(　②　)、(　④　)に入る最も適切なものを、**ア～オ**の中から1つ選び、記号で答えなさい。

　ア How often do you study it?　　　　**イ** How long do you study it?

　ウ What's the matter?　　　　　　　　**エ** How do you read this *kanji*?

　オ May I help you?

　　　　　　　　　　　　　　　　　① [　　　　　] ② [　　　　　] ④ [　　　　　]

(2) 下線部③について、公平がそのようにする理由は何ですか。日本語で書きなさい。

　[　　　　　　　　　　　　　　　　　　　　　　　　　　　　　　　　　　　　　　]

4 次の質問を読んで、あなたの考えを20語以上の英語で答えなさい。文の数はいくつでもかまいません。また、コンマやピリオドなどの符号は、語数に含めません。　　　　[8点]

　What is the best way to learn English?　And why?

5 次は、高校生の絵里(Eri)さんが Sustainable Development Goals(SDGs)(持続可能な開発目標)について英語の授業で発表したスピーチです。これを読んで、あとの問いに答えなさい。

[(1)〜(4)(7)(8)各3点、(5)(6)(9)各4点 合計36点]

Hello, everyone! I think everyone has heard the word "SDGs" at least once. SDGs stands for Sustainable Development Goals. Today, I'm going to talk about the SDGs. They are *related to all of us. What can we do to *achieve a sustainable society? Actually, there are a lot of things we can do right now. (①) me show you four examples among them.

First, we can use things for a long time. For example, *school supplies like erasers and pencils can ②(use) until they are small. Please don't throw away these school supplies that can still ②(use). Also, instead of throwing away old clothes, we can reuse or recycle ③ them. When your clothes get smaller, you can give smaller clothes to your younger brothers or sisters or sell them at a *flea market. ┃ A ┃ If you like *sewing, you can make new things from your old clothes. You can make toys, bags, and *cleaning rags. This is called ④ upcycling. In this way, we can *reduce waste.

Second, we can save energy and water. We should turn off lights and TVs when we leave the room. Also, in the warmer months, it is important to keep our windows and curtains closed during the day. When the windows are closed, the heat is *kept out and the *air conditioner works better. *In addition, curtains can *block out heat from the sun and keep our homes cooler on warm days. In this way, we can save energy on air conditioning. What do you do to save water? ┃ B ┃ I turn off the water while I'm brushing my teeth. It is important not to leave the *tap water running when it is not necessary. Do you take a shower every day? If you take a shower one minute shorter, you can save 10 liters of water. I think it is easy to ⑤ do so.

Third, we can reduce food waste. Food waste is a global problem. ⑥ There (a lot of / enough / don't have / are / who / food / people / to eat) in the world. At the same time, so much of the food we produce in the world is wasted or lost. It is said that more than 5.2 million tons of food is wasted every year in Japan. ┃ C ┃ Before ⑦(go) shopping, I check the food at home. There are things we can do when we eat out, too. Some restaurants give us bags to bring home the food we can't eat. We can choose restaurants like that and stop leaving food in restaurants.

Lastly, we can learn about our differences and *cooperate with each other. There are various people around us. We should *recognize and *respect differences in others. ┃ D ┃ Listening to others and learning different opinions is important for reducing *inequality and *discrimination. I think this can lead not only to a more sustainable society but also to world peace.

Let's take small steps today for a sustainable tomorrow. Thank you for listening.

(注) relate to 〜：〜と関係がある　achieve：〜を達成する　school supplies：学用品　flea market：フリーマーケット　sewing：裁縫
cleaning rag：そうじ用のぞうきん　reduce waste：ごみを減らす　keep out：中に入れない　air conditioner：エアコン
in addition：その上　block out：〜をさえぎる　tap water：水道水　cooperate with 〜：〜と協力する　recognize：〜を認める
respect：〜を尊重する　inequality：不平等　discrimination：差別

(1) (　①　) に最も適する語を、ア〜エの中から1つ選んで、記号で答えなさい。

　ア Help　　　イ Talk　　　ウ Give　　　エ Let　　　　　　　　[　　　]

(2) ②(use)、⑦(go) を適する形に変えて書きなさい。ただし、2語以内で答えること。

　　　　　　　　　　　　　　② [　　　　　　　　] ⑦ [　　　　　　　　]

(3) 下線部③ them が指すものを本文中から探して、英語2語で書き抜きなさい。

(4) 下線部④ upcycling の最も適切な説明を、ア〜エの中から1つ選んで、記号で答えなさい。

　ア Washing your clothes again and again for wearing.

　イ Making new things from the things we don't use anymore.

　ウ Throwing old pencils and erasers away and buying new ones.

　エ Selling your smaller and older clothes at flea markets.　　[　　　]

(5) 下線部⑤ do so が指している内容は何ですか。日本語で具体的に書きなさい。

　[　　　　　　　　　　　　　　　　　　　　　　　　　　　　　　　　　　]

(6) 下線部⑥が意味の通る英文になるように、(　　　) の中の語句を並べかえなさい。

There _____

in the world.

(7) 次の英文を入れるのに最も適切な場所を、本文中の　A　〜　D　の中から1つ選んで、記号で答えなさい。

　I thought about what to do, and now I try to buy only food I need.　　[　　　]

(8) 本文の内容についての次の質問に、3語以上の英語で答えなさい。

　① Why are curtains useful to keep our houses cooler on warm days?

　② What do some restaurants do to reduce food waste?

(9) 次のア〜オの英文について、本文の内容と合わないものを1つ選んで、記号を書きなさい。

　ア We should use things for a long time and reuse or recycle them to reduce waste.

　イ The lights should be always turned off because too much light in a room needs
　　 more energy.

　ウ We can close windows and curtains during warmer months to reduce the use of
　　 air conditioning.

　エ It's a good way to check food at home before shopping to avoid buying too
　　 much.

　オ We should listen to different opinions for a more sustainable society and for
　　 world peace.　　　　　　　　　　　　　　　　　　　　　　　　　　[　　　]

高校入試 英語をひとつひとつわかりやすく。

編集協力
上保匡代、小縣宏行、甲野藤あゆ子、佐藤美穂、
宮崎史子、村西厚子、脇田聡、渡邉聖子

英文校閲
Joseph Tabolt

イラスト（カバー・シール・本文）
坂木浩子、合資会社 イラストメーカーズ

ブックデザイン
山口秀昭（Studio Flavor）

DTP
㈱四国写研

ミニブック
㈱明昌堂

音声録音
爽美録音株式会社

ナレーション
Jack Merluzzi、Karen Haedrich、富樫仁美

© Gakken

※本書の無断転載，複製，複写（コピー），翻訳を禁じます。
本書を代行業者等の第三者に依頼してスキャンやデジタル化することは，
たとえ個人や家庭内の利用であっても，著作権法上，認められておりません。

高校入試

英語を ひとつひとつわかりやすく。

解答と解説

スマホでも解答・解説が見られる!

URL
https://gbc-library.gakken.jp/

書籍識別ID
m8hbk

ダウンロード用パスワード
nx8wn3a4

「コンテンツ追加」から「書籍識別ID」と
「ダウンロード用パスワード」をご入力ください。

※コンテンツの閲覧には Gakken ID への登録が必要です。書籍識別 ID とダウンロード用パスワードの無断転載・複製を禁じます。サイトアクセス・ダウンロード時の通信料はお客様のご負担になります。サービスは予告なく終了する場合があります。

軽くのりづけされているので、
外して使いましょう。

Gakken

01 be動詞の文（現在・過去）

本文11ページ

1 [ ] から適する語句を選び、（ ）に書きましょう。

(1) 私はサッカーファンです。
(I'm) a soccer fan. [I / I'm / You're]

(2) 健と私は去年、同じクラスでした。
Ken and I (were) in the same class last year. [was / am / were]

(3) 私の父は今、忙しくありません。
My father (isn't) busy now. [aren't / isn't / wasn't]

(4) あなたがたは2時間前は体育館にいましたか。 ─ はい、いました。
(Were) you in the gym two hours ago? [Are / Was / Were]
─ Yes, (we were). [you are / they were / we were]

2 (1)〜(3)は（ ）内から適するものを選んで、○で囲みましょう。
(4)は指示にしたがって答えましょう。

(1) これらは彼のラケットです。 [大阪府]
These (am / are / is) his rackets.

(2) Kelly: (Did / Could / Would / Were) you late for school yesterday? [宮城県]
Nana: Yes. I had to go to the hospital.

(3) One of the boys you met at the park yesterday (am / is / are / were) my brother. [神奈川県]

(4) 次のような場合、どのように英語で表しますか。6語以上で書きましょう。
日本の文化に興味があるかたずねるとき。 [三重県]

(例) Are you interested in Japanese culture?

解説 **2** (1) these（これらは）は複数。
(3) この文の主語は One of the boys で、単数。

---

02 一般動詞の文①（現在の文）

本文13ページ

1 （ ）内の指示にしたがって英文を書きかえましょう。

(1) We usually have breakfast at seven. （WeをMy brotherにかえて）
My brother usually has breakfast at seven.

(2) They play rugby at school. （否定文に）
They don't play rugby at school.

(3) My grandmother watches TV. （否定文に）
My grandmother doesn't watch TV.

2 (1)と(2)は（ ）内から適するものを選んで、○で囲みましょう。
(3)は（ ）内の語を並べかえて、英文を完成しましょう。

(1) Hiroshi: (Are / Do / Does / Is) people in *Indonesia eat *fermented soybean food?
Sari: Yes. In Indonesia, we eat food called "*tempeh." [大阪府]
(注) Indonesia: インドネシア fermented soybean food: 発酵大豆食品
tempeh: テンペ（インドネシアの発酵大豆食品）

(2) A: Excuse me. Does this bus go to the soccer stadium?
B: (Yes, it does. / That's right. / No, it doesn't. / Of course.) That blue one goes to the soccer stadium.
A: Oh, I see. Thank you very much. [徳島県]

(3) A: You look sleepy.
B: I got up at five thirty this morning.
A: Do (early / get / so / up / usually / you)?
B: No, only today. [富山県]
Do you usually get up so early ?

解説 **2** (2) サッカースタジアムへ行くのは「このバス」ではなく「あの青いバス」なので、No の答えが適切。

---

03 一般動詞の文②（過去の文）

本文15ページ

1 （ ）内の指示にしたがって英文を書きかえましょう。

(1) I clean my room every Sunday. （下線部をlast Sundayにかえて）
I cleaned my room last Sunday.

(2) Emma went to the park three days ago. （否定文に）
Emma didn't go to the park three days ago.

(3) Your father used this car yesterday. （疑問文にかえて、Yes で答える文も）
Did your father use this car yesterday?
─ Yes, he did.

2 (1)〜(3)は（ ）内から適するものを選んで、○で囲みましょう。
(4)と(5)は（ ）内の語を適する形に書きかえましょう。

(1) She (drinks / is drinking / drank / has drunk) cold water when she arrived at school. [神奈川県]

(2) A: What did you do last weekend?
B: I went to a temple and (take / taken / taking / took) a lot of pictures. [沖縄県]

(3) A: Did you see Mike at school yesterday?
B: I think he (didn't / doesn't / isn't / wasn't) come to school because he was sick yesterday. [沖縄県]

(4) He went to the front and (begin) his speech. [京都府]
〔 began 〕

(5) Look at Graph 1. This shows the results of the school *survey that you answered. I (find) this last week. [岡山県]
(注) survey: アンケート調査
〔 found 〕

解説 **2** (3) あとに一般動詞の come があることに着目。
(4) 前の部分の動詞から適切な形を考える。

---

04 疑問詞で始まる疑問文①

本文17ページ

1 英語にしましょう。

(1) あなたの学校は何時に始まりますか。
What time does your school start[begin]?

(2) あなたの英語のテストはいつでしたか。
When was your English test?

(3) ブラウンさん（Mr. Brown）はどこに住んでいますか。
Where does Mr. Brown live?

2 (1)と(2)は（ ）内から適するものを選んで、○で囲みましょう。
(3)と(4)はそれぞれ指示にしたがって答えましょう。

(1) (When / Which / Why / How) do you have for breakfast, rice or *bread? [神奈川県]
(注) bread: パン

(2) Miku: Hi, Joseph. How are you today?
Joseph: I'm fine, thanks, Miku. (How / What / When / Where) are you going?
Miku: I'm going to the *Child Care Support Center. [20 埼玉県]
(注) Child Care Support Center: 子育て支援センター

(3) （ ）内の語を並べかえて、英文を完成しましょう。
(do / food / like / what / you)? [長崎県]
What food do you like?

(4) 次のような場合、どのように英語で表しますか。4語以上で書きましょう。
好きな小説家（author）はだれかとたずねるとき。 [三重県]

(例) Who is your favorite author?

解説 **2** (3) What food で始め、好きな食べ物をたずねる文に。
(4) 「だれ？」とたずねるときは Who で始める。

05 疑問詞で始まる疑問文②

本文 19 ページ

1 場面に合う英文を書きましょう。

(1) 旅行から帰ってきた友達に旅行の感想をたずねるとき。

　How was your trip?

(2) マンガ本（comic books）が好きな友達に、何冊持っているかたずねるとき。

　How many comic books do you have?

2 それぞれの問題に答えましょう。

(1) （　）内から適するものを選んで、〇で囲みましょう。
A:（ Where / Which /(Whose)/ Why ）dictionary is it?
B: It's Tony's. His name is on it.　　　　　　　[岩手県]

(2) （　）内の語句を並べかえて、英文を完成しましょう。
① A: It's cold in Iwate today.
B: Is it snowy there?
A: Yes, a little.（ the weather / is / how ）in Tokyo today?
B: It's cloudy but warm.　　　　　　　[岩手県]

　How is the weather　　in Tokyo today?

② A:（ your / old / is / sister / how ）?
B: She is nineteen, four years older than I.　　[千葉県]

　How old is your sister?

(3) 会話が成り立つように、（　）に適切な英語2語を書きましょう。
Alice:　*Swallows travel about 10,000 km.
Mana:　Really? They can fly so far!（ How long ）do they fly to go to the U.K.?
Alice:　I'm not sure, but for more than three weeks.　　[栃木県・改]
(注) swallow: ツバメ

解説 **2** (1) 持ち主をたずねる文にする。
(3) 時間の長さをたずねる文にする。

06 進行形の文とは？

本文 21 ページ

1 英語にしましょう。

(1) 由美（Yumi）は手紙を書いているところです。

　Yumi is writing a letter.

(2) ロンドン（London）ではそのとき（then）、雨が降っていましたか。

　Was it raining in London then?

(3) 私たちはバスを待っているのではありません。

　We aren't waiting for a[the] bus.

2 (1)〜(4)は（　）内から適するものを選んで、〇で囲みましょう。
(5)は日本語を英語にしましょう。

(1) 私はそのとき、ダンスを練習していました。
I was（ practice / practiced /(practicing)）dance then.　　[大阪府]

(2) A: I'm hungry, Mom. What is today's lunch?
B: I'm（ cook / cooked / cooks /(cooking)）spaghetti. You said you wanted to eat it yesterday.　　　　　[福島県]

(3) Mark: Did you watch the evening news? Our school festival was on TV.
Ken: I missed it. I（ am taken / will take /(was taking)/ have taken ）a bath at that time.　　　　　[長野県]

(4) A: Are you using your dictionary now?
B:（ Yes, I am. / Yes, I can. /(No, I'm not)/ No, I can't. ）You can use it.
A: Oh, thank you. I forgot mine at home.　　[徳島県]

(5) あなたたちは、何について話しているのですか。

　（例）What are you talking about?　　[愛媛県]

解説 **2** (3) at that time（〈過去の〉そのとき）に注目。
(5)「何」とたずねるので、What で文を始める。

07 未来の文とは？

本文 23 ページ

1 英語にしましょう。

(1) 私は明日、買い物に行くつもりです。（be going to を使って）

　I'm going to go shopping tomorrow.

(2) 明日の午後は暖かいでしょう。（will を使って）

　It'll be warm tomorrow afternoon.

(3) 彼女は今週末、パーティーには来ないでしょう。（will を使って）

　She won't come to the party this weekend.

(4) あなたは放課後に何をする予定ですか。（be going to を使って）

　What are you going to do after school?

2 （　）内の語句を並べかえて、英文を完成しましょう。

(1) A: I've just arrived in Kyoto. I want to see everything!
B: Oh, how（ you / long / going / to / stay / are ）here?
A: For seven days.　　　　　　　[沖縄県]

　Oh, how　long are you going to stay　here?

(2) A: I'm going to go to Canada to study English next week.
B: Really?（ come / you / when / back / will ）to Japan?　[宮崎県]

　When will you come back　　to Japan?

(3) A:（ be / what / like / the weather / will ）tomorrow?
B: It'll be sunny.　　　　　　　[宮崎県]

　What will the weather be like　　tomorrow?

解説 **1** (3) won't は will not でも可。
2 (3) この like は「〜のような」という意味の前置詞。

08 助動詞の文とは？①

本文 25 ページ

1 英語にしましょう。

(1) 私はあなた（の言うこと）が聞こえません。

　I can't hear you.

(2) 彼女は日本語が読めますか。 ― はい、読めます。

　Can she read Japanese?　―　Yes, she can.

2 それぞれの問題に答えましょう。

(1) （　）内から適するものを選んで、〇で囲みましょう。
ここで写真を撮ってもいいですか。
（(May)/ Must / Will ）I take a picture here?　　[大阪府]

(2) 会話が成り立つように、（　）内の語を使って英語を書きましょう。
Aiko:　You have many books.
Mary:　Yes. I love books.
Aiko:　Oh, is this book difficult?
Mary:　No. You can try.
Aiko:　（borrow）?
Mary:　Of course.　　　　　　　[長崎県]

　（例）Can[May] I borrow it　　?

(3) （　）内に示されていることを伝える場合、どのように言えばよいですか。
適切な英語を書きましょう。
Lucy:　I used the Internet and bought the thing that I wanted! The Internet is very useful.
Naoto:　I think so, too.（今の私たちに欠かせないね。）　[静岡県]

　（例）We can't live without it now.

解説 **2** (3)「私たちはそれをほとんど毎日使う。」と考え、
We use it almost every day. などでもよい。

09 助動詞の文とは？②

本文27ページ

1 [ ]から適するものを選び、( )に書きましょう。

(1) 舞は宿題をしなければなりません。
Mai (**has to**) do her homework.　[shall / have to / has to]

(2) あなたは今日、家にいなければなりません。
You (**must**) stay home today.　[must / has to / can]

(3) 私はここで待たなければなりませんか。―いいえ、その必要はありません。
(**Do**) I have to wait here?　[Am / Do / Must]
— No, you (**don't**).　[aren't / don't / mustn't]

2 (1)と(2)は( )内の語を並べかえて、英文を完成しましょう。
(3)は空所に入る適切な英語を3語または4語で書きましょう。

(1) A: Excuse me.
B: What's the matter?
A: You (not / drink / must) in this room.
B: Oh, I didn't know that.　[岩手県]
You **must not drink** in this room.

(2) A: I need to go to the hospital now, but it's raining. Where is my umbrella?
B: Don't worry. You don't (to / it / take / have). I'll take you there by car.　[愛媛県]
You don't **have to take it** .

(3) One day in April at school, Risa asked me, "Mari, which club are you going to join? Have you decided?" "No, not yet," I answered. She said, "Then, ( ) the tennis club together? If you can play tennis with me again, it will be fun!" "I'll think about it," I said.　[栃木県]
(例) **shall we join**

解説 **2** (1) 否定文は must のあとに not。(3) why don't we join や how about joining でもよい。

---

10 不定詞とは？①

本文29ページ

1 英語にしましょう。

(1) 彼女はテニスを練習するために毎日公園に行きます。
She goes to the park to practice tennis every day.

(2) あなたは今日、何かすることがありますか。
Do you have anything to do today?

(3) 私は電車で読むための本がほしいです。
I want a book to read on the train.

2 (1)～(3)は( )内の語を並べかえて、英文を完成しましょう。
(4)は指示にしたがって答えましょう。

(1) 私はそれを聞いてうれしく感じます。
I feel (that / happy / hear / to).　[大阪府]
I feel **happy to hear that** .

(2) A: I'm so tired. Could you give (drink / me / something / to)?
B: Sure.　[岩手県・改]
Could you give **me something to drink** ?

(3) A: We'll have tests next Friday. I'm worried about math.
B: Me, too. But we still have enough (for / time / it / prepare / to).　[福島県]
But we still have enough **time to prepare for it** .

(4) 次の内容をどのように英語で表しますか。4語以上の英語で書きましょう。
英語を勉強するためにロンドンに来たということ。　[三重県]
(例) I came to London to study English.

解説 **2** (2) 飲み物などを頼んだりすすめたりするときは、疑問文でも something がよく使われる。

---

11 不定詞とは？②・動名詞

本文31ページ

1 英語にしましょう。

(1) 私はクリス(Chris)に英語で話しかけようとしました。（不定詞を使って）
I tried to talk[speak] to Chris in English.

(2) あなたは昨日、その本を読み終えましたか。（動名詞を使って）
Did you finish reading the[that] book yesterday?

(3) 私はピアノを弾くのが得意です。（動名詞を使って）
I'm good at playing the piano.

2 (1)と(2)は( )内から適するものを選んで、○で囲みましょう。
(3)～(5)は( )内の語を並べかえて、英文を完成しましょう。

(1) Do you like (watch / watches /(watching)/ watched) movies?　[栃木県]

(2) I decided ((to talk)/ talking / talk / talks) about my friend living in Germany.　[栃木県・改]

(3) I need (at / up / get / to) six o'clock tomorrow morning.　[愛媛県]
I need **to get up at** six o'clock tomorrow morning.

(4) A: What (work / be / you / did / to / want) when you were a child?
B: A doctor. I was interested in helping many people.（1語不要）[神奈川県]
What **did you want to be** when you were a child?

(5) A: What is your plan for this weekend?
B: My plan (shopping / to / is / go) with my sister.　[栃木県]
My plan **is to go shopping** with my sister.

解説 **2** (2) decide のあとには不定詞がくる。
(5) 不定詞は be 動詞のあとにくることもある。

---

12 そのほかの不定詞の表現

本文33ページ

1 英語にしましょう。

(1) 次に何をすればよいか知っていますか。
Do you know what to do next?

(2) お互いを理解することは私たちにとって大切です。
It's important for us to understand each other.

2 (1)は( )内から適するものを選んで、○で囲みましょう。
(2)～(4)は( )内の語を並べかえて、英文を完成しましょう。

(1) Paul: I want to play the guitar well like you.
Could you teach me (what / able / want /(how)) to play it?
Tetsu: Sure. Let's practice together! You can come to my house this Saturday. I'll also (listen /(ask)/ have / speak) my mother to join us.
Paul: That's nice! Thank you.　[山口県]

(2) A: The math test was very difficult.
B: Really? It was (me / easy / answer / to / for) all the questions.
A: Oh, I didn't have time to finish the test.　[沖縄県]
It was **easy for me to answer** all the questions.

(3) A: Do you (that / think / want / to / me / open) door?
B: Thank you. You are very kind.　（1語不要）[神奈川県]
Do you **want me to open that** door?

(4) A: Hello. May I speak to Tom, please?
B: Sorry. He's out now. I'll (you / him / call / to / tell) back.　[宮崎県]
I'll **tell him to call you** back.

解説 **2** (3) 不要な語は think。「私にあのドアを開けてほしいですか。」→「(私が)あのドアを開けましょうか。」

13 比較の文とは？

1 [ ] 内の語を使って、英語にしましょう。
必要があれば適する形に変えましょう。

(1) このTシャツは3枚の中でいちばん大きいです。[big]
This T-shirt **is the biggest of** the three.

(2) このカメラはあのカメラよりも人気があります。[popular]
This camera **is more popular than** that one.

(3) 私は麻央と同じくらい上手に歌うことができます。[well]
I can **sing as well as** Mao.

2 (1)～(3)は（ ）内から適するものを選んで、○で囲みましょう。
(4)と(5)は（ ）内の語を並べかえて、英文を完成しましょう。

(1) 私は私の姉よりも速く走ることができます。
I can run (fast /(faster)/ fastest) than my sister. [大阪府]

(2) 富士山は日本で最も高い山です。
Mt. Fuji is the (high / higher /(highest)) mountain in Japan. [大阪府]

(3) Which school event do you like (good / well / better than /(the best))? [神奈川県]

(4) *A:* Is Tom the tallest in this class?
B: No. He (tall / not / as / is) as Ken. [栃木県]
He **is not as tall** as Ken.

(5) *A:* This is (interesting / most / movie / the) that I have ever watched.
B: Oh, really? I want to watch it, too. [栃木県]
This is **the most interesting movie** that I have ever watched.

解説 **2** (4)「彼は健ほど背が高くありません。」という意味。
(5) interesting の最上級は前に most をおく。

14 受け身の文とは？

1 [ ] 内の動詞を適する形に変えて使い、英語にしましょう。

(1) スミス先生（Ms. Smith）は彼女の生徒たちに好かれています。[like]
Ms. Smith is liked by her students.

(2) 彼らはそのパーティーに招待されましたか。[invite]
Were they invited to the party?

(3) この映画は日本では知られていません。[know]
This movie isn't known in Japan.

2 (1)は（ ）内から適するものを選んで、○で囲みましょう。
(2)～(4)は（ ）内の語を並べかえて、英文を完成しましょう。

(1) この本はいつ書かれましたか。
When was this book (write / wrote /(written))? [大阪府]

(2) *A:* Why do you study English and French?
B: The two languages (are / in / taught) my country. [岩手県]
The two languages **are taught in** my country.

(3) *A:* A lot of people use English all over the world.
B: Yes. English is (by / people / as / many / uses / spoken) their first language. （1語不要） [神奈川県]
English is **spoken by many people as** their first language.

(4) *A:* I hear so many (be / can / seen / stars) from the top of the mountain.
B: Really? Let's go to see them. [栃木県]
I hear so many **stars can be seen** from the top of the mountain.

解説 **2** (2) be 動詞のあとに過去分詞 taught を続ける。
(4) 助動詞 can のあとに be seen と続ける。

15 いろいろな文型①

1 [ ] から適する語を選び、（ ）に書きましょう。

(1) ジョシュはとても緊張しているように見えました。
Josh (**looked**) so nervous. [watched / showed / looked]

(2) ホテルまでの道を教えてくれますか。
Can you (**tell**) me the way to the hotel? [tell / say / speak]

(3) 私は彼女にこの辞書をあげました。
I gave (**her**) this dictionary. [she / her / hers]

2 (1)と(2)は（ ）内から適するものを選んで、○で囲みましょう。
(3)～(5)は（ ）内の語句を並べかえて、英文を完成しましょう。

(1) The new library near the station ((looks)/ sees / gives / takes) great. [神奈川県]

(2) *Ann:* What's that?
Taro: It's a traditional Japanese soup dish for New Year's Day.
We (give /(call)/ try / show) it *ozoni*. [山口県・改]

(3) *Emi:* I heard you went to the zoo. Did you see the baby lion?
Ms. Baker: Yes. I'll show (it / you / some / of / pictures). [岐阜県]
I'll show **you some pictures of it** .

(4) *A:* Have you decided the name of your new dog?
B: Yes. I (Shiro / it / after / its / named) color. [宮崎県]
I **named it Shiro after its** color.

(5) In the *past, many houses in some *northern countries had *fireplaces.
Winter in these countries is very cold. So, people (wood / their houses / burned / make / to) warm.
(注) past: 過去 northern: 北の fireplace: 暖炉 [21 埼玉県]
So, people **burned wood to make their houses** warm.

解説 **2** (3) it は「赤ちゃんライオン」のこと。(4)「私はその
色にちなんでそれ（＝犬）をシロと名付けました。」

16 いろいろな文型②

1 [ ] 内の語句を使って、英語にしましょう。

(1) 5年前ここには背の高い木が1本ありました。[there, tall]
There was a tall tree here five years ago.

(2) スミス先生（Mr. Smith）は彼らに部屋をそうじさせました。[made, the room]
Mr. Smith made them clean the room.

2 (1)と(2)は（ ）内から適するものを選んで、○で囲みましょう。
(3)と(4)は指示にしたがって答えましょう。

(1) *A:* I want to read Japanese manga. (Do / Does / Are /(Is)) there a library in this town?
B: Yes. You can enjoy reading many Japanese manga there. [岩手県]

(2) *A:* Do you know where we'll practice singing?
B: No. I'll ask our teacher and (show /(let)/ tell / want) you know later. [熊本県]

(3) （ ）内の語句を並べかえて、英文を完成しましょう。
A: How did you like my presentation?
B: It was great.
A: Thank you. Actually (finish / helped / it / me / my friend).
B: Oh, I see. It's nice to study with a friend. [富山県]
Actually **my friend helped me finish it** .

(4) 次のような場合、どのように英語で表しますか。6語以上で書きましょう。
日本には訪れる場所がたくさんあると伝えるとき。 [三重県]
（例） There are a lot of places to visit in Japan.

解説 **2** (2)「あとであなたに知らせる」、(3)「友達が私がそ
れを終えるのを手伝ってくれた」という意味。

17 接続詞の文とは？

1 英語にしましょう。

(1) あなたは健（Ken）がスポーツが得意だと知っていますか。

<u>Do you know (that) Ken is good at sports?</u>

(2) もし暇なら、テニスをしよう。

<u>If you are free, let's play tennis. / Let's play tennis if you are free.</u>

2 (1)と(2)は（　）内の語を並べかえて、英文を完成しましょう。
(3)は指示にしたがって答えましょう。

(1) A: I have a cute cat. You can come to my house and play with my cat next Sunday.
B: Thanks. Can I ask Kio to come with me? She likes cats too.
A: (can / come / don't / I / she / think). She has a club activity every Sunday. 〔富山県〕

<u>I don't think she can come</u>

(2) I have to clean my room, so I will (call / I / leave / when / you) my house. 〔岐阜県・改〕

I have to clean my room, so I will <u>call you when I leave</u> my house.

(3) 次の内容を4語以上の英文で書きましょう。
①昨日は、雨が降っていたので、家で過ごしたと伝えるとき。 〔三重県〕

<u>（例）I was (at) home because it was rainy yesterday.</u>

②春にひかり山（Mt. Hikari）に登ったら、多くの美しい花を見ることができるということ。 〔三重県〕

（例）If you climb Mt. Hikari in spring, you can see many beautiful flowers. / You will find a lot of pretty flowers when you go up Mt. Hikari in the spring.

解説 **2** (3) ②「もし〜すれば」と考えて if を使って表す。「〜するとき」と考えて when を使って表してもよい。

---

18 現在完了形の文①

1 〔　〕内の動詞を適する形に変えて使い、英語にしましょう。

(1) 美香（Mika）は何回もパリ（Paris）に行ったことがあります。[be]

<u>Mika has been to Paris many times.</u>

(2) 私たちはすでに昼食を食べました。[eat]

<u>We've already eaten lunch.</u>

(3) 私はちょうど駅についたところです。[arrive]

<u>I've just arrived at the station.</u>

2 (1)と(2)は（　）内の語を適する形に書きかえましょう。
(3)と(4)は（　）内から適するものを選んで、○で囲みましょう。

(1) I'm tired because I have (be) busy since this morning. 〔山口県〕

〔 <u>been</u> 〕

(2) I have (meet) many people in my life, and there is a person who I will never forget among them. 〔京都府〕

〔 <u>met</u> 〕

(3) Ryan: Let's go to see the movie "My Dog." It's a good movie from America.
Kenta: Sorry. (I've been to America once. / I've already seen it / I've never touched dogs. / I've had a dog since last year.)
Ryan: Then how about "Long River"? 〔富山県〕

(4) A: Do you know where Mary is?
B: Yes. She's at home. She didn't come to school today.
A: What happened?
B: She (didn't have / has been / isn't feeling / was felt) sick since last week. I hope she'll come to school tomorrow. 〔岩手県〕

解説 **2** (1)(4) 継続を表して「（ずっと）〜している」。
(2)「多くの人に会ってきた」という経験の文。

---

19 現在完了形の文②・現在完了進行形の文

1 〔　〕内の動詞を適する形に変えて使い、英語にしましょう。

(1) サッカーの試合はまだ始まっていません。[start]

<u>The soccer game hasn't started yet.</u>

(2) 彼女はもう家を出ましたか。[leave]

<u>Has she left home yet?</u>

(3) 今朝からずっと雨が降り続いています。[rain]

<u>It has been raining since this morning.</u>

2 （　）内の語を並べかえて、英文を完成しましょう。

(1) My (has / eaten / cousin / never) Japanese food before. 〔栃木県〕

My <u>cousin has never eaten</u> Japanese food before.

(2) A: What sport does your brother like?
B: Soccer! He (been / has / playing / for / it) two hours.

He <u>has been playing it for</u> two hours.

(3) Eric: (you / joined / have / ever) *Blue Island Marathon?
Kento: Yes. It has beautiful *courses.
（注）Blue Island Marathon：ブルーアイランドマラソン course(s)：コース 〔長崎県〕

<u>Have you ever joined</u> Blue Island Marathon?

(4) Paul: Thank you for playing the guitar for me, Tetsu. That was great. How (you / long / practiced / have) it?
Tetsu: For ten years. My mother is a guitar teacher. 〔山口県・改〕

How <u>long have you practiced</u> it?

解説 **2** (2)「ずっと〜し続けている」という文にする。
(4) 期間をたずねるときは、How long を使う。

---

20 名詞をうしろから修飾する語句

1 〔　〕内の語を使って、英語にしましょう。
必要があれば適する形に変えましょう。

(1) 図書館の前にいるあの少年は私の友達です。[in]

<u>That boy in front of the library is my friend.</u>

(2) 窓のそばにすわっている女性を知っていますか。[sit]

<u>Do you know the woman sitting by the window?</u>

2 (1)と(2)は（　）内から適するものを選んで、○で囲みましょう。
(3)〜(5)は（　）内の語句を並べかえて、英文を完成しましょう。

(1) この地域で育てられた野菜はおいしいです。 〔大阪府〕
The vegetables (grow / grew / grown) in this area are delicious.

(2) A: Who's the man (wear / wore / worn / wearing) a *kimono?
B: He's my uncle. He's my mother's brother. 〔宮崎県・改〕

(3) A: Eri, (have / we / milk / are / any / do) left in the *bottle? （1語不要）
B: No, I drank it all. 〔神奈川県〕
（注）bottle：瓶

Eri, <u>do we have any milk</u> left in the bottle?

(4) A few days later, many pictures arrived. I was very surprised. I also (some messages / by / received / local people / written) and *graduates.
（注）graduate：卒業生 〔和歌山県〕

I also <u>received some messages written by local people</u> and graduates.

(5) Yuki: Mary, what are you doing here?
Mary: I'm (at / boy / looking / playing / the) soccer over there. He is so cool. 〔岐阜県・改〕

I'm <u>looking at the boy playing</u> soccer over there.

解説 **2** (2)「着物を着ている男性」、(4)「〜に書かれたメッセージ」、(5)「サッカーをしている少年を見ている」

21 関係代名詞とは？

本文51ページ

1 [　]内の語を使って、英語にしましょう。

(1) 私には病院で働くおばがいます。[who]

　　I have an aunt who works in[at] a hospital.

(2) 公園へ行くバスは向こうです。[which]

　　The bus which goes to the park is over there.

2 (1)は（　）内から適するものを選んで、○で囲みましょう。
(2)〜(4)は（　）内の語句を並べかえて、英文を完成しましょう。

(1) My mother *hangs* noren（ how / who / when /(which)）are good for each
season.　　　　　　　　　　　　　　　(注) hang：〜を掛ける　[静岡県]

(2) 私たちがその場所を訪れることでだけ感じることができるたくさんのこと
があります。　　　　　　　　　　　　　　　　　　　　　　[大阪府]
There are many（ that / can / we / things / feel ）only by visiting the place.

There are many　things that we can feel
only by visiting the place.

(3) A: Do you（ who / know / drinking / is / the boy ）coffee over there?
B: Yes! He is my cousin. His name is Kenji.　　　　　　　[栃木県]

Do you　know the boy who is drinking　coffee over there?

(4) A: We're going to watch a soccer game this Sunday. Is（ to / anything / I /
there / should / bring ）?
B: You'll need something to drink because it will be hot.　（1語不要）
　　　　　　　　　　　　　　　　　　　　　　　　　　[神奈川県]

Is　there anything I should bring　?

解説 **2** (4) 代名詞 anything を〈主語＋助動詞＋動詞〉が
うしろから説明する形にする。

---

22 間接疑問文とは？

本文53ページ

1 英語にしましょう。

(1) 私が何と言ったか覚えていますか。

　　Do you remember what I said?

(2) だれがパーティーに来るか私は知りません。

　　I don't know who will come to the party.

2 （　）内の語句を並べかえて、英文を完成しましょう。

(1) A: Do（ are / who / they / you / know ）?
B: They are popular dancers.　　　　　　　　　　　　[千葉県]

Do　you know who they are　?

(2) A: That's a beautiful picture!
B: Thank you. It was taken by my brother who lives in India.
A:（ do / is / know / this place / you / where ）?
B: I don't know. I'll ask him later.　　　　　　　　　[富山県]

Do you know where this place is　?

(3) A: Please tell（ will / goes / you / come / me / when ）back home.
B: Sure. I'll be at home at 7:00 p.m.　（1語不要）　　　[神奈川県]

Please tell　me when you will come　back home.

(4) A: I'd like to buy a new computer, but I can't（ should / I / one / to / which /
decide ）buy.
B: Oh, let me help you.　（1語不要）　　　　　　　　　[神奈川県]

I'd like to buy a new computer, but I can't

decide which one I should　buy.

解説 **2** 疑問詞のあとは、〈主語（＋助動詞）＋動詞〉の語順。
(4) which one でひとまとまりの疑問詞と考える。

---

23 仮定法の文について

本文55ページ

1 [　]内の語を使って、英語にしましょう。

(1) もし十分なお金を持っていたら、その車を買うでしょう。[buy]

　　If I had enough money, I would buy the car.

(2) 私が走ることが得意だったらいいのに。[wish]

　　I wish I were good at running.

2 (1)と(2)は（　）内から適するものを選んで、○で囲みましょう。
(3)と(4)は（　）内の語を並べかえて、英文を完成しましょう。

(1) A: If you（(could)/ didn't / had / weren't ）go back to the past, what would
you do?
B: I would say to myself, "You should do everything you want to do."
　　　　　　　　　　　　　　　　　　　　　　　　　　[岩手県・改]

(2) A: I have been sick since this morning.
B: Oh, really? How do you feel now?
A: Not so good. I will go to bed earlier.
B: If I（ am /(were)/ wish / wished ）you, I would go to the doctor.　[岩手県]

(3) A: Have you ever been to Koshien to watch the baseball games?
B: No.（ Hyogo / I / I / in / lived / wish ）. I would go to watch the baseball
games every summer.　　　　　　　　　　　　　　[富山県・改]

I wish I lived in Hyogo　.

(4) A: From tomorrow, I have summer vacation for one week.
B: Great.（ were / you / if / I ）, I would go abroad.　　　[徳島県]

If I were you　, I would go abroad.

解説 **2** (1)「過去にもどることができたら」という仮定。
(2)(4) If I were you で「もし私があなただったら」。

---

24 命令文・感嘆文・代名詞について

本文57ページ

1 英語にしましょう。

(1) なんて興味深い映画なんでしょう！（what を使う）

　　What an interesting movie!

(2) 私たちのお気に入りの音楽について話しましょう。（talk、favorite を使う）

　　Let's talk about our favorite music.

(3) ここでくつを脱いでください。（please で始める）

　　Please take off your shoes here.

2 (1)〜(3)は（　）内から適するものを選んで、○で囲みましょう。
(4)は（　）内の語を並べかえて、英文を完成しましょう。

(1) At noon, we had lunch which my mother made for（ we / our /(us)/ ours ）.
　　　　　　　　　　　　　　　　　　　　　　　　　　　　[栃木県]

(2) A: Here is your tea.
B: Thank you.
A:（ Aren't /(Be)/ Do / Don't ）careful. It is still hot.　[岩手県]

(3) A: These bananas and oranges look very good.
B: Yes. Which do you want to eat for breakfast tomorrow?
A: Let's buy both of（(them)/ it / you / us ）. I love all fruits.　[岩手県]

(4) A: Don't（ afraid / asking / be / to / questions / of ）if you have something
you don't understand.
B: Thank you.　（1語不要）　　　　　　　　　　　　　[神奈川県]

Don't　be afraid of asking questions
if you have something you don't understand.

解説 **2** (1)(3) 前に for、of と前置詞があることに着目。
(4) Don't のあとに be 動詞の原形 be を続ける。

07

1 次の英文は、中学生の Maki が英語の授業で書いた作文の一部です。下線部 them が指すのは何ですか。英語1語を同じ段落中から抜き出して書きましょう。　[岡山県]

　If your toy is *broken, what do you do? Do you *throw it away and buy a new one? Instead, you can take it to a toy hospital. Toy doctors *repair broken toys at toy hospitals. If toys are repaired, you can play with them again.
　I read a newspaper article about toy hospitals two years ago. To know more about them, I worked at Sato Toy Hospital as a volunteer for a month last summer.

(注) broken：壊れた　throw ～ away：～を捨てる　repair ～：～を修理する

- - - - - - - - - - toys - - - - - - - - - -

2 次は、高校生の義雄（Yoshio）、アメリカからの留学生のサラ（Sarah）、久保先生（Mr. Kubo）の3人が交わした会話の一部です。会話文を読んで、本文中の it の表している内容に当たるものとして最も適しているひとつづきの英語5語を、本文中から抜き出して書きましょう。　[大阪府]

Mr. Kubo: Today, we can learn many things easily by using the Internet. But we need to find chances to have experiences in the world.
Yoshio: That's true. I think we should keep that in mind. Now I want to learn more things about *Lake Biwa and go there again.
Sarah: Oh, Yoshio. When you find something interesting about Lake Biwa, please tell us about it.
Yoshio: Sure.

(注) Lake Biwa：琵琶湖

something interesting about Lake Biwa

解説 **1** them なので複数のものを探す。
2 it の前から単数の物を表す「5語」の語句を探す。

【英文の訳】
例題　先週、私は駅でおもしろい自動販売機を見かけました。それは新鮮な果物を売る自動販売機でした。私はそれを見て驚きました。私は新鮮なリンゴを2個買って、家でホストファミリーといっしょにそれらを食べました。とてもおいしかったです。私は自動販売機で新鮮な果物が買えるとは想像しませんでした。

1 もしあなたのおもちゃが壊れていたら、あなたはどうしますか。あなたはそれを捨てて新しいおもちゃを買いますか。そうではなくて、それをおもちゃ病院に持っていくとよいです。おもちゃ病院では、おもちゃの医師が壊れたおもちゃを修理します。おもちゃが修理されれば、またそれらで遊ぶことができます。
　2年前、私はおもちゃ病院についての新聞記事を読みました。それについてもっと知るために、私は去年の夏に佐藤おもちゃ病院で1か月間ボランティアとして働きました。

2 久保先生：今日、私たちはインターネットを使うことによって簡単にいろいろなことを学ぶことができます。しかし、世の中で経験する機会を見つけることも必要です。
義雄：そうですね。私たちはそのことを覚えておくべきだと思います。今、私は琵琶湖についてもっと多くのことを知りたいし、またそこに行きたいです。
サラ：あ、義雄。琵琶湖について何かおもしろいことがわかったら、それについて私たちに教えてください。
義雄：もちろんです。

---

1 主人公である修二（Shuji）と、その同級生の竜也（Tatsuya）について書かれた英文です。本文中の下線部 that の指す内容は何ですか。日本語で書きましょう。　[栃木県]

　When we were 11 years old, the situation changed. In a city tournament, I played a badminton game against Tatsuya. Before the game, he said to me, "Shuji, I will win this time." I thought I would win against him easily because I never lost against him. However, I couldn't. I lost against him *for the first time. I never thought that would happen so soon. He smiled and said, "I finally won!" Then I started to practice badminton harder because I didn't want to lose again.

(注) for the first time：初めて

（例）修二が竜也にバドミントンで負けること。

2 次の英文は、高校1年生の絵里奈（Erina）と拓哉（Takuya）が、ある記事（article(s)）について話しているところへ、ALT のケイト（Kate）先生がやってきて会話に加わった場面です。下線部 That は具体的にどのようなことですか。日本語で書きましょう。　[佐賀県]

Kate: Hello, what are you talking about?
Erina: Hi, Kate. We have to *give a presentation in English class, so we are deciding the topic. Takuya found a good article about *studying abroad.
Takuya: Look at this. *According to the article, the number of Japanese high school students who want to study abroad is becoming smaller.
Kate: Oh, really? That's not good! I think we can learn many things through studying abroad.

(注) give a presentation：プレゼンテーションをする　study(ing) abroad：留学する　according to ～：～によると

（例）留学したいと思う日本の高校生の数が減ってきていること。

解説 **1** that would happen（それが起こる）とあるので、前の部分から起こったことを読み取る。

【英文の訳】
例題　鉛筆にはいくつかの長所があります。鉛筆たった1本でどのくらい長く書けるか知っていますか。私はインターネットである記事を読みました。約50キロメートルの長さの線を引くことができると書いてありました！　私はこれは驚くべきことだと思いました！　鉛筆を使うとほかの多くの筆記用具よりも長く書くことができます。鉛筆は多くのいろいろな環境でも使えます。例えば、冬の山頂のようなとても寒い場所でボールペンを使ったら、おそらく書くことはとても難しいでしょう。

1 私たちが11歳のとき、状況は変わりました。市の大会で、私は竜也とバドミントンの試合をしました。試合の前、彼は私に「修二、私は今回は勝つよ。」と言いました。私は彼に負けたことが一度もなかったので、簡単に彼に勝つだろうと思っていました。しかし、私は勝てませんでした。私は初めて彼に負けました。こんなに早くそれが起こるとは決して思っていませんでした。彼はにっこり笑って、「私はついに勝った！」と言いました。それから、私は2度と負けたくなかったので、もっと一生懸命にバドミントンを練習し始めました。

2 ケイト：こんにちは、何について話しているのですか。
絵里奈：こんにちは、ケイト。私たちは英語の授業でプレゼンテーションをしなければならないので、テーマを決めているところです。拓哉は留学についてのいい記事を見つけました。
拓哉：これを見てください。その記事によると、留学したい日本の高校生の数は少なくなっているそうです。
ケイト：え、本当ですか。それはよくありませんね！　留学することを通して私たちは多くのことを学べると私は思います。

27 下線部の内容を答える問題①

本文69ページ

1 Hill先生の英語の授業で、高校生のBobたちが人々の行動（action）を変えることで社会問題（social problem）を解決する工夫について調べ、その事例を発表（presentation）しました。次の英文は、発表の一部です。あとの問題に答えましょう。

[岡山県]

Mr. Hill: You have learned that people may *solve some social problems in a nice way. I want you to share some examples you have found. Let's start, Bob.

Bob: OK. I have found <u>an example about a *cafeteria in a company</u>. Some workers in that company got sick because they ate too much. Food *waste was also a problem for the cafeteria. To solve these problems, the company *prepared two sizes of *plates for workers who eat at the cafeteria. On the smaller plate, the *amount of food was smaller. A *sign was also put by the plates. It said, "Most of the workers choose the smaller plate." Then, more workers did so and they also ate all the food on the plate. In this way, the company solved both of the problems.

Mr. Hill: Thank you, Bob. The cafeteria did not make any *rules. They just gave people two choices.

(注) solve：〜を解決する　cafeteria：社員食堂　waste：廃棄物　prepare 〜：〜の準備をする
plate：料理を入れる皿　amount：量　sign：掲示、掲示板　rule：規則、ルール

・下線部 an example about a cafeteria in a company について、紹介されている行動変化の内容を説明する次の文の空所にそれぞれ適当な日本語を入れましょう。

より多くの働く人が　[　**小さい皿**　]　を選び、
しかも皿に盛られた　[　**食べ物をすべて食べる**　]　ようになった。

解説 **1** ボブの発言 more workers <u>did so and they also ate all the food on the plate</u> の部分に着目。

【英文の訳】
例題　私は、朝食が私たちにとって重要であることを伝えたいと思います。ある本では、朝食には2つのよい点があると書かれています。まず、朝食は私たちの体によいです。朝食を食べることで体が温まり、ケガをすることなくうまくスポーツをすることができます。

1 ヒル先生：あなたがたは、人々がいくつかの社会問題をよい方法で解決するかもしれないということを学んできました。あなたがたが見つけたいくつかの例を共有してほしいです。ボブ、始めましょう。
ボブ：わかりました。私はある会社の社員食堂についての例を見つけました。その会社で働く人の中には、食べ過ぎたために病気になった人がいました。食べ物の廃棄物もその社員食堂にとって問題になっていました。これらの問題を解決するため、その会社では、社員食堂で食事をする働く人たちのために、2つのサイズの皿を準備しました。小さい方の皿には、食べ物の量を少なくしました。また、皿のそばには標示が置かれました。そこには「働く人のほとんどが小さい皿を選びます。」と書いてありました。すると、より多くの働く人がそうするようになり、彼らは皿にあるすべての料理を食べるようにもなりました。このようにして、その会社は両方の問題を解決しました。
ヒル先生：ありがとう、ボブ。その社員食堂では何の規則も作りませんでした。ただ2つの選択肢を人々に与えただけですね。

---

28 下線部の内容を答える問題②

本文71ページ

1 次の英文は、晴（Haru）とクリス博士（Dr. Chris）とのオンラインでの対話の一部です。晴は、「宇宙での生活」に関する英語の発表活動に向けた準備をしていて、宇宙に詳しいクリス博士にインタビューをしています。これを読んで、あとの問いに答えましょう。

[岩手県・改]

[宇宙飛行士は、宇宙では新鮮な野菜をあまり食べることができないということが話題になっています。]

Dr. Chris: One vegetable was grown in space *experiment.

Haru: I want to know how the vegetable was grown in space.

Dr. Chris: I'll tell you about an interesting machine. Its name is "Veggie."

Haru: "Veggie!" That's an interesting name.

Dr. Chris: It uses *LED lights. Vegetables can't get *sunlight at night, but "Veggie" can give light to them *all day. Also, it needs *less water than a farm on the *earth.

Haru: How useful! What vegetable was grown in the experiment?

Dr. Chris: *Lettuce was.

Haru: Lettuce! Let me think about <u>the reasons for growing lettuce</u>. Well..., I think it's very easy to eat because we don't often cook it.

Dr. Chris: That's true. *Astronauts can do other things if they can *save time. Also, lettuce can grow faster than other vegetables in space.

Haru: I see. I'm glad to learn about those things.

(注) experiment：実験　LED light(s)：LEDライト　sunlight：太陽光　all day：一日中　less：より少ない
earth：地球　lettuce：レタス　astronaut(s)：宇宙飛行士　save：節約する

・文中の下線部 the reasons for growing lettuce について、次のア〜エのうち、その内容として正しいものはどれですか。1つ選び、〇で囲みましょう。

㋐ Astronauts can eat lettuce without cooking it and lettuce can grow fast.

イ Astronauts can enjoy eating delicious lettuce after they cook it.

ウ Astronauts have to cook lettuce because it grows fast.

エ Astronauts have to learn how to get sunlight all day.

解説 **1** 宇宙でレタスを栽培する理由を読み取る。下線部に続く晴の発言と、次のクリス博士の発言に注目。

【英文の訳】
例題　アンナ：英語をとても一生懸命勉強していますね、健。
健：はい。私は、毎日2時間それを勉強しなければなりません。
アンナ：わあ、それはすごいですね。それはなぜですか。
健：私はそれが得意ではないので、それを勉強しています。すべてのテストで成績がよいわけではありません。
アンナ：なるほど。私があなたが英語を勉強するのを手伝います。
健：本当ですか。ありがとう、アンナ。

1 クリス博士：ある野菜が宇宙実験で栽培されました。
晴：宇宙でどうやって野菜が栽培されたのか知りたいです。
クリス博士：あなたにおもしろい機械について話します。その名前は「ベジー」です。
晴：「ベジー」ですか！　それはおもしろい名前ですね。
クリス博士：それはLEDライトを使います。野菜は夜に太陽光を浴びることはできませんが、「ベジー」は一日中、野菜に光を与えることができます。また、地球の畑よりも少ない水しか必要としません。
晴：なんて便利なんでしょう！　実験ではどんな野菜を栽培したのですか。
クリス博士：レタスです。
晴：レタス！　レタスを栽培する理由を考えさせてください。ええと…、レタスはあまり調理をしないので食べるのがとても簡単だと思います。
クリス博士：その通りです。宇宙飛行士は時間を節約できれば、ほかのことをすることができます。また、レタスは宇宙ではほかの野菜よりも早く成長します。
晴：なるほど。私はそれらのことについて学べてうれしいです。
ア　宇宙飛行士はレタスを調理せずに食べることができ、レタスは早く成長する。／イ　宇宙飛行士はレタスを調理したあと、おいしいレタスを食べるのを楽しむことができる。／ウ　レタスは早く成長するので、宇宙飛行士はそれを調理しなければならない。／エ　宇宙飛行士は一日中太陽光を浴びる方法を学ばなければならない。

29 下線部の内容を答える問題③

1 中学生の絵美（Emi）と彼女の住む町で作られている「あおい焼（*Aoi-yaki*）」という陶器に関する次の英文を読んで、あとの問いに答えましょう。　[長崎県]

　　One day, when Emi was washing the dishes at home, she *dropped a *cup and it was broken. Her mother said to her, "Actually, that was your father's favorite cup. He bought it and kept using it for more than ten years. It was *Aoi-yaki*." Emi didn't know that. Emi said to her father, "Sorry. I broke your cup. I will buy a new cup for you." "That's OK. You don't have to do that," he said to Emi. He wasn't angry but looked sad.

（注）drop：〜を落とす　cup(s)：カップ、ゆのみ

・次は下線部 You don't have to do that の具体的な内容を説明したものです。
空欄に、15字以上20字以内の日本語を書きましょう。

絵美が〔（例）父親に新しいカップを買わなくてもいい〕（18字）
ということ。

2 次の英文は、高校生の正人（Masato）と ALT（外国語指導助手）のサラ（Sara）の対話です。これを読み、あとの問いに答えましょう。　[和歌山県・改]

Masato: For yesterday's event, I *did some research on five countries which joined the event. I could talk with the foreign students well because I got some information *in advance. We *knew our *differences and *respected them. So we had some good ideas.

Sara: Good!

Masato: I think there are important things which we can learn from our *mistakes.

Sara: I think so, too.

（注）do some research on 〜：〜の情報を集める　in advance：前もって　knew：know の過去形　difference：違い　respect：尊重する　mistake：失敗

・下線部 I think so, too. について、so の内容を日本語で具体的に書きましょう。

〔（例）失敗から学ぶことのできる重要なことがあるということ。〕

解説 **1** 直前の絵美の発言の内容を押さえる。
2 so は直前の正人の発言の内容を指している。

---

30 適する語句を補う問題①

1 次の英文を読んで、（　　　）の中から適するものを選び、○で囲みましょう。

⑴ I like *penguins the most. Penguins are birds, but they can't fly. They can swim well in the water. There are many kinds (at / by /(of)/ to) penguins in the world. Today, I will talk about my favorite penguin.　[大阪府]

（注）penguin：ペンギン

⑵ How many times do you look at a clock or a watch every day? To (study them / wear them / take care of them /(live without them)) is difficult today. Now, we can find many kinds of clocks and watches around us. It's very interesting to see them.　[栃木県]

2 次の英文は、鈴木先生（Mr. Suzuki）とアメリカからの留学生のソフィア（Sophia）の対話です。対話文中の⑴〜⑶の（　　）の中から適するものをそれぞれ1つずつ選び、○で囲みましょう。　[神奈川県]

Mr. Suzuki: What are you interested in?

Sophia: Japanese culture. I think I can learn many important things from it. I ⑴(collect / create / have /(respect)) it a lot. I'm especially interested in practicing *kendo*, wearing a *kimono*, and writing *haiku*.

Mr. Suzuki: Great! I think it's a good idea to join the *kendo* club at our school because I want you to have some great ⑵(doors /(experiences)/ schools / seasons) in Japan.

Sophia: That sounds nice!

Mr. Suzuki: I think learning about ⑶((different)/ few / necessary / same) cultures will help you understand people living in other countries.

Sophia: I think so, too, Mr. Suzuki. I'll try many things in Japan.

解説 **1** ⑴ 前後の語句とつながる前置詞を考えよう。
2 話の流れを押さえて、適する語を選ぼう。

【英文の訳】
例題　メールをありがとう。オーストラリアでの休暇を楽しんだようですね。私はそこのすばらしい野生生物について知りませんでした。私もいつかそこへ行ってみたいです。カンガルーを抱っこしたのですね。その写真を見ました。私は動物が怖いので、それをすることができません。今度、オーストラリアでの滞在についてもっと教えてください。

1 ある日、絵美が家で食器を洗っているとき、カップを落としてしまい、それは割れてしまいました。彼女の母親が彼女に、「実は、それはお父さんのお気に入りのカップでした。彼はそれを買って、10年以上使い続けてきました。それはあおい焼でした。」と言いました。絵美はそのことを知りませんでした。絵美は父親に、「ごめんなさい。お父さんのカップを割ってしまいました。お父さんに新しいカップを買います。」と言いました。「いいよ。そんなことをする必要はないよ。」と彼は絵美に言いました。彼は怒ってはいませんでしたが、悲しそうでした。

2 正人：昨日のイベントでは、私はイベントに参加した5つの国の情報を集めました。私は、前もって情報を得ていたので、外国の生徒たちとうまく話すことができました。私たちは自分たちの違いを知って、それらを尊重しました。それで、私たちはいいアイデアが出ました。
サラ：いいですね！
正人：私たちは失敗から学ぶことができる大切なことがあると思います。
サラ：私もそう思います。

【英文の訳】
例題　私はカナダ出身のアンディーです。私は今年の夏に日本に滞在する予定です。私は日本のアニメに興味があります。だから、私はマンガを買いに秋葉原に行きたいです。私たちの国ではマンガはとても人気があり、多くの人がそれを読んでいます。私は日本を訪れるのが待ちきれません。

1 ⑴ 私はペンギンがいちばん好きです。ペンギンは鳥ですが、飛ぶことはできません。彼らは水の中を上手に泳ぐことができます。世界にはたくさんの種類のペンギンがいます。今日は、私の大好きなペンギンについてお話しします。
⑵ みなさんは毎日何回、置時計や腕時計を見ますか。時計なしで生活することは現代では難しいです。今、私たちのまわりにはたくさんの種類の置時計や腕時計が見られます。それらを見るのはとても興味深いです。

2 鈴木先生：あなたは何に興味がありますか。
ソフィア：日本の文化です。それからたくさんの大切なことを学ぶと私は思います。私はそれをとても尊重しています。私は特に剣道を練習すること、着物を着ること、そして俳句を書くことに興味があります。
鈴木先生：すばらしいですね！　あなたに日本ですばらしい経験をしてもらいたいので、私たちの学校で剣道部に入るのはよい考えだと思います。
ソフィア：それはすてきですね！
鈴木先生：異なる文化について学ぶことは、あなたがほかの国に住む人々を理解するのに役立つと思います。
ソフィア：私もそう思います、鈴木先生。私は日本でいろいろなことに挑戦してみます。

31 適する語句を補う問題②

1 次の会話文を読んで、（　　　　）の中から適するものを選び、〇で囲みましょう。
[大阪府]

(1) *Batbayar:* Hi, Rena. I'm thinking about my sister's birthday present.
Rena: Oh, you are a kind brother. When is her birthday?
Batbayar: It will be next month. Will you (**give** / hold / know / like) me a good idea about a present?

(2) *Erik:* Hello, Mr. White and Sakura. What are you talking about?
Sakura: Hi, Erik. We are talking about the Japanese *tea ceremony.
Mr. White: Sakura is a member of the tea ceremony club, and sometimes I join the activity. Erik, have you ever (have / has / **had** / having) the experience of the Japanese tea ceremony?
Erik: No, I haven't, but I heard it's interesting.
(注) tea ceremony：茶道

2 次の英文中の(1)〜(6)の（　　　　）の中から適するものを選び、〇で囲みましょう。
[栃木県]

Dear Emma,
Hi, (1)(**how** / who / when / why) are you, Emma? I haven't (2)(see / **seen** / seeing / saw) you for a long time.
A few weeks ago, I learned how to write *hiragana* in a Japanese class. It was really difficult, but (3)(learn / **learning** / learned / learns) Japanese was a lot of fun. I wrote my name in *hiragana* (4)(by / to / with / **for**) the first time. My teacher, Ms. Watanabe, said to me, "You did a good job! To keep practicing is (5)(famous / weak / **important** / terrible)." Her words (6)(**made** / gave / took / called) me happy. I want to learn Japanese more.
How is your school life? I'm waiting for your email.
Best wishes,
Jane

解説 **1 2** 前後の語句に注意する。また、動詞は基本的な意味とよく使われる文型を押さえておこう。

【英文の訳】
例題　こんにちは、ジュディー。今日は学校に来ませんでしたね。あなたは熱があると聞きました。もう気分はよくなりましたか。あなたに伝えたいことがあります。ホワイト先生は、私たちに次の月曜日に古着を持ってくるように言いました。それらを文化祭で売ります。早くよくなることを願っています。

1 (1) バトバヤル：こんにちは、レナ。私の妹[姉]の誕生日プレゼントを考えています。
レナ：あら、優しいお兄さん[弟さん]ですね。彼女の誕生日はいつですか。
バトバヤル：来月です。プレゼントについていいアイデアをくれますか。
(2) エリック：こんにちは、ホワイト先生、サクラ。何について話しているのですか。
サクラ：こんにちは、エリック。私たちは日本の茶道について話しています。
ホワイト先生：サクラは茶道部の一員で、ときどき私も活動に参加しています。エリック、あなたは今までに日本の茶道の経験はありますか。
エリック：いいえ、ありませんが、それはおもしろいと聞きました。

2 親愛なるエマへ、
こんにちは、元気ですか、エマ。あなたに長い間会っていませんね。
2、3週間前、私は日本語の授業でひらがなの書き方を習いました。とても難しかったですが、日本語を学ぶことはとても楽しかったです。私は初めて自分の名前をひらがなで書きました。私の先生のワタナベ先生が「よくできました！　練習し続けることが大切です。」と私に言いました。彼女の言葉は私をうれしくしました。私はもっと日本語を勉強したいです。学校生活はどうですか。あなたからのメールを待っています。
幸運を祈っています、
ジェーン

---

32 適する文を補う問題①

1 次の英文は、中学生の紀実子（Kimiko）が陶芸家の祖父について行ったスピーチの一部です。これを読んで、　　　　に入る表現として最も適当なものを選び、記号を〇で囲みましょう。
[京都府]

After few days, I went to his shop. He took me to a mountain to get *soil and then we went back to his shop. We put the soil and some water in a box, and *mixed them well. He said, "I'm going to *dry this. I need a few days to *change the soil into *clay." I went to his shop every day to see how it was changing. A few days later, he said, "The clay is ready, so　　　　." I decided to make a *plate, and I began to *knead the clay. I tried to make the shape, but it was difficult to make it *by myself. However, I tried to make it many times and finally made it.
(注) soil：土　mix 〜：〜を混ぜる　dry 〜：〜を乾かす　change 〜 into ... ：〜を...に変える　clay：粘土　plote：皿　knead 〜：〜をこねる　by myself：私自身で

㋐ you can use it to make something
イ you should visit my shop to make it
ウ I will show you the way to make it
エ we have to go to the mountain again

2 次の英文を読んで、　　　　に入る英語として最も適当なものを選び、記号を〇で囲みましょう。
[長崎県]

Risa is a junior high school student who likes to study English. She joins a lesson at the culture *center in her city every Saturday. She loves this lesson because she can talk to other people about different cultures in English.　　　　, so the members are very different from each other. They are students, people with jobs, older people, and people from other countries.
(注) center：施設、センター

ア All the people that take this lesson are younger than 18 years old
イ People that come to this lesson have finished studying English at university
ウ Only Japanese people that need English for their jobs can take this lesson
㋤ People that are interested in languages and cultures are welcomed to this lesson

解説 **1 2** 空所の直前や直後の文の内容から適切なものを考えよう。

【英文の訳】
例題　来週の木曜日はマイクの誕生日です。パーティーを開くのはすばらしいだろうと思います。マイクは音楽が好きなので、彼のために（私はあなたたちと日本の歌を歌いたいです）。明日、パーティーでどんな日本の歌を歌うかについて話し合いましょう。午後4時に音楽室に来てください。

1 2、3日後、私は彼の店に行きました。彼は土を手に入れるために私を山に連れていき、それから私たちは彼の店にもどりました。私たちは土と水を箱に入れて、それらをよく混ぜました。彼は「これを乾かします。土を粘土に変えるには2、3日必要です。」と言いました。私はそれがどのように変化しているかを見るために毎日彼の店に行きました。2、3日後、彼は「粘土の準備ができたので、（あなたは何かを作るためにそれを使うことができます）。」と言いました。私は皿を作ることに決め、粘土をこね始めました。私は形を作ろうとしましたが、私自身ではそれを作るのは難しかったです。でも、何度もそれを作ることに挑戦して、ついにできました。　ア　あなたは何かを作るためにそれを使うことができる／イ　あなたはそれを作るために私の店を訪れるべきだ／ウ　その作り方をあなたに教えよう／エ　私たちはもう一度山へ行かなければならない

2 リサは英語を勉強するのが好きな中学生です。彼女は毎週土曜日に市のカルチャーセンターでのレッスンに参加しています。彼女はほかの人たちと英語で異文化について話せるので、このレッスンが大好きです。（言語や文化に興味のある人がこのレッスンでは歓迎される）ので、メンバーはお互いにとても違っています。学生、仕事を持っている人、年配の人、ほかの国から来た人たちがいます。　ア　このレッスンを受ける人は全員18歳未満だ／イ　このレッスンに来る人は大学で英語の勉強を終えている／ウ　仕事で英語が必要な日本人だけがこのレッスンを受けられる／エ　言語や文化に興味のある人がこのレッスンでは歓迎される

33 適する文を補う問題②

1 次の対話文は、高校生の Mana と、友人の Risa が、教室で話をしているときのものです。（　）に入る文として最も適当なものを選び、記号を〇で囲みましょう。　　　　　　　　　　［三重県］

Mana: Can you tell me about your trip when you come back to Japan?

Risa: Sure. I'll buy something nice for you in China. I'll bring it for you when we meet next time after the trip.

Mana: Thank you. （　　　　）

Risa: For a week. I'm going to leave Japan on July 27.

ア　How was the summer vacation?
イ　How long are you going to stay there?
ウ　What time did you go there?
エ　When will you come back to Japan?

2 次の英文は、中学生の健（Ken）と留学生のエミリー（Emily）の対話です。これを読み、あとの問いに答えましょう。　　　　　　　　　　［和歌山県］

Ken: I went to Wakayama last week.

Emily: 〔　　　　〕?

Ken: Because I wanted to see my grandmother in Wakayama. I stayed there for three days.

Emily: Good. I've been to Wakayama. I love its wonderful nature. ▢

Ken: I had a good time. I enjoyed cooking with my grandmother.

Emily: That's nice.

(1)　〔　　〕にふさわしい英語を考えて4語以上で書きましょう。

　（例）Why did you go there　　　　　　　?

(2)　▢にあてはまる最も適切なものを選び、記号を〇で囲みましょう。
　ア　What time was it?　　イ　What do you mean?
　ウ　How was your stay?　　エ　How long does it take?

解説 **1** 期間をたずねる How long ～? が適切。
2 (1)理由は Why ～?、(2)感想は How ～?でたずねる。

【英文の訳】
例題　ジェニー：こんにちは、ショウタ。（なぜそんなに興奮しているのですか。）
ショウタ：私は新しいALTの先生と話しました。彼はいい人です！
ジェニー：わあ、本当ですか。彼にすぐに会ってみたいです。

1 マナ：日本に帰ってきたら、私にあなたの旅行のことを話してくれますか。
リサ：もちろんです。中国であなたに何かすてきなものを買います。旅行のあと、次に私たちが会うときにあなたに持っていきます。
マナ：ありがとう。（あなたはどのくらいそこに滞在する予定ですか。）
リサ：1週間です。7月27日に日本を出発します。
ア　夏休みはどうでしたか。
イ　あなたはどのくらいそこに滞在する予定ですか。
ウ　あなたは何時にそこへ行きましたか。
エ　あなたはいつ日本に帰ってくるつもりですか。

2 健：私は先週、和歌山に行きました。
エミリー：〔あなたはなぜそこに行ったのですか。〕
健：和歌山にいる祖母に会いたかったからです。私はそこに3日間滞在しました。
エミリー：いいですね。私は和歌山に行ったことがあります。そこのすばらしい自然が大好きです。（あなたの滞在はどうでしたか。）
健：私は楽しい時を過ごしました。私は祖母と料理をして楽しみました。
エミリー：それはいいですね。
ア　何時でしたか。　　　　　　　イ　どういう意味ですか。
ウ　あなたの滞在はどうでしたか。　エ　どのくらいかかりますか。

---

34 文を並べかえる問題①

1 次は、中学生の真子が英語の授業で発表するために書いた原稿の一部です。英文中の▢には、下のア～エの4つの英文が入ります。意味が通る文章になるように、ア～エの英文を並べかえて、記号で答えましょう。　　［熊本県］

真子が書いた原稿の一部

I have an *Indonesian friend, and she told me an interesting story. Today, I will tell you about it. Do you know *Nyepi? It means "a day of keeping quiet" in Indonesian and it is a new year holiday in *Bali. ▢ You may think it is boring to spend *the whole day at home like this, but she told me that she usually enjoys reading books until it gets dark and enjoys looking at beautiful stars at night.

ア　People there also cannot watch TV or *turn on the lights at home.
イ　For example, they cannot work and go out for shopping or eating.
ウ　On this holiday, all the people in Bali have to spend a quiet life.
エ　So, stores and restaurants in Bali are all closed.

(注) Indonesian：インドネシア人の、インドネシア語　Nyepi：ニュピ　Bali：バリ島（インドネシアの島）
the whole day：丸1日　turn on ～：～をつける

〔　ウ　〕→〔　イ　〕→〔　エ　〕→〔　ア　〕

解説 **1** イの For example、ウの On this holiday、エの So などを手がかりにして並べかえる。

【英文の訳】
例題　彼女は若いころ、毎日一生懸命ピアノの練習をしました。技術は向上しましたが、彼女はまだ自分の演奏には何かが欠けていると思っていました。（そのとき、彼女の先生の1人が彼女に、「あなたはほかの人の話（や演奏）をもっと聞くことができますよ。」と言いました。最初、彼女はそのアドバイスの意味がわからなかったので、それについて先生に質問しました。しかし、先生はその質問に答えませんでした。）先生は彼女にその意味を彼女自身で気づいてほしかったのです。

1 私にはインドネシア人の友達がいますが、彼女が私におもしろい話をしてくれました。今日はそれについてみなさんにお話しします。「ニュピ」を知っていますか。インドネシア語で「静かにしている日」という意味で、バリ島のお正月休みです。（この休日には、バリ島の人々は全員、静かに過ごさなければなりません。例えば、彼らは働くこともできませんし、買い物や食事に出かけることもできません。それで、バリ島の店やレストランはすべて閉まっています。島の人々は家でテレビを見ることや、電気をつけることもできません。）こんな風に丸1日家で過ごすのはつまらないと思うかもしれませんが、彼女はたいてい暗くなるまで読書を楽しんだり、夜は美しい星を見て楽しんだりしていると私に話してくれました。

35 文を並べかえる問題②

1 次は、高校生の由香（Yuka）が、英語の授業で行ったスピーチの原稿の一部です。本文中の　　　　に、下の(i)～(iii)の英文を適切な順序に並べかえ、前後と意味がつながる内容となるようにして入れたい。あとのア～エのうち、英文の順序として最も適しているものはどれですか。1つ選び、記号を○で囲みましょう。　　　　　　　　　　　　　　　　　　　　　　　　　[大阪府・改]

　　Many *shorebirds visit Japan in spring when they fly to northern parts of the earth. They also visit Japan in autumn when they fly to the south. Look at this map. It shows examples of the *routes of two kinds of shorebirds. We can see that they flew a very long distance to *migrate. When shorebirds migrate by routes like these two routes, many of them visit *wetlands in the east of Asia, *including Japan. Why do they visit those wetlands?　　　　Before I learned these things, I didn't know that wetlands in Japan are important for shorebirds. I have learned that knowing how shorebirds live is the first thing we should do to protect them.

(注) shorebird : シギ・チドリ類（水辺によく来る鳥）　route : 経路、ルート　migrate : (鳥などが) 渡る
wetland : 湿地　including ～ : ～を含めて

(i) This change in the environment caused a very difficult situation for shorebirds.

(ii) They need to rest and eat food there during their long travel to migrate.

(iii) However, more than 60% of wetlands in the world including Asia have disappeared since 1900.

ア (i) → (ii) → (iii)　　　　　　　イ (i) → (iii) → (ii)
ウ (ii) → (i) → (iii)　　　　　　　(エ) (ii) → (iii) → (i)

解説 **1** 空所の前に Why ～? とあることから、シギ・チドリ類が湿地を訪れる理由となる文が続く。

【英文の訳】
例題　あなたはピンクハンドフィッシュを知っていますか。それはオーストラリアに生息しています。（それは体長が約10センチで、色はピンクです。それにはまた、手のようなひれがあります。それらを使うことで、海底を歩くことができます。今までに4匹だけ発見されました。）それで、この魚についての情報はあまりありません。それについての新しい情報を見つけましょう。

1 多くのシギ・チドリ類が春に地球の北方へ飛んでいくとき、日本を訪れます。彼らは秋にも南方へ飛んでいくとき、日本を訪れます。この地図を見てください。これは2種類のシギ・チドリ類の経路の例を示しています。彼らはとても長い距離を飛んで移動していることがわかります。この2つのような経路でシギ・チドリ類が移動するとき、彼らのうちの多くが日本を含むアジアの東部の湿地を訪れます。彼らはなぜその湿地を訪れるのでしょうか。（彼らは渡りをするための長い旅の間、そこで休息し、えさを食べる必要があります。しかし、1900年以降、アジアを含む世界の湿地の60%以上が消滅しました。この環境の変化は、シギ・チドリ類にとってとても困難な状況を引き起こしました。）これらのことを知るまで、私は日本の湿地がシギ・チドリ類にとって重要であることを知りませんでした。私は、シギ・チドリ類がどのように生きているのかを知ることが、彼らを保護するためにまず第一に私たちがすべきことであるということを学びました。

36 文が入る適切な場所を選ぶ問題

1 次は、中学生の Daisuke が書いた英文です。これを読んであとの問いに答えましょう。　　　　　　　　　　　　　　　　　　　　　　　　　[22 埼玉県・改]

　　I am a junior high school student and I love music. But I couldn't play *instruments well until *recently. One day, I had a chance to try a guitar in music class at school. One of my friends, Aki, and I *made a pair and we practiced with one guitar. Aki played the guitar well because she learned the guitar when she was an elementary school student. 　A　 Then, our music teacher, Mr. Kishi, gave me some *advice for playing the guitar.

　　After coming back home, I said to my mother, "I practiced the guitar but I couldn't play it well yet." "Oh, I see. Do you want to try my guitar? I still have the guitar I played when I was young," my mother said. I didn't know that my mother could play the guitar, so I was surprised to hear that. She smiled and brought the guitar from her room and gave it to me. 　B　 "Can I play this?" I asked. "Of course!" said my mother. *Thanks to my mother's help and Mr. Kishi's advice, I started to get better.

　　At the next music class, I did my best to play the guitar, but I made some mistakes. Mr. Kishi and the other students were surprised because I improved a lot since last time. Now, I have a new goal. 　C　 I am going to play the guitar with Aki at the school festival. We have been practicing the guitar together every day after school.

(注) instrument : 楽器　recently : 最近　make a pair : ペアをつくる　advice : 助言　thanks to ～ : ～のおかげで

・本文中の 　A　 ～ 　C　 のいずれかに、But it was very difficult for me to play it well. という1文を補います。どこに補うのが最も適切ですか。
　　A　 ～ 　C　 の中から1つ選び、その記号を書きましょう。

〔　A　〕

解説 **1** 挿入する文は、「しかし、それ（＝ギター）を上手に演奏するのは私にはとても難しかった。」という意味。

【英文の訳】
例題　私の大好きなスポーツはバレーボールです。理由は2つあります。1つ目は、高くジャンプできるからです。高くジャンプしてボールをスパイクすることはわくわくします。2つ目は、チームでプレーするのが好きだからです。バレーボールチームには6人の選手がいて、いっしょにプレーするのは楽しいです。（私はバレーボール部に入りたいのですが、私の学校にはバレーボール部がありません。）来年、私はバレーボール部を始めたいと思っています。

1 私は中学生で、音楽が大好きです。でも、最近まで私は楽器を上手に演奏できませんでした。ある日、私は学校の音楽の授業でギターに挑戦する機会がありました。友達の1人のアキとペアをつくり、私たちは1本のギターで練習をしました。アキは小学生のときにギターを習っていたので、ギターを上手に弾きました。（しかし、ギターを上手に弾くのは私にはとても難しかったです。）すると、私たちの音楽のキシ先生がギターを弾くための助言をいくつか私にくれました。

　家に帰ってから、私は母に「ギターを練習したけれど、私はまだうまく弾けませんでした。」と言いました。「あら、そうですか。私のギターを試してみますか。私が若いときに弾いていたギターがまだあります。」と母が言いました。私は母がギターを弾けることを知らなかったので、それを聞いて驚きました。彼女はにっこり笑って、自分の部屋からギターを持ってきて、それを私にくれました。「これを弾いてもいいですか。」と私はたずねました。「もちろん！」と母は言いました。母の助けとキシ先生の助言のおかげで私はだんだん上達し始めました。

　次の音楽の授業で、私はギターを弾くためにベストをつくしましたが、いくつか間違えました。キシ先生やほかの生徒たちは私が前回からとても上達したので驚いていました。今、私には新しい目標があります。私は文化祭でアキとギターを弾くつもりです。私たちは毎日放課後、いっしょにギターを練習し続けています。

1 （　）内の状況での会話の内容を最も適切に表しているグラフをあとのア〜エの中から1つ選び、記号を○で囲みましょう。　〔佐賀県〕

(It is Sunday today. They are watching the weather on the news.)

Lisa: The temperature on Tuesday will be lower than the temperature on Monday.

Yuji: Yes, but the temperature on Wednesday will be higher than the temperature on Tuesday.

Lisa: I hope it will get warmer next week.

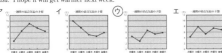

2 次の英文を読んで、グラフの項目（　A　）〜（　D　）に入る最も適切なものを、それぞれ次のア〜エから1つずつ選び、記号で答えましょう。　〔宮崎県〕

Do you see any foreigners who travel around Miyazaki? A lot of foreigners have visited Japan to enjoy many things.

Please look at the graph below. It shows what these foreigners wanted to enjoy before they visited Japan. More than 50 percent of the foreigners wanted to enjoy shopping and Japanese food. Japanese food was the most popular among them. Also, hot springs were not as popular as scenery.

Miyazaki is a good place for sightseeing. We want more foreigners to know about Miyazaki.

外国人観光客が訪日前に期待していたこと（複数回答・抜粋）

（ A ）	69.7
（ B ）	52.6
（ C ）	47.0
（ D ）	26.7

ア　温泉　　　イ　日本食　　　ウ　風景　　　エ　買い物

A〔　イ　〕　B〔　エ　〕　C〔　ウ　〕　D〔　ア　〕

---

1 次の英文は、中学生の Taku が、調べたことについて Slide（スライド）を用いて授業で発表する原稿の一部です。（あ）〜（う）に入る英語の組み合わせとして最も適当なものを1つ選んで、記号を○で囲みましょう。　〔岡山県〕

Slide 1
*Average Sleeping Time of Animals in a Day

animal	average sleeping time in a day
（あ）	15.8 h
lion	13.5 h
（い）	2.9 h
*African elephant	2.0 h
（う）	1.9 h

（注）average：平均の　African：アフリカの　giraffe：キリン

How long do animals usually sleep in a day? Slide 1 shows the answer to this question, about five kinds of animals. Tigers and lions usually sleep for more than half of the day. *Giraffes, horses, and African elephants don't sleep for a long time. The sleeping time of giraffes is the shortest of the five.

ア （あ）tiger　（い）horse　（う）giraffe　イ （あ）tiger　（い）giraffe　（う）horse
ウ （あ）horse　（い）tiger　（う）giraffe　エ （あ）giraffe　（い）horse　（う）tiger

2 次の表は、あるクラスの生徒の通学方法と通学時間別の人数を示したものです。このクラスの陽太（Yota）さんと ALT のジャック（Jack）先生が、この表について話しています。（　ア　）、（　イ　）に入る数字を書きましょう。　〔富山県〕

How long How	〜 9 minutes	10〜19 minutes	20〜29 minutes	30 minutes 〜
Walk	8	9	4	0
Bike	2	7	3	1
Bus	2	1	0	2

Jack: More than ten students come to school by bike but only (　ア　) students come to school by bus.

Yota: I walk to school. It takes fifteen minutes.

Jack: I see. It takes longer than fifteen minutes to come to school for some students.

Yota: In this class, it takes twenty minutes or more to come to school for (　イ　) students, and for three of them, it takes thirty minutes or more.

ア〔　6　〕　イ〔　11　〕

解説　**1** 気温の変化を正しく表しているグラフを探す。　**2** 4行目〜8行目の内容を読み取る。

解説　**1** それぞれの動物の睡眠時間を整理する。　**2** アはバス通学、イは通学時間が20分以上の生徒の合計人数を答える。

【英文の訳】

例題　ア　「人々を助けること」は4つの回答の中で最も高い。

イ　「多くの自由な時間があること」は「多くのお金を得ること」よりも高い。

ウ　「自分の好きなことをすること」は「多くのお金を得ること」と同じくらいの高さである。

エ　「多くのお金を得ること」は「人々を助けること」ほど高くない。

1　（今日は日曜日です。彼らはニュースの天気予報を見ています。）

リサ：火曜日の気温は月曜日の気温より低くなります。

ユウジ：うん、でも水曜日の気温は火曜日の気温より高くなります。

リサ：来週は暖かくなるといいですね。

2　あなたは宮崎を旅行して回る外国人を見かけますか。たくさんの外国人が多くのことを楽しむために日本を訪れています。

下のグラフを見てください。これらの外国人が日本を訪れる前に何を楽しみたいと思っていたかを示しています。外国人の50%以上が買い物と日本食を楽しみたいと思っていました。それらのうち日本食がいちばん人気がありました。また、温泉は風景ほど人気がありませんでした。

宮崎は観光に適している場所です。私たちはもっと多くの外国人に宮崎について知ってもらいたいと思います。

【英文の訳】

例題　表を見てください。これは2021年に日本で最も多くの数のキャンプ場がある5つの都道府県を示しています。私は岐阜がその中の1つであることがわかってうれしいです。北海道には200以上のキャンプ場があります。2番目は長野です。山梨のキャンプ場の数は岐阜にある数よりも少し多いことがわかります。この5つの都道府県にはすべてすばらしい自然があると私は思います。

1　動物は通常1日にどのくらい眠るでしょうか。スライド1は、5種類の動物について、この質問の答えを示しています。トラとライオンはたいてい1日の半分以上眠っています。キリン、ウマ、アフリカゾウは長い時間は眠りません。キリンの睡眠時間は5種類の中で最も短いです。

2　ジャック：10人より多い生徒が自転車で学校へ来ますが、（6人）の生徒だけがバスで来ます。

陽太：私は学校へは歩いて来ます。15分かかります。

ジャック：そうですか。何人かの生徒は学校へ来るのに15分以上かかります。

陽太：このクラスでは、（11人）の生徒が学校へ来るのに20分かそれより多くかかっていて、そのうちの3人は30分かそれより多くかかっています。

1 次の英文と地図（Map）について、あとの質問の答えとして最も適するものを1〜5の中から1つ選び、番号を○で囲みましょう。　［神奈川県・改］

［ヒトはカモメ駅でボランティアをしています。エミリーはオーストラリアから来た旅行者です。］

Emily: Excuse me. I want to have lunch and go to the city museum.

Hiroto: OK. What do you want to eat?

Emily: I want to eat Japanese food.

Hiroto: How about sushi? There is a good sushi restaurant near the museum.

Emily: Sure. I want to try it. Please tell me the way to get there.

Hiroto: Well, can you see the guitar school *over there?

Emily: Yes, I can see it from here.

Hiroto: Please walk to the guitar school and turn right. There is a cake shop *next to the hospital. Turn left at the cake shop. The restaurant will be on your right.

Emily: OK. Then, how can I get to the city museum after lunch?

Hiroto: There is a *bridge by the restaurant. The museum is on your left after you go *across the bridge.

Emily: Thank you. And I want to buy special things in Kamome City for my family in Australia.

Hiroto: You can get nice things for your family at the shop next to the guitar school.

Emily: I see. So, I'll go there after the museum. Thank you very much.

（注）over there：向こうに　next to～：～の隣に　bridge：橋　across～：～を越えて

質問：Which places will Emily visit on the map?

1　（エ）→（ア）→（ウ）　　2　（エ）→（イ）→（カ）　　3　（オ）→（ア）→（ウ）

④　（オ）→（ア）→（カ）　　5　（オ）→（イ）→（カ）

Map

2 英語のホワイト先生（Mr. White）が、授業で次の話をしました。これを読んで、あとの質問に2語以上の英語で答えましょう。　［滋賀県］

Hello, everyone. What do you do on weekends? Do you play sports? Do you watch TV? I enjoy slow trips by bike. I am interested in local history, so I travel around many places in Shiga.

When I travel by bike, I sometimes experience interesting things. Now, I will talk about one of my experiences. Last month, I rode a bike to visit a small town. During the trip, I enjoyed the sight of mountains, rivers, and the town. They were beautiful.

・Why does Mr. White travel around Shiga?

（例）Because he is interested in local history.

2 次は、高校生の涼（Ryo）が、英語の授業でスピーチをするために書いたものの一部です。英文を読んで、あとの質問に英語で答えましょう。　［熊本県・改］

Hello, everyone. I am going to talk about my experience during the summer vacation, and I want you to know about working on our *chicken farm.

I knew my parents worked very hard there every day, but I actually did not know much about how they worked. So, during the summer vacation, I worked with them as a son of the chicken farm and learned many things.

Last August, I got up early in the morning every day and helped my parents clean our chicken farm, give *feed to the chickens, and collect the eggs. I had to be careful when I collected the eggs because they are easily broken. After lunch, I helped my parents check the size of the eggs and put them in the boxes. At first, doing all these things looked easy, but I realized it was not.

（注）chicken farm：養鶏場　feed：（動物への）飼料、えさ

・What did Ryo do after lunch every day last August?

（例）He helped his parents check the size of the eggs and put them in the boxes.

解説 **1** 実際に地図に書きこむとよい。場所だけでなく訪れる順序にも注意。

解説 **1** 第1段落の最後の文に着目しよう。

2 after lunch にすることを答える。

【英文の訳】

例題　そのセンターは駅からそれほど遠くありません。駅に着いたら、郵便局までまっすぐ行ってください。そこから歩き続け、ツクシ川を渡ったあと左に曲がってください。それから、川に沿って歩くと、右手にセンターがあります。センターは公園の隣にあります。だから、きっと見逃すことはないでしょう。

1 エミリー：すみません。私は昼食を食べて、市立美術館に行きたいのです。

ヒト：わかりました。あなたは何が食べたいですか。

エミリー：私は日本食が食べたいです。

ヒト：すしはどうですか。美術館の近くにいいおすし屋さんがあります。

エミリー：いいですね。食べてみたいです。そこへの行き方を教えてください。

ヒト：ええと、向こうにあるギター教室が見えますか。

エミリー：はい、ここから見えます。

ヒト：ギター教室まで歩いて、右に曲がってください。病院の隣にケーキ屋さんがあります。ケーキ屋さんで左に曲がってください。そのレストランは右手にあります。

エミリー：わかりました。では、昼食のあとで、どうやって市立美術館に行けばいいですか。

ヒト：レストランのそばに橋があります。美術館は橋を越えたあと左手にあります。

エミリー：ありがとうございます。それから私は、オーストラリアの家族のために、カモメ市の特別なものを買いたいのです。

ヒト：ギター教室の隣にあるお店で、家族のためにいいものが買えます。

エミリー：わかりました。では、美術館のあとでそこへ行ってみます。どうもありがとうございました。

質問：エミリーは地図上でどの場所を訪れますか。

【英文の訳】

例題　ケイトはテニスやサッカーなどの、スポーツが大好きです。彼女はサッカーがいちばん好きです。彼女は学校ではテニス部に入っています。来月大きな試合があるので、彼女は毎日一生懸命に練習しています。

質問1：ケイトの大好きなスポーツは何ですか。

質問2：なぜケイトは毎日テニスを一生懸命に練習しているのですか。

1 こんにちは、みなさん。週末には何をしますか。スポーツをしますか。テレビを見ますか。私は自転車でゆっくり旅をして楽しんでいます。私は地元の歴史に興味があるので、滋賀の多くの場所を旅行して回っています。

自転車で旅をしていると、私はときどきおもしろいことを経験します。それでは、私の体験の中の1つについてお話しします。先月、私は小さな町を訪れるために自転車に乗りました。旅の間、私は山や川や町の景色を楽しみました。それらは美しかったです。

・ホワイト先生はなぜ滋賀を旅行して回るのですか。

2 こんにちは、みなさん。私は夏休み中の経験についてお話しします。そして、私はみなさんに私たちの養鶏場で働くことについて知ってもらいたいです。

私は両親が毎日そこでとても一生懸命働いていることは知っていましたが、実はどのように働いているかはあまり知りませんでした。そこで夏休みの間、私は養鶏場の息子として彼らと働き、多くのことを学びました。

去年の8月、私は毎日朝早く起きて、両親が養鶏場を掃除すること、鶏にえさをやること、そして卵を集めることを手伝いました。卵は割れやすいので、私は卵を集めるときは気をつけなければなりませんでした。昼食後、私は両親が卵の大きさを確認して箱に入れるのを手伝いました。最初は、これらすべてのことをするのは簡単そうに見えましたが、そうではないことに気づきました。

・涼は去年の8月、毎日昼食後に何をしましたか。

1 次の英文は、高校生の浩紀（Hiroki）が、英語の授業で行ったスピーチ原稿の一部です。これを読み、あとの(1)、(2)の質問の答えを、それぞれ英語で書きましょう。　［和歌山県・改］

　　Hello. Today, I'll talk about my experience with people from foreign countries.

　　Last fall, I saw foreign people at a station. They were trying to buy train *tickets. But they didn't know where to buy the tickets. Though I wanted to help them, I couldn't talk to them. I had no *courage. I was sad.

　　At home, I told my father about it. He said, "When you find foreign people in need, you should talk to them. That will help them. I know you often help Japanese people. You should help not only Japanese people but also foreign people by talking to them."

　　A few days later, I saw a young foreign man in front of my house. His name was *Robert. He was looking at a *map *alone on his bike. I remembered my father's *words. I thought, "He may *be lost. I should talk to him."

　　I said to him, "Hello. Can I help you?" in English. Robert said, "Hello. I'm a *tourist. I'm from Australia." He began to talk about his *situation. He said, "I bought a bike in Wakayama. But it's difficult for me to find information about *cycling courses in Wakayama." He wanted someone to help him.

（注）ticket：切符　courage：勇気　Robert：ロバート（男性の名前）　map：地図　alone：一人で　word：言葉
be lost：道に迷っている　tourist：旅行者　situation：状況　cycling course：サイクリングコース

(1)　When did Hiroki see foreign people at a station?

　　（例）He saw them last fall.

(2)　Where is Robert from?

　　（例）He is from Australia.

1 次は、中学生の Toshiya が書いた英文です。これを読んで、本文の内容と合うものを、ア〜エの中から1つ選び、記号を〇で囲みましょう。［21 埼玉県・改］

　　My younger sister started to go to elementary school last year. One day in spring, she asked me to show her how to ride a bike. I started riding a bike when I was in elementary school, too. At that time, my father helped me *patiently. I practiced hard. I remember my father looked very happy when I rode a bike for the first time.

　　The next day, I brought out a small, old bike from the *garage because I wanted my sister to practice with it. It was my first bike, and I practiced with it when I was younger. I cleaned it up. I was glad that we could still use it.

　　That weekend, we began to practice with the bike. When my sister tried to ride the bike for the first time, she couldn't *balance herself well. I told her to hold the *handlebars with both hands and I held the back of the bike for her. My sister practiced hard, too. So, I tried to help her patiently like my father.

　　A week later, she could finally ride the bike *all by herself! She was really happy and I was happy for her. Now, we're going to buy her a new bike next week.

（注）patiently：忍耐強く　garage：車庫　balance ～：〜のバランスをとる　handlebar：ハンドル
all by herself：ひとりで

ア　Toshiya's sister decided to ride a bike because he told her to do so.

イ　When Toshiya was learning to ride a bike, his father helped him.

ウ　It was hard for Toshiya's sister to balance herself, but he just watched her.

エ　Toshiya and his sister bought a new bike last week.

解説 **1** (1)「駅で」とあることに注意する。(2) Robert については第4・5段落に書かれている。

解説 **1** 選択肢の内容が本文のどの部分に対応しているかを探して、読み比べるようにする。

【英文の訳】
例題　今週末、市役所でお祭りが開催されます。ティムの両親は土曜日に行く予定ですが、ティムは友達のマナと日曜日に行く予定です。彼らは市役所までバスで行くつもりです。
　質問1：ティムの両親はいつお祭りに行きますか。
　質問2：ティムとマナはどうやって市役所に行きますか。

1 こんにちは。今日は、外国から来た人との経験についてお話しします。
　去年の秋、私はある駅で外国人を見かけました。彼らは電車の切符を買おうとしていました。しかし、彼らはどこで切符を買えばいいのかわかりませんでした。私は彼らを助けてあげたかったけれど、彼らに話しかけられませんでした。私には勇気がありませんでした。私は悲しい気持ちでした。
　家で、私は父にそのことについて話しました。彼は「困っている外国人を見つけたら、彼らに話しかけるべきです。それが彼らの助けになります。あなたがよく日本の人を助けているのは知っているよ。日本の人だけでなく、外国人も彼らに話しかけることで助けるべきです。」と言いました。
　2、3日後、私は家の前で若い外国人男性を見かけました。彼の名前はロバートでした。彼は自転車に乗って一人で地図を見ていました。私は父の言葉を思い出しました。私は「彼は道に迷っているのかもしれない。私は彼に話しかけるべきだ。」と思いました。
　私は彼に「こんにちは。お手伝いしましょうか。」と英語で言いました。ロバートは「こんにちは。私は旅行者です。オーストラリアの出身です。」と言いました。彼は自分の状況を話し始めました。彼は「私は和歌山で自転車を買いました。でも、和歌山のサイクリングコースについての情報を見つけるのが私には難しい。」と言いました。彼はだれかに助けてほしかったのです。
(1)　浩紀はいつ駅で外国人を見ましたか。
(2)　ロバートはどこの出身ですか。

【英文の訳】
例題　レンは15歳で京都に住んでいます。去年の夏、彼は台湾に住むおばを訪ねました。彼は台湾ではたいてい家で朝食を食べないことを知って驚きました。彼は「日本では私はいつも家で朝食を食べる。世界にはいろいろな文化があるんだ。」と思いました。／ア　レンは台湾でおばと暮らしている。／イ　台湾の人たちはたいてい朝食は外食することにレンは驚いた。／ウ　レンは日本と台湾には似た文化があると思った。

1 私の妹は去年、小学校に通い始めました。春のある日、彼女は私に自転車の乗り方を教えてくれるように頼みました。私も小学生のときに自転車に乗り始めました。そのときは、父が忍耐強く私を手伝ってくれました。私は一生懸命練習しました。初めて私が自転車に乗ったとき、父がとてもうれしそうだったのを覚えています。
　次の日、私は車庫から小さくて古い自転車を持ち出しました。なぜなら、私はその自転車で妹に練習してもらいたかったからです。それは私の初めての自転車で、私は小さいときにそれで練習しました。私はそれをきれいにしました。私たちがまだそれを使えることをうれしく思いました。
　その週末、私たちはその自転車で練習し始めました。妹は初めて自転車に乗ろうとしたとき、自分のバランスを上手にとることができませんでした。私は彼女に両手でハンドルを持つように言い、妹のために自転車の後ろを持ってあげました。妹も一生懸命練習しました。だから私は父のように忍耐強く彼女を手伝おうとしました。
　1週間後、彼女はついにひとりで自転車に乗れるようになりました！彼女は本当に喜び、私も彼女のことがうれしかったです。それで、私たちは来週、彼女に新しい自転車を買ってあげる予定です。
ア　トシヤの妹は彼が彼女にそうするように言ったので、自転車に乗ることにした。／イ　トシヤが自転車に乗る練習をしていたとき、父親が彼を手伝った。／ウ　トシヤの妹には自分のバランスをとるのは難しかったが、彼はただ彼女を見ていた。／エ　トシヤと妹は先週新しい自転車を買った。

43 内容に合う文を選ぶ問題②

1 (1)、(2)の英文のタイトルとして最も適当なものを、それぞれの英文の下のア〜エの中から1つずつ選び、記号を〇で囲みましょう。 ［佐賀県］

(1) The number of people is increasing all over the world. *As a result, some people may not have enough food to live in the future. A lot of countries are trying to find the answers to this problem. One of them is *insects. Insects have some good points to be our food. For example, they have a lot of *nutrients, and *breeding insects is very easy. It may be strange for some Japanese people to eat insects, but people in some parts of the world eat them. We can buy the food made from insects in some stores even in Japan.

(注) as a result：その結果　insect(s)：昆虫　nutrient(s)：栄養　breed(ing)：〜を育てる

ア　It is difficult for us to get insects.
イ　People in different countries eat different food.
ウ　Japanese people should not eat insects.
エ　Insects may save our lives someday.

(2) Noriko is very *shy. When she *entered her junior high school, she couldn't talk to many classmates. So she didn't have many friends at that time. However, she wanted to make a lot of friends. One day, she asked her teacher what she should do. Her teacher said, "You should have the *courage to talk to your classmates, and this courage may make you happy." Noriko understood the *importance of trying to talk to her classmates. Then, she talked to her classmates many times. Now she is a second year student, and she has a lot of friends.

(注) shy：恥ずかしがり屋の　enter(ed)：〜に入学する　courage：勇気　importance：大切さ

ア　Having a lot of friends is easy for all of us.
イ　Courage is one of the important things to make friends.
ウ　All students need teachers' help to make friends.
エ　Second year students are not good at talking to many classmates.

解説 **1** (1) 食糧不足問題を解決する方法。(2) 友達を作るために実践したことについて書かれた文章。

【英文の訳】
例題　サッカーボールを上手にけることができますか。多くの人はそれをするのは難しいと思っていますが、それを上手にする簡単な方法があります。つま先でけると、ボールはまっすぐ進みません。ボールをまっすぐけるには、足の内側でけってください。そうすれば、より上手なサッカー選手になります。

1 (1) 世界中で人口が増加しています。その結果、将来、生きるための十分な食べ物が持てない人もいるかもしれません。多くの国がこの問題に対する答えを見つけようとしています。その1つが昆虫です。昆虫には私たちの食糧となるよい点があります。例えば、昆虫にはたくさんの栄養がありますし、昆虫を育てることはとても簡単です。昆虫を食べることは一部の日本人にとっては奇妙かもしれませんが、世界のいくつかの地域の人々は昆虫を食べています。日本でもいくつかの店では昆虫から作られた食品を買うことができます。　ア　私たちには昆虫を手に入れるのは難しい。／イ　違う国の人たちは違う食べ物を食べている。／ウ　日本人は昆虫を食べるべきではない。／エ　昆虫はいつか私たちの命を救うかもしれない。

(2) ノリコはとても恥ずかしがり屋です。中学校に入学したとき、彼女はあまり多くのクラスメイトと話すことができませんでした。だから当時は友達はあまり多くありませんでした。しかし、彼女はたくさんの友達を作りたかったのです。ある日、彼女は先生に何をしたらよいかをたずねました。先生は、「クラスメイトに話しかける勇気を持つべきです。そして、その勇気はあなたを幸せにするでしょう。」と言いました。ノリコはクラスメイトに話しかけることの大切さを理解しました。そして、彼女は何度もクラスメイトに話しかけてみました。今では彼女は2年生で、友達がたくさんいます。　ア　多くの友人を持つことはだれにとっても簡単なことだ。／イ　勇気は友達を作るために大切なことの1つだ。／ウ　すべての生徒は友達を作るのに先生の助けが必要だ。／エ　2年生は多くのクラスメイトと話すのが得意ではない。

44 要約文を完成させる問題①

1 下の ☐ 内の英文は、筆者が伝えたいことをまとめたものです。次の英文を読んで、（　）に入る最も適切なものを選び、記号を〇で囲みましょう。 ［栃木県・改］

Many people love bananas. You can find many ways to eat them around the world.（略）Bananas are also very healthy and they have other good points. In fact, bananas may *solve the problems about plastic.

Some people in India have used banana *leaves as plates, but those plates can be used only for a few days. Today, like people in other countries, people in India are using many things made of plastic. For example, they use plastic plates. After the plates are used, they are usually *thrown away. That has been a big problem. One day, an Indian boy decided to solve the problem. He wanted to make banana leaves stronger and use banana leaf plates longer. He studied about banana leaves, and finally he *succeeded. Now, they can reduce the plastic waste.

This is not all. A girl in *Turkey wanted to reduce plastic made from oil. Then she *focused on banana *peels because many people in the world throw them away. Finally, she found how to make plastic which is kind to the earth.（略）

Now, you understand the wonderful points bananas have. Bananas are a popular food and, at the same time, they can save the earth.

(注) solve：解決する　leaves：leaf（葉）の複数形　throw 〜 away：〜を捨てる　succeed：成功する　Turkey：トルコ　focus on 〜：〜に注目する　peel：皮

> Many people in the world like eating bananas. Some use banana leaves and peels to reduce plastics. If you look around, （　　）.

ア　you may find a new idea to make something good for the earth
イ　you may find plastic plates which you can use again and again
ウ　you will learn that many people like bananas all over the world
エ　you will learn that people put bananas into many kinds of food

解説 **1** 第1段落の最後の文に着目する。第2段落、第3段落ではその具体例を紹介している。

【英文の訳】
例題　多くの人がスマートフォンでコンピューターゲームをしていて、電車やバスの中でも楽しんでいます。ゲームは楽しいですが、気をつけなければなりません。ゲームの中には多くのお金がかかるものもあります。これは多くの問題を引き起こす可能性があります。

・多くの人がスマートフォンでコンピューターゲームをして楽しんでいる。ゲームをするときはお金を使いすぎないように気をつける。

1 多くの人がバナナが大好きです。世界中でバナナのいろいろな食べ方を見つけることができます。（略）バナナはとても健康的でもあり、ほかにもよい点があります。実は、バナナはプラスチックについての問題を解決してくれるかもしれません。／インドではバナナの葉を皿として使っている人もいますが、その皿は2、3日しか使えません。今日、ほかの国の人たちと同じように、インドの人たちはプラスチックで作られたものをたくさん使っています。例えば、プラスチックの皿を使っています。皿が使われたあとは、たいてい捨てられます。それが大きな問題になっています。ある日、1人のインド人の少年がこの問題を解決しようと決心しました。彼はバナナの葉をもっと強くして、バナナの葉の皿をより長く使いたいと思いました。彼はバナナの葉について研究し、ついに成功しました。今は、プラスチックごみを減らすことができています。／これだけではありません。トルコに住む1人の少女は石油から作られるプラスチックを減らしたいと思いました。そして、世界中の多くの人が捨ててしまうので、彼女はバナナの皮に注目しました。ついに、彼女は地球に優しいプラスチックの作り方を発見しました。（略）／さて、バナナのもつすばらしい点がわかりましたね。バナナは人気のある食べ物であると同時に、地球を救うことができるのです。

・世界の多くの人がバナナを食べることを好む。プラスチックを減らすためにバナナの葉や皮を使う人もいる。周りを見れば、（地球によいものを作る新しいアイデアが見つかるかもしれない）。／イ　繰り返し使えるプラスチックの皿が見つかるかもしれない。／ウ　世界中の多くの人々がバナナを好んでいることがわかるでしょう。／エ　人々が多くの種類の食べものにバナナを入れていることがわかるでしょう。

1 次の英文は、高校生の涼真（Ryoma）が英語の授業で書いた作文の一部と、下線部 my speech に関して説明したものです。これらを読んで、下の問い⑴、⑵に答えましょう。　[京都府]

One day, every student made a speech in our English class. The topic was "What is the most important in your life?" Each speaker went to the front of the classroom. We made our speeches when our *turns came. Finally, my turn came after many speakers made their speeches. I started my speech. "I think friends are the most important in my life. I have three reasons. First, they *cheer me up when I am sad. Second, they help me solve problems that I have. Third, it is important for me to talk with them every day because we can share our opinions with each other." I was so nervous during my speech, but I *did my best.

(注) turn：順番　cheer ～ up：～を元気づける　do my best：最善を尽くす

> Ryoma made a speech in his English class. The topic was "What is the most important in your life?" He felt 　i 　 when he was making his speech, but he tried hard. He told his classmates that friends are the most important, and as one of the reasons, he told it is important for him to talk with his friends every day because 　ii 　.

⑴ 本文の内容から考えて、　i 　 に入る最も適当な語を、本文中から1語で抜き出して書きましょう。

nervous

⑵ 本文の内容から考えて、　ii 　 に入る表現として最も適当なものを、次のア〜エから1つ選び、記号を○で囲みましょう。

㋐ he can give them his ideas and also get theirs
イ they cheer him up when he is sad
ウ he enjoys talking with them
エ they help him solve a problem

解説 **1**⑴ 最後の文に着目する。　⑵ 友達が人生でいちばん大切な理由の3番目の内容を読み取る。

【英文の訳】
例題　こんにちは、ジュディー。私はケイタです。あなたは日本の文化に興味があるそうですね。あなたは自分の名前を漢字で書いてみたいですか。私は書道部に所属しているので、教えてあげられます。あなたが私たちの部の部員になってくれるとうれしいです。
・ケイタはジュディーに漢字で（名前の書き方）を教えるつもりだ。そして、彼女に（書道部の部員になって）もらいたいと思っている。

1 ある日、英語の授業で生徒の全員がスピーチをしました。テーマは「あなたの人生でいちばん大切なものは何ですか。」でした。演説者はそれぞれ、教室の前に行きました。私たちは自分の順番がくるとスピーチをしました。多くの演説者がスピーチをしたあと、ついに私の順番がきました。私は自分のスピーチを始めました。「私は友達が人生でいちばん大切だと思います。理由は3つあります。1つ目に、私が悲しいときに元気づけてくれます。2つ目に、私が抱えている問題を私が解決する手助けをしてくれます。3つ目に、お互いに意見を伝え合うことができるので、私にとって友達と毎日話をすることは大切です。」私はスピーチ中はとても緊張しましたが、最善を尽くしました。
・涼真は英語の授業でスピーチをした。テーマは「あなたの人生でいちばん大切なものは何ですか。」だった。スピーチをしているとき、彼は（緊張）したが、一生懸命にやった。彼は、友達がいちばん大切だとクラスメイトに話し、そして、その理由の1つとして、（彼らに自分の考えを伝えて、また彼らの考えを聞くことができる）ので、自分にとって毎日友達と話すことが大切だと話した。

ア 彼らに自分の考えを伝え、また彼らの考えを聞くことができる
イ 彼らは、彼が悲しいときに元気づけてくれる
ウ 彼は彼らと話して楽しんでいる
エ 彼らは彼が問題を解決する手助けをしてくれる

1 留守番電話に残された John のメッセージを聞いて、それに続く⑴と⑵の質問の答えとして最も適当なものを、ア〜エの中から1つずつ選んで、記号を○で囲みましょう。　[大分県]

⑴ ア Because he must stay at home in the afternoon.
イ Because he must go shopping with his parents.
ウ Because he must take the train to go to the movie theater.
エ Because he must practice longer at the club activity.

⑵ ア 11:00.　　イ 12:00.
㋒ 13:00.　　エ 14:00.

2 対話を聞いて、対話の内容に関するそれぞれの問いの答えとして最も適切なものを、ア〜エの中から1つずつ選んで、記号を○で囲みましょう。　[山口県]

⑴ ア Today.
イ Tomorrow.
㋒ This Sunday.
エ Next Saturday.

⑵ ア To get some vegetables and pizza.
㋑ To buy two tomatoes and an onion.
ウ To make pizza with tomatoes.
エ To finish his homework.

⑶ ア Yuko.
㋑ Yuko's brother.
ウ Yuko's sister.
エ Mr. Smith.

解説 **1**⑵ 12時の約束を1時間後にしたいと言っている。
2⑵ トマト2つとタマネギ1つを買うように頼んだ。
⑶ 姉[妹]は東京、兄[弟]は札幌に住んでいる。

【読まれた英文と選択肢の意味】
1 Hello. This is John speaking. I'm sorry, but I want to change tomorrow's plan. My club activity is going to be long, so I can't meet you at the station at 12 o'clock. Is it OK to meet you at school one hour later and see the movie at 2 o'clock in the afternoon? We cannot go to the library before the movie. But let's play soccer in the park after the movie.
⑴ Why does John want to change the time to meet?
⑵ What time does John want to meet in his message?
　こんにちは。ジョンです。すみませんが、明日の予定を変更したいです。部活が長くなるので、12時に駅であなたに会うことができません。1時間後に学校で待ち合わせて、午後2時に映画を見るということでいいですか。映画の前に図書館に行くことはできません。でも、映画のあとに公園でサッカーをしましょう。
⑴ ジョンはなぜ会う時間を変更したいのですか。／ア 彼は午後は家にいなければならないから。／イ 彼は両親と買い物に行かなければならないから。／ウ 彼は映画館に行くために電車に乗らなければならないから。／エ 彼は部活で（予定より）長く練習しなければならないから。
⑵ メッセージでは、ジョンは何時に待ち合わせたいのですか。
ア 11時。　イ 12時。　ウ 13時。　エ 14時。
2⑴ A: Let's go to the zoo tomorrow. I want to see rabbits.
B: Sounds good. But it will rain tomorrow. How about this weekend? The weather will be good.
A: This weekend? OK. Let's go on Sunday.
Question: When are they going to visit the zoo?
⑵ A: Alex, can you go to the supermarket and buy some tomatoes now?

18

B: OK, Mom. I've just finished my homework. How many tomatoes do you need?

A: I need two for making pizza. Oh, I also need an onion! Please get one.

Question: What does Mom want Alex to do now?

(3) *A:* How is your brother, Yuko? I hear he lives in Tokyo.

B: Oh, that's my sister, Mr. Smith. My brother left our home last April and lives in Sapporo now.

A: Really? I lived in Sapporo when I was young. I want to visit there again.

Question: Who is the person living in Sapporo now?

(1) A: 明日、動物園に行きましょう。私はウサギが見たいです。／B: いいですね。でも明日は雨です。今週末はどうですか。天気はいいです。／A: 今週末ですか。いいですよ。日曜日に行きましょう。

質問：彼らはいつ動物園を訪れるつもりですか。

ア 今日。 イ 明日。 ウ 今週の日曜日。 エ 次の土曜日。

(2) A: アレックス、今からスーパーへ行って、トマトを買ってきてくれますか。／B: いいですよ、お母さん。ちょうど宿題を終えたところです。トマトはいくつ必要ですか。／A: ピザを作るのに２つ必要です。あ、タマネギも必要です！ １つ買ってきてください。

質問：母親はアレックスに今、何をしてもらいたいのですか。

ア 野菜とピザを買うこと。 イ トマト２つとタマネギ１つを買うこと。ウ トマトでピザを作ること。 エ 宿題を終わらせること。

(3) A: あなたのお兄さん[弟さん]は元気ですか、ユウコ。東京に住んでいるそうですね。／B: ああ、それは私の姉[妹]です、スミス先生。私の兄[弟]は去年の４月に家を出て、今は札幌に住んでいます。／A: 本当ですか。私は若いときに札幌に住んでいました。そこをまた訪れたいです。

質問：今、札幌に住んでいる人はだれですか。

ア ユウコ。 イ ユウコの兄[弟]。 ウ ユウコの姉[妹]。 エ スミス先生。

47 英語の質問に答える問題②

本文115ページ

1 中学生の健太(Kenta)の話を聞いて、質問に対する答えとなるように〔 〕の中に適切な数字や語、語句を記入しましょう。なお、先に質問を２回くり返し、そのあとで話を２回くり返します。　[静岡県]

(1) How long did Kenta's parents stay in Nagano?
They stayed there for 〔 **7[seven]** 〕 days.

(2) What did Kenta do with his sister before breakfast?
He 〔 **cleaned** 〕 the 〔 **house** 〕 with his sister.

(3) Why were Kenta's parents surprised when they came home?
Because Kenta 〔 **made a cake for them** 〕.

2 これから読む英文は、中学生の信二(Shinji)とベーカー先生(Ms. Baker)が話しているときのものです。次の(1)～(3)に対する答えを、信二とベーカー先生の会話の内容に即して、英語で書きましょう。ただし、〔 〕の部分には１語ずつ書くこと。　[岐阜県]

(1) How often does Shinji work as a member of 'Nature Club'?
答え He works every 〔 **month** 〕.

(2) Who told Shinji about 'Nature Club'?
答え His 〔 **brother** 〕 told him about it.

(3) What does Shinji want to do through his activities?
答え He wants to 〔 **(例) improve** 〕 their future.

解説 **1** (3) 健太がケーキを作っていたことに両親は驚いた。
2 (3) 信二の最後から２番目の発言で「私たちの未来をよりよくしたい」と言っている。

【読まれた英文と質問の意味】

1 (1) How long did Kenta's parents stay in Nagano?
(2) What did Kenta do with his sister before breakfast?
(3) Why were Kenta's parents surprised when they came home?

I live with my father, mother, and sister. My parents and my sister work hard every day.

Last summer, my parents went to Nagano to meet their friends and stayed there for seven days. My sister and I didn't go with them. When my parents stayed in Nagano, we did different things in our house. I cooked breakfast and dinner. My sister washed the dishes. But we cleaned the house together before breakfast. Life without our parents was hard but fun.

When my parents came home, they were surprised because I made a cake for them. They ate the cake and told me it was very good. So, I was happy.

Now I sometimes cook dinner for my family.

(1) 健太の両親は長野にどれくらい滞在しましたか。
（答え）彼らは７日間そこに滞在しました。
(2) 健太は朝食の前に姉と何をしましたか。
（答え）彼は姉と家をそうじしました。
(3) 健太の両親は家に帰ってきたときになぜ驚いたのですか。
（答え）健太が彼らのためにケーキを作ったからです。

私は父、母、姉と暮らしています。両親と姉は毎日一生懸命に働いています。／この前の夏、両親は友達に会うために長野に行き、そこに７日間滞在しました。私と姉は彼らといっしょに行きませんでした。両親が長野に滞在しているとき、私たちは家で別々のことをしました。私は朝食と夕食を作りました。姉は皿を洗いました。けれども、朝食の前にはいっしょに家をそうじしました。両親のいない生活は大変でしたが、楽しかったです。／両親が家に帰ってきたとき、私が彼らのためにケーキを作っていたので彼らは驚いていました。両親はケーキを食べて、とてもおいしいと私に言ってくれました。だから、私はうれしかったです。／今では私はときどき家族のために夕食を作ります。

2 *Shinji:* Good morning, Ms. Baker.

Ms. Baker: Good morning, Shinji. How was your weekend?

Shinji: I had a great time. I worked as a member of 'Nature Club'.

Ms. Baker: 'Nature Club'? What is it?

Shinji: It's like a volunteer group.

Ms. Baker: I see. Can you tell me more about 'Nature Club'?

Shinji: Of course. The members meet every month. We talk about how we can protect nature and work together for that. For example, we grow plants and clean our city. Last time we cleaned a river. I felt sad to see a lot of plastic bags or paper in the river, but after cleaning I felt happy.

Ms. Baker: That's nice! When did you join 'Nature Club' for the first time?

Shinji: About three years ago. My brother told me about it.

Ms. Baker: I see. Why did you decide to work as a volunteer?

Shinji: I became interested in volunteer activities when I saw a TV program. It was about climbing Mt. Fuji for cleaning. Now I enjoy 'Nature Club' very much.

Ms. Baker: You're great!

Shinji: I want to continue these activities and improve our future.

Ms. Baker: I hope you will enjoy your work and make our future better!

Shinji: Thank you, I will.

信二：ベイカー先生、おはようございます。／ベイカー先生：おはよう、信二。週末はどうでしたか。／信二：すばらしい時を過ごしました。「ネイチャークラブ」のメンバーとして働きました。／ベイカー先生：「ネイチャークラブ」？　それは何ですか。／信二：ボランティアグループみたいなものです。／ベイカー先生：なるほど。「ネイチャークラブ」についてもっと教えてくれますか。／信二：もちろんです。メンバーは毎月、集まります。どうすれば自然を守れるか、そのためにどう協力すればよいかについて話し合います。例えば、植物を育てたり、街をそうじしたりします。この前は川をそうじしました。私は川にビニール袋や紙がたくさんあるのを見て悲しくなりましたが、そうじしたあとは幸せな気持ちになりました。／ベイカー先生：いいですね！　初めて「ネイチャークラブ」に参加したのはいつですか。／信二：約3年前です。私の兄[弟]がそれについて教えてくれました。／ベイカー先生：なるほど。なぜボランティアとして働こうと決心したのですか。／信二：私はあるテレビ番組を見たときに、ボランティア活動に興味を持つようになりました。清掃のための富士山登山についての番組でした。今は「ネイチャークラブ」を大いに楽しんでいます。／ベイカー先生：あなたはすごいですね！／信二：私はこの活動を続けて、私たちの未来をよりよくしたいのです。／ベイカー先生：あなたが活動を楽しみ、そして私たちの未来をよりよくしてくれることを願っています。／信二：ありがとうございます、そうします。

(1) 信二はどれくらいの頻度で「ネイチャークラブ」のメンバーとして働いていますか。

　（答え）彼は毎月働いています。

(2) だれが信二に「ネイチャークラブ」について話しましたか。

　（答え）彼の兄[弟]がそれについて信二に話しました。

(3) 信二は彼の活動を通して何をしたいと思っていますか。

　（答え）彼は自分たちの未来をよりよくしたいと思っています。

48 正しいイラストを選ぶ問題①

本文117ページ

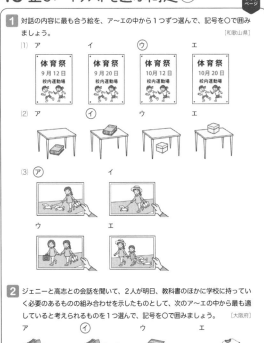

1 対話の内容に最も合う絵を、ア～エの中から1つずつ選んで、記号を○で囲みましょう。　［和歌山県］

2 ジェニーと高志との会話を聞いて、2人が明日、教科書のほかに学校に持っていく必要のあるものの組み合わせを示したものとして、次のア～エの中から最も適していると考えられるものを1つ選んで、記号を○で囲みましょう。　［大阪府］

【読まれた英文と意味】

1 (1) 母親: When is the sports day of your school this year?

男の子: It's October twelfth.

(2) 女の子: Can you give me that book?

男の子: Yes. Where is it?

女の子: It's on the table.

男の子: OK.

(3) 女の子: Look at this picture. The two dogs are very cute.

男の子: Yes. I think so, too. Who is the woman?

女の子: She is Miki, my friend.

男の子: Oh, I see. She has a nice bag.

(1) 母親：今年はあなたの学校の体育祭はいつですか。

男の子：10月12日です。

(2) 女の子：あの本を取ってもらえますか。

男の子：はい。それはどこにありますか。

女の子：テーブルの上にあります。

男の子：わかりました。

(3) 女の子：この写真を見てください。2匹の犬がとてもかわいいです。

男の子：そうですね。私もそう思います。この女性はだれですか。

女の子：彼女はミキ、私の友達です。

男の子：ああ、そうですか。彼女はすてきなバッグを持っていますね。

2 *Jenny:* Takashi, I need your help. Please tell me what we need to bring to school tomorrow. I missed the things our teacher said. Of course, we need textbooks. But, what else do we need?

Takashi: Well, Jenny, we need a dictionary for the English class. Oh, we also need the gym shoes which we usually wear in P.E. classes.

Jenny: The gym shoes? But we don't have a P.E. class tomorrow, right?

Takashi: We need them because we'll have a meeting in the gym.

Jenny: OK. Do we need color pencils? I think the art teacher told us to bring them in the class last week.

Takashi: Oh, we don't need them tomorrow. We need them for the class next week.

Jenny: OK. Thank you.

ジェニー：高志、あなたの助けが必要です。明日、何を学校に持っていく必要があるか教えてください。私は先生が言ったことを聞きのがしました。もちろん、教科書は必要です。でも、ほかに何が必要ですか。

高志：ええと、ジェニー、英語の授業のための辞書が必要です。ああ、体育の授業でふだんはいている体育館ばきも必要です。

ジェニー：体育館ばき？　でも、明日は体育の授業はないですよね？

高志：体育館で集会があるので、体育館ばきが必要です。

ジェニー：わかりました。色鉛筆は必要ですか。先週の授業で美術の先生が私たちに色鉛筆を持ってくるように言ったと思います。

高志：ああ、明日は必要ありません。色鉛筆は来週の授業で必要です。

ジェニー：わかりました。ありがとう。

1 (3) 2人が見ているのは、バッグを持った女の人が犬を2匹つれている写真。

2 必要なのは辞書と体育館ばき。

49 正しいイラストを選ぶ問題②

本文119ページ

1 話される英語を聞いて、あとの質問に対する答えとして最も適当なものを、アからエまでの中から1つ選んで、記号を○で囲みましょう。 [滋賀県]

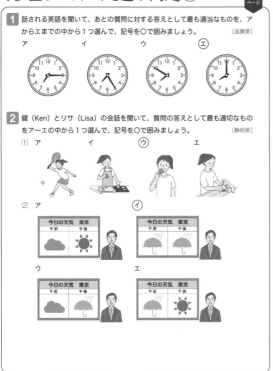

2 健 (Ken) とリサ (Lisa) の会話を聞いて、質問の答えとして最も適切なものをア〜エの中から1つ選んで、記号を○で囲みましょう。 [静岡県]

(1)

(2)

 解説

1 ふだんは7時50分のバスに乗るが、今日は10分間待たなければならなかったと言っている。

2 (2) 昨日から雨で、明日までやまないと言っている。

【読まれた英文と意味】

1 *A:* Ms. Smith, I'm sorry I'm late.
B: What happened, David?
A: I usually take the bus at 7:50, but it was late today.
B: How long did you wait at the bus stop?
A: I had to wait for 10 minutes.
Question: What time did the bus come this morning?

A: スミス先生、遅れてすみません。
B: 何があったのですか、デイビッド?
A: 私はふだん7時50分のバスに乗るのですが、今日はバスが遅れました。
B: あなたはバス停でどのくらい待ちましたか。
A: 私は10分間待たなければなりませんでした。
質問：今朝バスは何時に来ましたか。

2 (1) *Ken:* Lisa, have you finished your tennis practice?
Lisa: Yes, it was hard.
Ken: Would you like to eat some cookies? I made them yesterday.
Lisa: Wow, your cookies look delicious. Can I eat this big one now?
Ken: Of course, but wait. Before eating it, wash your hands.
Lisa: Oh, I've already done it.
Ken: OK, here you are.
質問：What will Lisa do next?

(2) *Lisa:* Good morning, Ken. Why do you have an umbrella? It's cloudy now, but it will be sunny here in Shizuoka this afternoon.

Ken: I'm going to see my grandmother in Tokyo. This morning, the TV news said, "It has been raining in Tokyo since yesterday."
Lisa: Oh, I watched that, too. It will not stop raining there until tomorrow, right?
Ken: Yes. I wish it would be sunny in Tokyo today.
質問：Which TV news did Ken and Lisa watch?

(1) 健：リサ、テニスの練習は終えましたか。
リサ：はい、大変でした。
健：クッキーを食べませんか。私が昨日作りました。
リサ：わあ、あなたのクッキーはとてもおいしそうです。この大きいのを今食べてもいいですか。
健：もちろんです、でも待ってください。それを食べる前に手を洗ってください。
リサ：あ、もう洗いました。
健：わかりました、はい、どうぞ。
質問：リサは次に何をしますか。

(2) リサ：おはよう、健。なぜかさを持っているのですか。今はくもっていますが、ここ静岡は今日の午後には晴れます。
健：私は東京にいる祖母に会いに行く予定です。今朝、テレビのニュースで「東京は昨日からずっと雨が降っています。」と言っていました。
リサ；ああ、私も見ました。明日まで雨がやまないのですよね？
健：そうです。今日、東京が晴れていればいいのに。
質問：健とリサはどのテレビのニュースを見ましたか。

50 図や表を見て答える問題①

本文121ページ

1 説明を聞き取り、あとの英語の質問の答えとして最も適切なものを、ア〜エの中から1つ選んで、記号を○で囲みましょう。 [富山県]

Number of Visitors to Japan

2 これから読む英文は、新聞部が行ったアンケートの結果を、浩志 (Hiroshi) がグラフにまとめ、英語の授業で発表したときのものです。浩志が発表のときに見せたグラフをア〜エの中から1つ選んで、記号を○で囲みましょう。 [岐阜県]

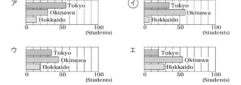

3 会話のあとに質問が続きます。その質問に対する答えとして適切なものを、ア〜エの中から1つ選んで、記号を○で囲みましょう。 [兵庫県]

ア Tuesday.
イ Wednesday.
ウ Thursday.
エ Friday.

解説

1 日本への訪問者は2012年以降増え続け、2019年も増えている。

2 沖縄＞東京＞北海道の順で、沖縄は半数以上。

3 午後に英語があり、翌日に社会がない曜日。

1 Look at the graph. There are four lines on the graph and you have to choose one line. This line shows the number of all visitors to Japan from abroad. The number of people coming to Japan has been increasing since 2012. More than 30 million people came to Japan in 2018. A year later, the number of visitors continued to increase.

質問：Which line does the speaker talk about?

　グラフを見てください。グラフには4本の線があり、1本の線を選ばなければなりません。この線は、海外から日本へのすべての訪問者数を示しています。日本に来る人の数は2012年からずっと増えています。2018年には3000万以上の人々が日本に来ました。1年後も、訪問者の数は増え続けました。

質問：発言者はどの線について話していますか。

2 Which place would you like to visit in summer — Tokyo, Okinawa, or Hokkaido? Please look at this. It shows where 100 students in our school want to go during the summer vacation. Tokyo is popular because there are many places for shopping. But Okinawa is more popular than Tokyo. More than half of the students want to visit Okinawa to swim in the beautiful sea there. Hokkaido is a nice place to go because it is cool in summer, and there is a lot of beautiful nature there. However, Okinawa and Tokyo are more popular than Hokkaido.

　あなたは夏にどの場所を訪れたいですか―東京、沖縄それとも北海道ですか。これを見てください。私たちの学校の100人の生徒が夏休み中にどこへ行きたいと思っているかを示しています。東京は買い物のための多くの場所があるので人気があります。しかし、沖縄は東京よりも人気があります。半数以上の生徒が沖縄の美しい海で泳ぐためにそこを訪れたいと思っています。北海道は夏でも涼しく、美しい自然がたくさんあるので、行くにはいい場所です。しかし、沖縄と東京は北海道よりも人気があります。

3 *A:* Tom, have you finished the social studies homework for tomorrow?

B: Tomorrow? We don't have social studies tomorrow. Look at the schedule for this week.

A: Oh, you're right.

B: By the way, lunchtime will finish soon. Are you ready for your speech in English class this afternoon?

A: Of course. Today, I'll speak about my family.

B: Good luck!

Question: What day is it today?

A：トム、明日の社会科の宿題は終えましたか。

B：明日？　私たちは明日、社会科はありません。今週の時間割を見てください。

A：あ、あなたの言う通りですね。

B：ところで、もうすぐ昼食の時間が終わります。今日の午後の英語の授業でのスピーチの準備はできていますか。

A：もちろんです。今日、私は自分の家族について話すつもりです。

B：がんばってください！

質問：今日は何曜日ですか。

51 図や表を見て答える問題②

本文123ページ

1 これから読む英文は、道夫（Michio）が、外国人に郵便局の場所を説明しているときのものです。郵便局はどこにありますか。ア〜エの中から1つ選んで記号で答えましょう。　　［岐阜県］

2 対話を聞き取り、あとの英語の質問の答えとして最も適切なものをア〜エの中から1つ選んで記号で答えましょう。　　［富山県］

3 中学生の健太（Kenta）と留学生のメアリー（Mary）の会話を聞いて、質問の答えとして最も適切なものをア〜エの中から1つ選んで記号で答えましょう。　　［静岡県］

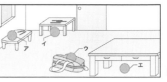

解説
1 駅から見えるところにある病院を右折する。
2 「本屋」「花屋」が2つずつあるので注意しよう。
3 バッグのそばの机ではなく、ドアのそばの机の下。

【読まれた英文と意味】

1 From the station, you can see the hospital over there. Turn right at the hospital and go straight. Then you will find a supermarket on your left. When you get to the supermarket, turn left and you can find the post office next to a bank.

　駅から、向こうに病院が見えます。病院で右に曲がって、まっすぐ行ってください。そうすると左手にスーパーマーケットが見つかります。スーパーマーケットに着いて、左に曲がると、銀行の隣に郵便局が見つかります。

2 *A:* Hi, Masaya. Can you help me? How can I get to the post office?

B: Hello, Ms. Green. Sure, I can help you. Well, go down the street that goes to the station. You'll see the bookstore on your left.

A: Oh, I think I know that bookstore. Is it near the park?

B: Yes. Turn left at the bookstore. Then go straight and turn right at the flower shop. You'll find the post office on your left.

A: Thank you very much.

質問：Where is the post office?

A：こんにちは、マサヤ。助けてくれますか。郵便局にはどのようにして行けますか。

B：こんにちは、グリーンさん。もちろんです、お手伝いできますよ。ええと、駅に行く通りを進んでください。左手に本屋さんが見えます。

A：あ、その本屋さんは知っていると思います。公園の近くですよね。

B: はい。その本屋さんを左に曲がってください。それからまっすぐ行って、花屋さんを右に曲がってください。左手に郵便局が見つかります。

A: ありがとうございます。

質問：郵便局はどこにありますか。

3 *Kenta:* Did you see my dictionary?

Mary: I saw a dictionary on the table by the window.

Kenta: It's yours. I checked my bag, too, but I couldn't find mine.

Mary: Umm… Look! There is a dictionary under that desk.

Kenta: The desk by my bag?

Mary: No, the desk by the door. Some pencils are on it.

Kenta: Oh, that's mine.

質問：Where is Kenta's dictionary?

健太：私の辞書を見ましたか。

メアリー：私は窓のそばのテーブルの上で辞書を見ましたよ。

健太：それはあなたのものだよ。私は自分のバッグも調べましたが、自分のものは見つけられませんでした。

メアリー：うーん…。見て！ あの机の下に辞書があります。

健太：私のバッグのそばの机ですか。

メアリー：いいえ、ドアのそばの机です。その上に鉛筆が何本かあります。

健太：あ、あれが私のです。

質問：健太の辞書はどこにありますか。

52 適する応答を選ぶ問題①

本文 125 ページ

1 英語による対話を聞いて、それぞれの対話の最後の英文に対する受け答えとして、ア～ウの中から最も適当なものを1つ選んで、記号を〇で囲みましょう。

[三重県]

(1) ㋐ This morning. 　　イ Two hours later.
　　ウ Near the bed.

(2) ア About two hours ago. 　　㋑ At about seven in the evening.
　　ウ For about three minutes.

(3) ア When I was eight years old. 　　イ It was so difficult.
　　㋒ My brother taught me.

2 ジュディー（Judy）とケン（Ken）が話しています。チャイムのところに入るケンの言葉として最も適するものを、ア～エの中から1つ選んで、記号を〇で囲みましょう。

[神奈川県]

(1) ア Yes, he went there alone.
　　㋑ Yes, I went there with my family.
　　ウ No, my sister and I went there.
　　エ No, he stayed in Australia.

(2) ア I've been practicing soccer for ten years.
　　イ I practiced very hard with my club members.
　　ウ I practice soccer five days in a week.
　　㋓ I practice for two hours in a day.

(3) ア I was excited when I visited Kyoto with my friends.
　　イ I'm going to visit a museum with my group members.
　　㋒ I liked the temple the best because it had a beautiful garden.
　　エ My favorite restaurant was not in Kyoto.

解説 **1** (1)「いつ」、(2)「帰宅する時刻」、(3)「方法」を答える。
2 (1) Did ～？の疑問文。YesとNoのあとの文に注意。
(2)「1日の練習時間」、(3)「いちばん気に入った場所」を答える。

【読まれた英文と選択肢の意味】

1 (1) *A:* Good morning, Bob. Oh, what's wrong?
B: I feel sick and I have a stomachache.
A: Oh, no. When did the stomachache start?

(2) *A:* Hello, this is Harry. May I speak to Jack, please?
B: Sorry, he isn't at home now. Any messages?
A: No, thank you. What time will he come back?

(3) *A:* Nick, what are you doing?
B: I'm drawing a picture with a computer.
A: Wow, it's beautiful. How did you learn about drawing pictures with a computer?

(1) A: おはよう、ボブ。おや、どうしたのですか。／B: 気分が悪くて、おなかが痛いのです。／A: まあ、大変。腹痛はいつ始まったのですか。[ア 今朝です。／イ 2時間後です。／ウ ベッドの近くです。]

(2) A: もしもし、ハリーです。ジャックをお願いできますか。／B: ごめんなさい、彼は今、家にいません。何か伝言はありますか。／A: いいえ、ありがとうございます。彼は何時に帰ってきますか。[ア 2時間ほど前です。／イ 夜の7時くらいです。／ウ 3分間くらいです。]

(3) A: ニック、何をしているのですか。／B: 私はコンピューターで絵を描いています。／A: わあ、きれい。コンピューターで絵を描くことをどうやって学んだのですか。[ア 私が8歳のときです。／イ それはとても難しかったです。／ウ 私の兄[弟]が私に教えてくれました。]

2 (1) *Judy:* What did you do during summer vacation, Ken?
Ken: I visited my friend, Tom, in Australia. He stayed at my house last year. It was good to see him again.
Judy: That's nice! Did you go there with anyone?
Ken: （チャイム）

(2) *Judy:* Ken, I watched your soccer game yesterday. You are a very good soccer player.
Ken: Thank you! I practice very hard because I want to win every game.
Judy: I see. How long do you usually practice in a day?
Ken: （チャイム）

(3) *Judy:* Ken, our school trip to Kyoto last week was fun! What did your group do there?
Ken: My group visited a museum and a temple, and my group also had lunch at a nice restaurant.
Judy: That's good! Which was your favorite place?
Ken: （チャイム）

(1) ジュディー：夏休み中は何をしましたか、ケン。／ケン：私はオーストラリアにいる友達のトムを訪ねました。彼は去年、私の家に滞在しました。また彼に会えてよかったです。／ジュディー：それはいいですね！ だれかといっしょにそこへ行ったのですか。／ケン：[ア はい、彼は1人でそこへ行きました。／イ はい、私は家族とそこへ行きました。／ウ いいえ、姉[妹]と私がそこへ行きました。／エ いいえ、彼はオーストラリアに滞在しました。]

(2) ジュディー：ケン、昨日あなたのサッカーの試合を見ました。あなたはサッカーがとても上手ですね。／ケン：ありがとう！ どの試合にも勝ちたいから、とても一生懸命に練習しています。／ジュディー：なるほど。ふだんは1日にどのくらい練習しているのですか。／ケン：[ア 私は10年間ずっとサッカーの練習をしています。／イ 私はクラブのメンバーととても一生懸命に練習しました。／ウ 私は週に5日サッカーを練習します。／エ 私は1日に2時間練習します。]

(3) ジュディー：ケン、先週の京都への修学旅行は楽しかったですね！ あなたのグループはそこで何をしましたか。／ケン：私のグループは博物館とお寺を訪れて、私のグループはすてきなレストランで昼食も食べました。／ジュディー：それはいいですね！ あなたがいちばん気に入った場所はどこでしたか。／ケン：[ア 私は友達と京都を訪れたとき、わくわ

くしました。／イ　私はグループのメンバーと博物館を訪れるつもりです。／ウ　美しい庭があったので、私はお寺がいちばん気に入りました。／エ　私のお気に入りのレストランは京都にはありませんでした。〕

53 適する応答を選ぶ問題②

本文127ページ

1 英語による対話を聞いて、それぞれの対話の最後の英文に対する受け答えとして、ア〜ウの中から最も適当なものを1つ選んで、記号を○で囲みましょう。　[三重県]

(1)　ア　I'd like to help you.　　イ　Here you are.
　　　ウ　Orange juice, please.

(2)　ア　Here you are.　　　　イ　You're welcome.
　　　ウ　It's perfect.

(3)　ア　I want to take care of you.
　　　イ　I'll take you to the nurse's office.
　　　ウ　I have a stomachache.

2 対話を聞いて、それぞれの対話に続く受け答えとして最も適切なものを、ア〜エの中から1つずつ選んで、記号を○で囲みましょう。　[山口県]

(1)　ア　Yes, I can.　　　　イ　Thank you, please.
　　　ウ　Well, I like your desk.　エ　Sure, here you are.

(2)　ア　Sorry. I must do my homework.
　　　イ　No. I watched it last month.
　　　ウ　I see. You can join us.
　　　エ　Sure. I've seen it twice.

3 放送を聞いて、チャイムのところに入る対話の応答として、最も適当なものを、ア〜エの中から1つ選んで、記号を○で囲みましょう。　[熊本県]

〈休み時間の対話〉
　ア　OK. How about tomorrow?　　イ　OK. How about you?
　ウ　Sorry. I can't play the piano.　エ　Sorry. I don't like music.

解説　**1** (3) What's wrong? は体調をたずねるときに使う。
2 (2) ここでは誘いを断る文が話の流れに合う。
3 How about 〜? は「〜はどうですか。」の意味。

【読まれた英文と選択肢の意味】
1 (1)　A: Hi. Can I help you?
B: Can I have a hamburger and a salad, please?
A: Sure. What would you like to drink?
(2)　A: May I help you?
B: Yes, I'm looking for a cap. I like this one, but it's a little small for me.
A: OK. How about this bigger one?
(3)　A: How are you, Paul?
B: I don't feel well.
A: What's wrong?
(1) A: こんにちは。いらっしゃいませ。／B: ハンバーガー1つとサラダを1つください。／A: かしこまりました。お飲み物は何になさいますか。
〔ア　私がお手伝いしたいのですが。／イ　はい、どうぞ。／ウ　オレンジジュースをください。〕
(2) A: 何かお探しですか。／B: はい、ぼうしを探しています。このぼうしが気に入ったのですが、私には少し小さいです。／A: わかりました。こちらの大きなものはいかがですか。
〔ア　はい、どうぞ。／イ　どういたしまして。／ウ　完ぺきです。〕
(3) A: 元気ですか、ポール。／B: 気分がよくありません。／A: どうしたのですか。
〔ア　私はあなたのお世話をしたいです。／イ　あなたを保健室に連れていきましょう。／ウ　私はおなかが痛いです。〕

2 (1)　A: Lisa, it's time to go to school!
B: I'm looking for my notebook, father. I think I put it on my desk last night, but I can't find it.
A: You only have five minutes. Can I help you?
(2)　A: Have you seen this movie?
B: No, I haven't. But my friends say it's interesting.
A: I'm going to see it with my brother this weekend. Why don't you come with us?
(1) A: リサ、学校に行く時間ですよ！／B: ノートを探しているんです、お父さん。昨夜、机の上に置いたと思うのですが、見つかりません。／A: 5分しかありません。手伝いましょうか。
〔ア　はい、（私は）できます。／イ　ありがとう、お願いします。／ウ　ええと、あなたの机はいいですね。／エ　いいですよ、はい、どうぞ。〕
(2) A: あなたはこの映画を見ましたか。／B: いいえ、見ていません。でも、友達がおもしろいと言っています。／A: 私は今週末、兄[弟]とそれを見に行く予定です。私たちと行きませんか。
〔ア　ごめんなさい。私は宿題をしなければなりません。／イ　いいえ。私は先月それを見ました。／ウ　なるほど。私たちに加わっていいですよ。／エ　いいですよ。私はそれを2回見たことがあります。〕

3 M: I hear you can play the guitar.
F: Yes. It's very fun.
M: Can you teach me how to play it?
F: (チャイム)
M: あなたはギターが弾けるそうですね。／F: はい。とても楽しいです。／M：ギターの弾き方を私に教えてくれますか。
F: 〔ア　いいですよ。明日はどうですか。／イ　いいですよ。あなたはどうですか。／ウ　ごめんなさい。私はピアノが弾けません。／エ　ごめんなさい。私は音楽が好きではありません。〕

54 表やメモを完成させる問題

本文129ページ

1 あなたは今、海外留学プログラムでイギリスに来ています。ある城についてのガイドの説明を聞いて、英語で感想文を書くためのメモを完成させましょう。ただし、メモの(1)には数字を入れ、(2)と(3)には英語を入れましょう。　[栃木県]

> Green Wing Castle
> ・It was built in 　(1)　.
> ・More than 400 rooms.
> ・The man in the picture had 10 　(2)　.
> ・People enjoyed parties in the large room.
> ・The West Tower → We can see the 　(3)　 city.

(1)　〔1723〕　(2)　〔children[kids]〕　(3)　〔beautiful〕

2 あなたは、3日間の「イングリッシュ・デイ」（英語に親しむイベント）に参加しています。今から、そのイベント初日における先生の話を聞いて、その内容に合うように、【ワークシート】の下線部 (A)、(B)、(C) に、それぞれ話の中で用いられた英語1語を書きましょう。また、下線部 (D) には、先生の質問に対するあなたの返答を、4語以上の英語で書きましょう。　[山口県]

【ワークシート】

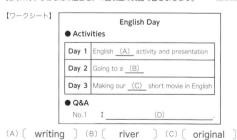

English Day	
● Activities	
Day 1	English 　(A)　 activity and presentation
Day 2	Going to a 　(B)
Day 3	Making our 　(C)　 short movie in English
● Q&A	
No.1　I 　　　(D)	

(A)〔writing〕　(B)〔river〕　(C)〔original〕
(D) I 　(例) want to visit Australia

解説　**1** (2) 男性には合計10人の子どもがいた。
2 (A)〜(C) イングリッシュ・デイで行うことを整理して聞き取る。　(D) 訪れたい国を答える。

1 OK, everyone. This is Green Wing Castle. It was built in 1723. Now let's go inside. There are more than four hundred rooms in the castle. Let's go into this room first. Look at this picture. The man in this picture lived in this castle. He had a big family. He had five sons and five daughters. Let's go to another room. This room is very large, isn't it? People enjoyed parties here. Next, look at the West Tower. We can see the beautiful city from the top of the tower. Now, we'll have some time to walk around the castle. Please enjoy it!

それでは、みなさん。これがグリーンウイング城です。これは1723年に建てられました。さあ、中に入ってみましょう。城には400以上の部屋があります。まずこの部屋の中に入ってみましょう。この絵を見てください。この絵の男性がこの城に住んでいました。彼は大家族でした。彼には5人の息子と5人の娘がいました。別の部屋に行きましょう。この部屋はとても広いでしょう？　人々はここでパーティーを楽しみました。次は、ウエストタワーを見てください。タワーの最上部から美しい街並みを眺めることができます。さて、私たちには城のあちらこちらを散策する時間があります。どうぞ楽しんでください！

2 Good morning, everyone. Now, I'll tell you about what we're going to do during our English Day. Today, we'll have an English writing activity in the morning. In the afternoon, you'll have a presentation. Tomorrow, we'll go to a river. I'll show you how to catch big fish! On the last day, we'll make a short movie. You'll write your original story and make the movie in English. Let's have a good time together, and make your English better!

OK then, let's start the writing activity now. Enjoy writing and sharing your ideas in a group. First, I'll ask you some questions, so write your ideas on the paper. Question number one. What country do you want to visit? Write your answer now.

おはようございます、みなさん。さて、イングリッシュ・デイで私たちが何をするかについてお話しします。今日は、午前中に英作文の活動を行います。午後にはあなたがたはプレゼンテーションをします。明日は、私たちは川に行きます。私が大きな魚の釣り方を教えますよ！　最終日には、私たちは短い映画を作ります。あなたがたはオリジナルの物語を書いて、英語で映画を作ります。いっしょに楽しい時間を過ごし、英語を上達させましょう！

はい、それでは、これから書く活動を始めましょう。書くことやグループで考えを共有することを楽しんでください。最初に、私があなたがたにいくつか質問をしますので、紙に自分の考えを書いてください。質問1です。あなたはどの国を訪れたいですか。答えを今、書いてください。

55 自分の考えなどを答える問題

1 あなたは、あなたの学校を訪問している海外の中学生と話をしているところです。相手の話をよく聞いて、最後の質問に対するあなたの返答を、英語で簡潔に書きましょう。　　　　　　　　　　　　　　[佐賀県]

（例）I walk to school. / By bike.

2 あなたは、アメリカでホームステイをしています。今から、あなたのホストファミリーがあなたに話したことを放送します。「メモ」は、その話の内容をまとめたものです。放送を聞いて、「メモ」の①、②、③に適当な英語1語を書きましょう。また、「ホストファミリーの質問に対する答え」では、staying home または、going out のいずれかを選んで○で囲み、④に適当な英語を2語以上で書き、あなたの答えとなる文を完成させましょう。　[熊本県]

「メモ」

> **Things to do from today**
> ・To clean my 　①　 on the weekends
> ・To 　②　 my dishes in the kitchen
> ・To 　③　 the dog in the afternoon

①〔　room　〕　②〔　wash　〕　③〔　walk　〕

④ 「ホストファミリーの質問に対する答え」

I like【 staying home / going out 】better because

I （例）like playing soccer

in my free time.

別解：staying home / like to watch movies

解説　**1** 〈by＋乗り物〉や I take the train[the city bus] to school. などの表現が使える。

2 ④ like to ～や like ～ing などの表現が使える。

【読まれた英文と意味】

1 I am very surprised that there is no school bus at your school. In my country, most students come to school by bus, so we have a lot of school buses. How do you come to school?

私はあなたの学校にスクールバスがないことにとても驚いています。私の国では、ほとんどの生徒がバスで登校するので、スクールバスがたくさんあります。あなたはどうやって学校に来ますか。

2 *The host family:* Welcome to our home. You're a member of our family now, so I'll tell you three things to do from today. First, clean your room on the weekends. We usually clean on Saturday morning. Second, don't forget to wash your dishes. After you use the dishes, please wash them in the kitchen. Third, can you walk our dog in the afternoon? Our son, Kevin, will go with you. By the way, in your free time, which do you like better, staying home or going out? And why? Tell me one thing you like to do in your free time.

ホストファミリー：わが家へようこそ。あなたはもう私たちの家族の一員だから、今日からするべきことを3つ伝えますね。1つ目に、毎週末に自分の部屋をそうじしてください。私たちはたいてい土曜日の朝にそうじをしています。2つ目に、自分の食器を洗うのを忘れないでください。食器を使ったら、台所でそれらを洗ってください。3つ目に、午後に犬を散歩させてくれますか。私たちの息子のケビンがあなたといっしょに行きます。ところで、あなたは自由な時間に、家にいるのと外出するのとでは、どちらのほうが好きですか。それからそれはなぜですか？　あなたが自由な時間にするのが好きなことを1つ教えてください。

1 （　　）内の語句を並べかえて、英文を完成しましょう。 ［岩手県］

(1) A: How many brothers or sisters do you have?
B: I have a sister. This is a picture of my family.
A: Which person is your sister in this picture?
B: Well, she is the girl (a book / a cap / and / has / wears / who) in her hand.

Well, she is the girl __who wears a cap and has a book__ in her hand.

(2) A: Are you free now?
B: Yes.
A: Will you help (carry / to / me / this desk) our classroom?
B: OK, but I think it is too heavy.

Will you help __me carry this desk to__ our classroom?

(3) A: I like your shoes.
B: Thanks. I bought them last Sunday.
A: Oh, I see.
B: When I run, wearing (always / designed / for / makes / shoes / running) me happy.

When I run, wearing __shoes designed for running always makes__ me happy.

(4) A: What's the matter?
B: I have lost my pen.
A: Is it in your bag?
B: No. (am / for / I / looking / must / the pen) be in my room.

__The pen I am looking for must__ be in my room.

 1 (1)(3)(4) 修飾関係に注意して語句を並べる。
(2)〈help ＋人＋動詞の原形〉の文。

【英文の訳】
例題 (1) 私は幼い子どもたちのために書かれた短いお話を読むのが好きです。
(2) 次にどこへ行けばよいか私に教えてください。

1 (1) A: あなたには兄弟か姉妹が何人いますか。
B: 私は姉[妹]が１人います。これは私の家族の写真です。
A: この写真の中で、どの人があなたのお姉さん[妹さん]ですか。
B: ええと、彼女はぼうしをかぶっていて、手に本を持っている女の子です。
(2) A: あなたは今、暇ですか。
B: はい。
A: 私がこの机を私たちの教室に運ぶのを手伝ってくれますか。
B: いいですが、重すぎると思います。
(3) A: あなたの靴はすてきですね。
B: ありがとう。この前の日曜日に買いました。
A: ああ、そうですか。
B: 走るときに、走るためにデザインされた靴をはくことはいつも私を幸せにします。
(4) A: どうしたのですか。
B: 私はペンをなくしてしまいました。
A: あなたのバッグの中にありますか。
B: いいえ。私が探しているペンは私の部屋にあるにちがいありません。

---

1 達也（Tatsuya）さんは、留学生のジョージ（George）さんと話をしています。それぞれの場面に合う対話になるように（　　）内に３語以上の英語を書きましょう。なお、対話は①から⑨の順に行われています。 ［富山県］

(注) space：宇宙

③ （例）Where did you go in Tokyo / What did you do there ?

⑦ （例）I'll drink it tonight / I have never had it

⑧ （例）Can I borrow the book you bought in Tokyo / Will you tell me about it ?

 1 応答の文の内容や前後の状況から、適切な文を考える。

【英文の訳】
例題 ジム：こんにちは、香奈。私たちのサッカーチームは明日、試合があります。来られますか。
香奈：もちろんです。〔(例) 試合は何時に始まりますか。／試合はいつ始まりますか。〕
ジム：午前10時です。
香奈：わかりました。私はアカリと行きます。ところで、あなたはどれくらいサッカーをしているのですか。
ジム：〔(例) 私は10年間しています。／私が10歳のときからです。〕

1 ①週末はどうでしたか。
②私は家族と東京へ行きました。そこで楽しい時を過ごしました。
③〔(例) あなたは東京でどこへ行きましたか。／あなたはそこで何をしましたか。〕
④私は宇宙博物館へ行きました。そこでたくさんのことを学んで、宇宙についての本を買いました。
⑤それはいいですね。
⑥これはあなたへです。「宇宙紅茶」です。
⑦わあ、「宇宙紅茶」。〔(例) 今夜それを飲みます。／私は1度もそれを飲んだことがありません。〕ありがとうございます。
[次の日]
⑧こんにちは、達也！「宇宙紅茶」はおいしかったです。私も宇宙に興味をもちました。〔(例) あなたが東京で買った本を借りてもいいですか。／それについて教えてくれますか。〕
⑨もちろんです。

1 次は、中学生のすず（Suzu）と、ジョーンズ先生（Ms. Jones）との会話です。英文を読んで、 ① 、 ② に、会話が成り立つような英語を、それぞれ3語以上で書きましょう。 ［熊本県］

Ms. Jones: Did you enjoy our class?

Suzu: Yes, I did. Well, I think it's more fun to speak English, but my classmates like ① .

Ms. Jones: Really? Why do you think so?

Suzu: Our English teacher, Ms. Tanaka asked us which English activities we liked. Please look at *Graph 1.

Ms. Jones: It's interesting. What does Graph 2 show?

Suzu: It shows that many of us enjoy *pair activities. Also, most of us try to share our ideas even when we don't know how to say them in English. However, we don't use English very much *other than during English lessons. So, I think we should ② during our lessons.

Ms. Jones: Wonderful! If you try to do so, your English will be better. I want you to speak to me more often.

(注) graph：グラフ pair：ペア other than：～以外に

Graph 1 好きな英語の活動（複数回答）　Graph 2 英語の学習について

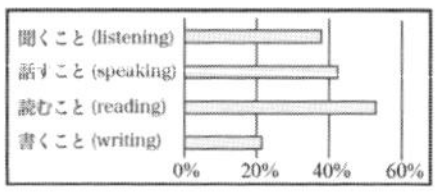

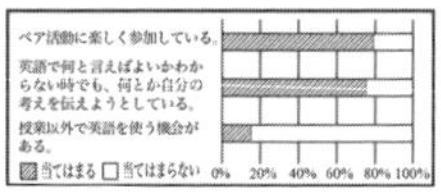

聞くこと (listening)
話すこと (speaking)
読むこと (reading)
書くこと (writing)
0%　20%　40%　60%

ペア活動に楽しく参加している。
英語で何と言えばよいかわからない時でも、何とか自分の考えを伝えようとしている。
授業以外で英語を使う機会がある。
今ではまる ではない

0%　20%　40%　60%　80%　100%

① （例） reading better than speaking

② （例） use English more

解説 **1** グラフを見て、話の流れに合う英文を考える。「3語以上」という条件にも注意。

【英文の訳】
例題　私の家族の写真についてお話しします。

　私は去年、家族と熊本のある山に行きました。これを見てください。このとき、私たちは空を飛んでいる大きな鳥を見て、父はとても興奮しました。彼はバードウォッチングが好きなので、〔(例)写真を撮っていました〕。しかし、妹はその鳥を見て、泣き始めました。母は彼女の面倒を見て、「〔(例)鳥のことは心配しないで〕。」と言いました。そのあと、私たちは山の頂上で昼食をとりました。すばらしい時間でした。

1 ジョーンズ先生：授業を楽しみましたか。
すず：はい、楽しみました。ええと、私は英語を話すことのほうが楽しいと思いますが、クラスメイトは〔(例)話すことよりも読むことのほう〕が好きです。
ジョーンズ先生：本当ですか。どうしてそう思うのですか。
すず：私たちの英語の先生、田中先生が私たちにどの英語の活動が好きかをたずねました。グラフ1を見てください。
ジョーンズ先生：おもしろいですね。グラフ2は何を示していますか。
すず：私たちの多くがペア活動を楽しんでいるということを示しています。また、私たちのほとんどが、英語で何と言えばよいかわからないときでも、自分の考えを伝えようとしています。でも、私たちは英語の授業中以外ではあまり英語を使っていません。だから、授業中に私たちは〔(例)もっと英語を使う〕べきだと思います。
ジョーンズ先生：すばらしい！　そうすれば、あなたがたの英語はもっとよくなりますよ。私はあなたがたにもっとたくさん私に話しかけてほしいです。

1 次のような状況において、あとの(1)と(2)のとき、あなたならどのように英語で表しますか。それぞれ4語以上の英文で書きましょう。 ［三重県］

【状況】あなたは、アメリカから来た留学生の Sam と、休み時間に教室で話をしているところです。

(1) 自分たちの野球チームが昨日試合に初めて勝ったことがうれしいと伝えるとき。 （例）I'm glad that our baseball team won a game for the first time yesterday. /I'm happy because my baseball team won for the first time yesterday.

(2) 次の土曜日、自分たちの練習に参加しないかとたずねるとき。 （例）Can you join our practice next Saturday? / Why don't you take part in our practice this Saturday?

2 次は、Mika からの誘いを断る、Jenny の返信メールです。あなたが Jenny なら、どのような返信メールを送りますか。 ▢ に2文以上の英文を書きましょう。1文目は I'm sorry, but に続けて、「コンサートに行けない」ということを伝え、2文目以降は、【語群】の中の語を1語のみ使ってその理由を書きましょう。 ［23 埼玉県］

From: Jenny
To: Mika
Subject: Re: Sai Junior High School Brass Band Concert

Hi, Mika! Thank you for your e-mail.
▢
I hope I can go to your brass band concert next time.
Your friend,
Jenny

【語群】
・dentist
・family
・homework

I'm sorry, but （例） I can't go to the concert. I have to go to the dentist.

解説 **1** 与えられた条件からどんな文を作ればよいかを考える。

2 語群の中で答えが書きやすいものを選ぶとよい。

【英文の訳】
例題　案内状
こんにちは。私たちは次の金曜日にあなたのためにパーティーを開くつもりです。〔(例) あなたの好きな歌をいっしょに英語で歌います。／私たちが作った動画をお見せします。〕
あなたがパーティーを楽しんでくれることを願っています。

1 (1) （例）私たちの野球チームが昨日初めて試合に勝って私はうれしいです。／私の野球チームが昨日初めて勝ったので、私はうれしいです。
(2) （例）次の土曜日、私たちの練習に参加してくれますか。／今度の土曜日、私たちの練習に参加しませんか。

2
送信者：ジェニー
宛先：ミカ
件名：Re: サイ中学校の吹奏楽部のコンサート

こんにちは、ミカ！　メールをありがとう。ごめんなさい、〔(例)私はコンサートへは行けません。私は歯医者へ行かなければなりません。〕次の機会に吹奏楽部のコンサートに行けたらいいなと思っています。
あなたの友達、
ジェニー

　ほかに、I'm going to visit my grandparents with my family.（私は家族と祖父母を訪ねるつもりです。）や I must do my homework.（私は宿題をしなければなりません。）などでもよい。

60 自分の考えを書く問題①

本文
145
ページ

1 次の(1)と(2)の質問に答える文を書きましょう。ただし、(1)と(2)は2つとも、それぞれ6語以上の1文で書くこと。 [愛媛県]

(1) あなたは、夏休み中に、どのようなことをしましたか。

　(例) I cooked dinner for my family.

(2) また、そのとき、どのように思いましたか。

　(例) It was fun to cook for someone.

2 あなたの将来の夢について、〔条件〕にしたがい、Danny に伝わるように、□□□に3文以上の英文を書いて、メールを完成させましょう。 [22 埼玉県・改]

> Hi, Danny. How are you? Thank you for your interesting e-mail.
> ☐
> See you!

〔条件〕① 1文目は、あなたの将来の夢はどのようなものかを、My dream に続けて、書きなさい。
　　　② 2文目以降は、①について具体的に、2文以上で書きなさい。

① My dream 　(例) is to travel around the world.

② 　(例) I want to meet a lot of people. I will learn about many other cultures during my travels.

3 次の質問に対するあなたの返答を、理由を含めて、30語以上の英語で書きましょう。 [和歌山県]

〔質問〕Which month do you like the best?

(例)I like November the best. I have two reasons. First, food in fall is delicious. Second, nature in November is beautiful. I often visit parks near my house to see beautiful trees. (32 語)

 2 ② 夢の実現のためにしていることやしてみたいこと、**3** その月に楽しめる行事、食べ物などを具体的に書くとよい。

【英文の訳】
例題 【ブラウン先生の問いかけ】
　こんにちは、みなさん。
　あなたがたはまもなく卒業します。学校生活のすばらしい思い出がたくさんあると思います。あなたがたの最もよい思い出の1つについて私に教えてくれますか。
（例）私たちの校外学習が私のいちばんの思い出です。私たちは去年、市内にあるお城を訪れました。私たちの市の歴史を勉強することは私には興味深かったです。

1 (1) （例）私は家族のために夕食を作りました。
(2) （例）だれかのために料理をすることは楽しかったです。

2 | こんにちは、ダニー。お元気ですか。おもしろいメールをありがとう。私の夢は〔（例）世界中を旅行することです。私はたくさんの人たちに会ってみたいです。私は旅行中にほかの多くの文化について学びます。〕
またね！

3 〔質問〕あなたはどの月がいちばん好きですか。
（例）私は11月がいちばん好きです。理由は2つあります。1つ目に、秋の食べ物はとてもおいしいです。2つ目に、11月の自然は美しいです。私は美しい木々を見るために、よく家の近くの公園を訪れます。

---

61 自分の考えを書く問題②

本文
147
ページ

1 次の質問に対して、あなたならどのように答えますか。**Yes, I do.** または **No, I don't.** のいずれかを選び、その理由を10語以上の英語で書きましょう。なお、英語は2文以上になってもかまいません。 [長崎県・改]

・Do you want to study in a foreign country in the future?
【Yes, I do. ／ No, I don't.】（いずれかを○で囲む）

　(例)（Yes）I am interested in other cultures and want to communicate with people in other countries. (15 語)

2 あなたは、英語の授業で、次のテーマについて陽子と英語で意見交換をしています。下の陽子の発言に対するあなたの答えとして、**Yes, I do.** または **No, I don't.** のいずれかを選び、続けてその理由を25語以上35語以内の英語で書きましょう。 [熊本県]

テーマ
"Using a *Tablet in English Classes – Good Points and Bad Points"
(注) tablet：タブレットコンピューター

陽子の発言
　I think using a tablet in English classes has more good points than bad points. Do you agree that we should use a tablet in every English class?

あなたの答え
【Yes, I do. / No, I don't.】（いずれかを○で囲む）

　(例)（Yes）Many students think that it is fun to use a tablet. We can learn English better because we can easily listen to English words and watch videos on our tablet. (30 語)

 1 海外で勉強することのよい点、悪い点を考えよう。
2 タブレットコンピューターの便利な点は？

【英文の訳】
例題 〔質問〕私は夏と冬に長い休暇があります。日本を訪問するのにどちらの季節のほうがいいですか。／（例）夏のほうがいいです、なぜなら〔美しい海に泳ぎに行くことができるからです／夜に美しい花火を見るのを楽しむことができるからです〕。／冬のほうがいいです、なぜなら〔いろいろな種類のウインタースポーツを楽しむことができるからです／雪が降る中で温泉を楽しむことができるからです〕。

1 あなたは将来、外国で勉強したいですか。
（例）（はい）私はほかの文化に興味があり、ほかの国々の人たちとコミュニケーションをとりたいです。／「いいえ」の答えなら、I want to go to a university in Japan and study Japanese history.（私は日本で大学へ行き、日本の歴史を勉強したいです。）（13 語）などが考えられる。

2 テーマ「英語の授業でタブレットコンピューターを使うこと―よい点と悪い点」
陽子の発言「私は英語の授業でタブレットコンピューターを使うことは悪い点よりもよい点のほうが多いと思います。あなたはすべての英語の授業でタブレットコンピューターを使うほうがよいということに賛成ですか。」
（例）（はい）多くの生徒がタブレットコンピューターを使うことは楽しいと思っています。私たちはタブレットコンピューターで簡単に英単語を聞いたり動画を見たりできるので、英語をよりよく学ぶことができます。／「いいえ」の答えなら、If there is a problem with our tablet, we have to stop the activity. It is a waste of time. Also, it costs money if we have to buy a tablet by ourselves.（もしタブレットコンピューターに問題があれば、私たちは活動を中断しなければなりません。それは時間のむだです。また、もし自分たちでタブレットコンピューターを買わなければならないのなら、お金がかかります。）（33 語）などが考えられる。

1 (1) エ (2) イ (3) ア (4) イ (5) ウ (6) ウ

解説 (1) 「すべての教科の中で」には of。

(2) 〈tell ＋人＋ that 〜〉で「(人)に〜だと伝える」。

(3) 前の文とあとの文は対立する内容。

(4) learn how to 〜で「〜のしかたを学ぶ」。

(5) chances を入れる。「人に会うより多くの機会」。

(6) has を入れる。「音楽には国境がない」。

2 (1) イ (2) ウ (3) イ

解説 (1) 「ギターを演奏している男の子は私の友達です。」

(2) 「私も彼のようにプレーできればいいのに。」

(3) 「それは夏目漱石によって 100 年以上前に書かれました。」

3 (1) **stronger**
(2) **the banknotes people use in**
(3) (C) イ (D) エ

解説 (1) あとの than に着目。比較級にする。

(2) 「私は日本で人々が使っている紙幣もまた特別だと思います。」

(3) (C) What do you mean? で「どういう意味ですか」。(D) 過去分詞を入れる。「わあ、それぞれの国で使われている紙幣について学ぶことはおもしろいです。」

4 (1) ウ (2) イ (3) エ (4) ア (5) オ

解説 (1) お礼に対しては、ウ「あなたを手伝えてうれしいです。」と応じるのが適切。

(2) 「何がしたい？」には、イ「私は動物園か美術館へ行きたい。」と答えるのが適切。

(3) エ「有名な絵がたくさんあります。」と美術館について説明している文が適切。

(4) ア「すてきなものを見つけるのを手伝ってくれますか。」と依頼する文が適切。

(5) オ「私たちは夕方にそこ（＝書店）に行くことができるね。」が適切。

5 (1) **What sport do you play**
(2) **how long have you been**
(3) **I understood why the bakery is so popular**

解説 (1) 「あなたは何のスポーツをしますか。」

(2) 「あなたはどれくらいそれを読み続けているのですか。」

(3) 「職業体験を通して、そのパン屋さんがなぜそんなに人気があるのかわかりました。」

1 (1) ア (2) **many interesting things**
(3) ウ (4) エ

解説 (1) graduate from 〜で「〜を卒業する」。

(2) them が指すものは直前の文に書かれていることが多い。「和紙についての多くの興味深いことのうちの1つ」。

(3) 「それら（＝和紙で作られた服）を着ている人」。

(4) エが萌の終わり近くの発言の内容と合う。

【英文の大意】 萌は、友だちから中学3年生のときに和紙を作ったという話を聞いた。興味をもった萌は、和紙についての本を読み、衣服を作るために使われていることを知った。和紙で作られた服は、軽いので着用者は動きやすいこと、空気を通しやすいので夏でも涼しさを感じること、和紙は木や植物から作られているので自然に還元されやすいということなどの利点があった。萌はいつか着てみたいと思っている。

2 (1) イ (2) ① ア ② ウ (3) エ
(4) 1. **No、doesn't** 2. **use、forever**
(5) ウ (6) ⑤ **way** ⑥ **turn**

解説 (1) 海斗の最初の発言に着目。職員が「手でキャップを外している」のを見て驚いた。

(2) ①ア「日常生活で行う小さなことでもリサイクルに関係している」が海斗の発言に合う。
②ウ「リサイクルの前に、私たちはどうやってペットボトルを使うのをやめられるかについて考えるべきだ」が陸の発言に合う。

(3) ③ほかの2人と意見がちがうのは、「陸」。
④「自分たちに何ができるかを考え、行動を起こすことが私たちにとって重要だ」が合う。

(4) 1. 質問は「陸は、『リサイクル』は3Rの中で最も重要なことだと考えていますか」。陸は、「リデュース」が最も重要だと言っている。
2. 質問は「美香によると、『B to B』の1つのよい点は何ですか」。美香は、「ペットボトルは新しいペットボトルを作るための資源としてほぼ永遠に使うことができる」と言っている。

(5) ウ「ペットボトルは便利なので、多くの人はそれを使い続けるだろうと美香は思っている。」が本文の内容と合う。

(6) ⑤ way が適切。「美香は私たちに『B to B』と呼ばれる方法について教えてくれた。」
⑥ turn が適切。「そうすれば、より多くのごみが資源になります。」

【英文の大意】 海斗はペットボトルのリサイクルについて、ペットボトルを捨てるときはキャップやラベルを外して洗うなど、小さなことでも何かリサイクルによいことをすべきだと考えている。
陸は、リサイクルすることを考えるよりも、ペットボトルを使わ

ない生活を考えるべきだと発言した。水筒を使うなどの小さな変化でも始めることが大切だと考えている。

美香は、使い終わったペットボトルを新しいペットボトルの資源として使う、「B to B」という方法について伝えた。リサイクルのために小さなことから始めるべきと考え、海斗の意見に賛成している。

みんなの意見をまとめ、花は私たちができることは小さいことかもしれないが、できることを考えて行動することが大事だと述べた。

実戦テスト 3 （本文132～133ページ）

1 （1）エ （2）ウ （3）ア

解説 （1）「とてもおいしそう」だと言っているので、ケーキ店が適切。

（2）アキラが去年、父親にあげたのは「ぼうし」。

（3）美術館→コーヒーショップ→書店の順。

【読まれた英文と意味】

（1） *A:* This one looks so delicious. Can I get it?

B: Sure. Is that all?

A: Yes.

Question: Where are they talking?

A: これはとてもおいしそうですね。それをいただけますか。／B: かしこまりました。それで全部ですか。／A: はい。／質問：彼らはどこで話していますか。

（2） *A:* Have you decided a birthday present for our father, Akira?

B: No, I haven't. Have you decided, Yumi?

A: Yes. I'm going to make a birthday cake for him. Akira, when you gave him a cap last year, he looked so happy. So I think you should give him something to wear.

B: Then, I'll give him a T-shirt. I know a good shop.

Question: What did Akira give his father as a birthday present last year?

A: お父さんへの誕生日プレゼントは決めましたか、アキラ。／B: いいえ、決めていません。あなたは決めましたか、ユミ。／A: はい。私は彼に誕生日ケーキを作るつもりです。アキラ、あなたが去年、彼にぼうしをあげたとき、とてもうれしそうでしたね。だから、何か身につけるものを彼にあげたらいいと思います。／B: それなら、彼にTシャツをあげます。私はよい店を知っています。／質問：アキラは去年、誕生日プレゼントとして何を父親にあげましたか。

（3） *A:* Can we visit the bookstore before going to the museum tomorrow?

B: I think we should visit the museum first. At the bookstore, we always buy many books. I don't like visiting any places with heavy books we'll buy.

A: OK. I agree.

B: Before visiting the bookstore, do you want to go to the new coffee shop near the museum?

A: Yes. I hope tomorrow will be a nice day.

B: I hope so, too.

Question: Which is the third place they will visit tomorrow?

A: 明日、美術館に行く前に書店を訪れることはできますか。／B: 先に美術館を訪れたほうがいいと思います。書店では、私たちはいつもたくさんの本を買います。私たちが買うだろう重たい本を持ってどこかを訪れるのは、私は好きではありません。／A: わかりました。

賛成です。／B: 書店に行く前に、美術館の近くの新しいコーヒーショップに行きませんか。／A: はい。明日はいい日になるといいですね。／B: 私もそう願います。／質問：明日、彼らが訪れる3番目の場所はどれですか。

2 （1）ア （2）エ

解説 （1）話の流れから、ア「それはポールのものだと思います」が適切。

（2）Tシャツをくれた人を答える。

【読まれた英文と選択肢の意味】

（1） *A:* Is this key yours, Mark?

B: No, Ms. Suzuki.

A: I found it under the desk. Whose key is it?

B: （チャイム）

A: このかぎはあなたのですか、マーク。／B: ちがいます、鈴木先生。／A: 私は机の下でこれを見つけました。だれのかぎですか。／B: ［ア ええと、ポールのものだと思います。／イ ええと、私のものだと思います。／ウ ええと、私の教室にあります。／エ ええと、机の下にあります。］

（2） *A:* I like your T-shirt.

B: Thanks. I got it for my birthday.

A: Who gave it to you?

B: （チャイム）

A: あなたのTシャツ、いいですね。／B: ありがとう。誕生日にもらいました。／A: だれがくれたのですか。／B: ［ア 1週間前です。／イ 3月7日です。／ウ 私の友達でした。／エ 私の兄[弟]がくれました。］

3 （1）ア （2）エ

解説 （1）タロウが祖母の家に行った目的は、祖母の誕生日パーティーをするため。

（2）ジョンは1時10分までは図書室で本を読んでいた。

【読まれた英文と意味】

（1） *Meg:* Hi, Taro. What did you do last Sunday?

Taro: Hi, Meg. I went to my grandmother's house to have a birthday party.

Meg: That's nice.

Taro: In the morning, I wrote a birthday card for her at home. Then I visited her and gave her the card. She looked happy. After that, she made some tea for me.

Meg: That sounds good.

Taro: In the evening, my sisters, mother, and father brought a cake for her.

Meg: Did you enjoy the party?

Taro: Yes, very much.

Question: Why did Taro go to his grandmother's house?

メグ：こんにちは、タロウ。この前の日曜日は何をしましたか。／タロウ：こんにちは、メグ。私は誕生日パーティーをするために祖母の家へ行きました。／メグ：それはすてきですね。／タロウ：午前中、私は家で彼女にバースデーカードを書きました。それから、彼女を訪ね、カードをあげました。彼女はうれしそうでした。そのあと、彼女は私にお茶を入れてくれました。／メグ：それはいいですね。／タロウ：夕方、姉妹、母、父が彼女にケーキを持ってきました。／メグ：パーティーを楽しみましたか。／タロウ：はい、とても。／質問：タロウはなぜ祖母の家に行ったのですか。

（2） *Satomi:* Hi, John. I've been looking for you. Where were you?

John: I'm sorry, Satomi. I was very busy.

Satomi: I went to your classroom in the morning and during lunch time. What were you doing then?

John: Early in the morning, I gave water to flowers in the school garden. After that, I did my homework in my classroom.

Satomi: Oh, you did. How about during lunch time? I went to your room at one o'clock.

John: After I ate lunch, I went to the library. That was at about twelve fifty. I read some history books there for twenty minutes and came back to my room at one fifteen.

Question: What was John doing at one o'clock?

サトミ：こんにちは、ジョン。あなたをずっと探していました。どこにいたのですか。／ジョン：すみません、サトミ。私はとても忙しかったのです。／サトミ：私は、朝もお昼休みの間にもあなたの教室へ行きました。そのときは何をしていたのですか。／ジョン：朝早くに私は学校の庭の花に水をあげました。そのあと、教室で宿題をしました。／サトミ：ああ、そうだったんですか。昼休みはどうですか。私は1時にあなたの教室へ行きました。／ジョン：お昼を食べたあと、私は図書室に行きました。12時50分くらいでした。そこで20分間歴史の本を読んで、1時15分に教室に戻りました。／質問：ジョンは1時に何をしていましたか。

4 (1) オ (2) イ

解説 (1) ①ケイタは、ふだんはテニスをする。②この前の土曜日は読書をした。③この前の日曜日は、家族に料理を作った。「彼の家族」が主語になっているので、「彼の家族は彼（＝ケイタ）が作った昼食を食べた」とするのが適切。

(2) イ「やりたいことができないときは、何かちがうことをやってみるべきだ。」が内容と合う。

【読まれた英文と意味】

Hi, I'm Keita. I'm going to talk about the things that happened last weekend. I like playing tennis, and I usually practice tennis at school on weekends if it's not rainy. However, last weekend, it was rainy, and I couldn't play tennis. So, on Saturday, I read books at home. And on Sunday, I cooked lunch for my family, and they loved it. It was the food I ate in Okinawa during the school trip. At first, I was sad that I couldn't play tennis, but now I realize I like reading and cooking. The rainy days gave me a chance to do things I didn't usually do. So, my friends, if things you don't like happen, you don't need to be sad. It will be a chance for you to find something new. Thank you.

こんにちは、私はケイタです。先週末にあったことについてお話しします。私はテニスをするのが好きで、週末は雨でなければたいてい学校でテニスの練習をしています。しかし、先週末は雨で、テニスをすることができませんでした。だから、私は土曜日は家で本を読みました。そして日曜日は、家族のために昼食を作り、彼らはそれをとても気に入ってくれました。それは修学旅行中に私が沖縄で食べた料理でした。最初は、テニスができないことが悲しかったのですが、今は自分が読書と料理が好きだと気づきました。雨の日は、ふだんしなかったことをする機会を私にくれました。だから、友人のみなさん、もし好ましくないことが起こっても悲しむ必要はありません。あなたがたが何か新しいことを見つける機会になります。ありがとうございました。

実戦テスト 4 (本文148～149ページ)

1 (1) **is there anything I can**
(2) **have you been looking**
(3) **wish I were better at**

解説 (1)「ええと、何か私があなたのためにできることがありますか。」

(2)「今朝からずっと何を探しているのですか。」

(3)「でも私がそれを演奏するのがもっと上手だったらなあ。」不要な語は could。

2 (例) (1) **it's nice to ride a bike along the road by the sea**
(2) **we can enjoy talking on the train**

解説 解答例は(1)「海のそばの道路に沿って自転車に乗るのは気持ちがいい」、(2)「私たちは電車でおしゃべりをすることを楽しむことができる」の意味。自転車と電車のそれぞれのよい点を考えるとよい。

3 (例) **The most important thing to me is the camera that my father gave me last year. He took wonderful pictures with it. I want to become a good photographer like him.** (31語)

解説 解答例は「私にとっていちばん大切なものは去年父が私にくれたカメラです。彼はそれですばらしい写真を撮りました。私は彼のように上手なカメラマンになりたいです。」の意味。入手したいきさつや、思い出などを説明してもよい。

4 (例) **You should watch Japanese movies. You can learn various Japanese words used in our daily lives. If you practice using these words with your friends, you can speak Japanese better.** (30語)

解説 解答例は「あなたは日本の映画を見るとよいでしょう。私たちの日常生活で使われる日本の言葉を学ぶことができます。もしそれらの言葉を使う練習を友達とすれば、あなたはもっと上手に日本語が話せます。」の意味。「日本の映画を見る」「日本人の友達と話す」など、具体的に助言を書く。

模擬試験①

P.152

1 (1) No. 1 イ　No. 2 エ　No. 3 ウ

(2) No. 1 イ　No. 2 ア　No. 3 ア

解説 (1) No. 1　明日テニスをしないかと誘われた
サトルは「するべき宿題がある」と答えている。

No. 2　髪が長くて、クマの絵がプリントされ
たTシャツを着ているのが、サラ。

No. 3　花屋さんは、2つ目の角を右に曲がって、
左手にある。

(2) No. 1　「飲み物はいかがですか。」と聞か
れているので、飲み物を頼んでいる**イ**が適切。

No. 2　ビルに電話をかけ直すようミドリに伝
えると言っている**ア**が適切。

No. 3　Sure.（いいですよ。）と応じたあとに「明
日はどうか？」と提案している**ア**が適切。

【読まれた英文と訳】

(1) No. 1

A: Satoru, why don't we play tennis tomorrow?

B: Sorry, I have a lot of homework to do. How
about next Saturday?

A: I have a piano lesson on that day, but I'm free on
Sunday.

B: OK, let's play tennis next Sunday. Let's meet at
the park at 10 a.m.

Question: What is Satoru's plan for tomorrow?

訳 *A:* サトル、明日テニスをしませんか。

B: ごめんなさい、するべき宿題がたくさんあります。
次の土曜日はどうですか。

A: その日はピアノのレッスンがありますが、日曜日
は空いています。

B: わかりました、次の日曜日にテニスをしましょう。
午前10時に公園で会いましょう。

質問：サトルの明日の予定は何ですか。

No. 2

A: Hi, Mamoru. I went to a lake with my friends
last weekend. I enjoyed camping there. Look at
this picture.

B: Wow, you all look happy. You're wearing a nice
cap, Nancy. Hm, I don't know this girl. Who is
the girl next to you?

A: You mean the girl wearing glasses? She is my
cousin, Emma. Or the one with long hair? It's
Sarah. She is a good basketball player.

B: Oh, I see. I like her T-shirt. The picture of a
bear is printed on it.

Question: Which girl is Sarah?

訳 *A:* こんにちは、マモル。先週末、私は友達と湖
に行きました。そこでキャンプを楽しみました。
この写真を見てください。

B: わあ、みんな楽しそうですね。ナンシー、すてき
なほうしをかぶっていますね。ええと、この女の
子は知りません。あなたの隣にいる女の子はだれ
ですか。

A: めがねをかけてる女の子のことですか。彼女は
私のいとこのエマです。それとも髪の長い女の子
ですか。それはサラです。彼女はバスケットボー
ルが上手です。

B: ああ、そうですか。彼女のTシャツはすてきです
ね。クマの絵がプリントされています。

質問：どの女の子がサラですか。

No. 3

A: Excuse me, I'd like to go to the flower shop.
Could you tell me how to get there?

B: Sure. Go straight, and turn right at the second
corner. OK?

A: Go straight, and turn left at the second corner.

B: No. Turn right at the second corner. You'll see
the flower shop on your left.

A: Oh, I see. Thank you very much.

B: You're welcome. Have a nice day.

Question: Where is the flower shop?

訳 *A:* すみません、花屋さんに行きたいのですが。
そこへの行き方を教えてくださいますか。

B: もちろんです。まっすぐ行って、2つ目の角を右
に曲がってください。いいですか。

A: まっすぐに行って、2つ目の角を左に曲がるので
すね。

B: いいえ。2つ目の角を右に曲がってください。左
手に花屋さんが見えます。

A: ああ、わかりました。どうもありがとうございます。

B: どういたしまして。よい1日を。

質問：花屋さんはどこにありますか。

(2) No. 1

A: Hello. What would you like?

B: Can I have two hot dogs and a salad, please?

A: Sure. How about something to drink?

訳 *A:* こんにちは。何になさいますか。

B: ホットドッグ2つとサラダをお願いします。

A: かしこまりました。何か飲み物はいかがですか。

B:（**ア** わかりました。はい、どうぞ。**イ** アップル
ジュースをお願いします。**ウ** わかりました、今行
きます。**エ** いいえ、食べるものは持っていません。）

No. 2

A: Hello. This is Bill. May I speak to Midori,
please?

B: Hi, Bill. Sorry, but she is out now.

A: I want to tell her something about tomorrow's
P.E. class.

訳 *A:* もしもし。ビルです。ミドリをお願いできま
すか。

B: こんにちは、ビル。すみませんが、彼女は今、出
かけています。

A: 明日の体育の授業について彼女に話したいことが
あるのですが。

B:（**ア** あなたに折り返し電話するように言っておき
ます。**イ** いつ体育の授業があるのか知りませ
ん。**ウ** 伝言をお願いしてもいいですか。**エ** 私に

電話するように彼女に頼んでもらえますか。）

No. 3
A: What are you doing?
B: I'm making a chocolate cake. I sometimes make sweets when I have time.
A: Really? I want to make cookies. Could you show me how to make them?

訳 A: あなたは何をしているのですか。
B: 私はチョコレートケーキを作っています。時間があるときに、ときどきお菓子を作ります。
A: そうなんですか。私はクッキーを作りたいのです。作り方を教えてくれませんか。
B:（ア もちろんです。明日はどうですか。イ もちろんです。私はケーキを作るのが好きです。ウ すみません、私はお菓子は作れません。エ すみません、私はそのケーキ屋さんを知りません。）

2 (1) エ (2) ウ (3) ウ

解説 (1)〈make ＋人＋動詞の原形〉で「（人）に〜させる」。エの cry が適切。
(2) 修飾する語が「人」なので、関係代名詞の who を入れる。ウが適切。
(3) 仮定法の文では、助動詞も過去形にする。ウの wouldn't が適切。

3 (1) don't know how to
(2) happy to hear that they are
(3) shared in our group sounded wonderful
(4) have been studying since this morning

解説 (1) how to 〜（〜のしかた）を使った文にする。不要な語は answer。
(2) I'm happy to hear that 〜で「〜ということを聞いてうれしい」。不要な語は understood。
(3) The idea を〈過去分詞＋語句〉が後ろから修飾する形に。〈sound ＋形容詞〉で「〜に聞こえる、〜そうだ」。不要な語は look。
(4) 現在完了進行形（have been ＋動詞の ing 形）の文にする。不要な語は study。

4 (1) ① been ② cooler (2) エ
(3) 例 I want to make a lot of friends in Canada.（10語）

解説 (1) ① Have で始まっているので、現在完了形の疑問文。be は過去分詞の been にする。
② あとに than があるので、比較級の文。cool は比較級の cooler にする。
(2)「カナダの自然」ではなく、「カナダの文化」

を学びたいと思っていなければならないとあるので、合わないのはエ。
(3) 質問は「あなたがホームステイ中にしたいことを私たちに教えてくれますか。」という意味。I want to 〜などを使って、カナダでしてみたいことを書く。解答例は「私はカナダでたくさんの友達を作りたいです。」という意味。

5 (1) ① イ ④ ア ⑤ エ (2) 例 ソーシャルメディアには悪い点もあるということ。
(3) ウ (4) personal information can be seen by others
(5) ① Yes, she does. ② She (usually) doesn't use it after 10 p.m. (6) ア、ウ

解説 (1) ① without（〜なしで）を入れると意味が通る。 ④前の helps に着目。〈help ＋人＋動詞の原形〉（〈人〉が〜するのを助ける）の形に。 ⑤ あとに例を挙げていることから、such as 〜（〜のような）が適切。
(2) That が指しているのは、直前の奏の発言。奏は「ソーシャルメディアには悪い点もある」と言っている。
(3) ③−a のあとはソーシャルメディアのよい点、③−b のあとは悪い点が述べられている。
(4) Our personal information のあとに can be seen と助動詞の受け身の形を続ける。
(5) ①「奏はソーシャルメディアにはプライバシーの問題があると思っていますか。」奏の3番目の発言を参照。 ②「ルーシーは日常生活でどのようにソーシャルメディアを使っているか、ということについて何と言っていますか。」ルーシーの最後の発言を参照。
(6) ア 拓也はソーシャルメディアを使うことで、メッセージを送ったり、簡単に写真を共有したりすることができると考えている。拓也の2番目の発言と合う。
ウ ルーシーはソーシャルメディアでのいじめは深刻な問題だと考えている。ルーシーの3番目の発言の内容と合う。
訳 ルーシー：こんにちは、拓也と奏。何をしてるのですか。
拓也：こんにちは、ルーシー。ソーシャルメディア

について話しています。私たちはソーシャルメディアなしでは生きていけません。私は毎日たくさんの時間をソーシャルメディアに使っています。

奏：私もです、拓也。ソーシャルメディアはとても便利です。しかし、悪いところもいくつかあります。

ルーシー：そうですね。では、ソーシャルメディアのよい点と悪い点は何ですか。

拓也：よい点について言えば、ソーシャルメディアは友人や家族と簡単にコミュニケーションを取るのに役立ちます。メッセージを送ったり、写真をすばやく共有したりできます。

奏：そうですね。また、自分自身を表現する場所でもあります。イラストや音楽、小説など、自分の作品を発表することができます。

ルーシー：なるほど。では、悪い点は何ですか。ネットのいじめは大きな問題です。画面の後ろに隠れてだれかの悪口を言う人もいます。

拓也：自分の名前を書かなくても、だれでも簡単にソーシャルメディアで自分の考えを言うことができます。私はそれが問題の1つだと思います。

奏：プライバシーの問題もありますね。私たちの個人情報がほかの人に見られる可能性があります。

ルーシー：私は、人々は仲間を集め、変化を求めて戦うためにソーシャルメディアを使うこともできると思います。

拓也：はい、その通りです、ルーシー！　ソーシャルメディアは社会問題に対する意識を高める道具になりえます。#ブラック・ライブズ・マターや＃ミートゥーのようなハッシュタグは世界中に広がりました。

奏：私もソーシャルメディアを通じて世界の問題をたくさん学びました。ですが、ソーシャルメディアを長時間使うことは健康によくありません。

ルーシー：同感です。私はたいてい午後10時以降はソーシャルメディアを使いません。

拓也：ソーシャルメディアにはよい点も悪い点もあります。ソーシャルメディアは慎重に使うべきです。

奏：私もそう思います、拓也！

模擬試験②　　P.156

1 (1)　No. 1 エ　No. 2 ウ　No. 3 イ

(2)　① 日本の伝統行事　②（その行事の）歴史　③（その行事に関する）興味深い事実　④（その行事を）選んだ理由　⑤（来週の）火曜日　※②～④は順不同

解説 (1)　No. 1　理科のテストは9月20日の木曜日に変更になったと言っている。

No. 2　最初の発言で、「今朝から雨が降り続いていて、寒い」と言っている。

No. 3　「何日間そこ（＝福島）に滞在したか」

と聞かれて、ユキは「6日間」と答えている。

(2)　宿題は「日本の伝統行事」について、「歴史」「興味深い事実」「選んだ理由」を含めて、80語以上の英語でレポートを書くこと。来週の月曜日は祝日のため、火曜日に持ってくるように言っている。

【読まれた英文と訳】

(1)　No. 1
A: We have a science test on September 12. Let's study together.
B: OK, but the date was changed. It's on September 20.
A: Oh, really? I didn't know that. That's Tuesday next week, right?
B: No, it's Thursday next week.
Question: When is the science test?
訳 A: 9月12日に理科のテストがあります。いっしょに勉強しましょう。
B: いいよ、でも日にちが変わりましたよ。9月20日です。
A: え、本当ですか。知りませんでした。来週の火曜日ですよね。
B: いいえ、来週の木曜日です。
質問：理科のテストはいつですか。

No. 2
A: It has been rainy and cold since this morning. Yesterday, it was sunny and warm.
B: Yes. Will it be sunny tomorrow again?
A: I'm not sure. Let's check the weather on the internet.
B: Oh, it says it will be cloudy and cool.
Question: How is the weather now?
訳 A: 今朝から雨が降り続いていて、寒いですね。昨日は晴れて暖かかったのに。
B: そうですね。明日はまた晴れますか。
A: わかりません。インターネットで天気を調べてみましょう。
B: ああ、くもりで涼しいと書いてあります。
質問：今の天気はどうですか。

No. 3
A: I visited my grandparents in Fukushima during the winter vacation.
B: Oh, did you? What did you do there?
A: My grandfather took me to a hot spring. Also, I enjoyed skiing in the mountains.
B: That's great. How many days did you stay there, Yuki?
A: For six days. I came back to Tokyo on January 8.
Question: How long did Yuki stay in Fukushima?
訳 A: 私は冬休みに福島の祖父母を訪ねました。
B: あ、そうなんですか。あなたはそこで何をしましたか。
A: 祖父が私を温泉に連れていってくれました。あと、山でスキーをして楽しみました。
B: それはいいですね。あなたは何日間そこに滞在し

たのですか、ユキ。
A: 6日間です。1月8日に東京に戻ってきました。
質問：ユキはどのくらい福島に滞在しましたか。
⑵　It has been three months since I came to Japan. I want to know more about Japan. I want you to tell me about traditional Japanese events. So, I'm going to give you homework. For your homework, choose one traditional event and write a report about it. You must write three things. First, the history of the event. Second, interesting facts about the event. You can use books or the internet to find out. Finally, write the reason for choosing the event. You must also use more than eighty English words. We usually have class on Mondays, but next Monday is a holiday. So, please bring your homework on Tuesday. I'm looking forward to reading your reports.
訳　私が日本に来て3か月になりました。私は日本のことをもっと知りたいです。私は日本の伝統行事についてあなたたちに教えてもらいたいです。そこで、宿題を出します。宿題として、伝統行事を1つ選び、それについてのレポートを書いてください。3つのことを書かなければなりません。1つ目、その行事の歴史。2つ目、その行事に関する興味深い事実。調べるために本やインターネットを使うことができます。最後に、その行事を選んだ理由を書いてください。また、80語以上の英単語を使わなければなりません。ふだんは、月曜日に授業がありますが、来週の月曜日は祝日です。ですから、火曜日に宿題を持ってきてください。みなさんのレポートを読むのを楽しみにしています。

2 ① named　　② brought
③ been　　　④ makes

解説 ①　「ベッキーと名づけられたネコ」と考えて、name の過去分詞 named を入れる。
②　前の be 動詞に着目。「連れてこられた」と受け身の文に。bring の過去分詞は brought。
③　前の have に着目。継続を表す現在完了形の文に。be の過去分詞は been。
④　「ベッキーと遊ぶことはいつも彼を幸せにする」となるように、make を入れる。動名詞の主語は3人称単数扱いなので、makes とする。

3 ⑴　①ウ　②ア　④エ
⑵　例　前回のテストでうまくできなかったので、今回はよい点数を取りたいから。

解説 ⑴　①助けを求められたので、What's the matter?（何かありましたか。）が適切。　②直後で「毎日勉強しなければならない」と頻度を答えているので、How often do you study it?

（どのくらいの頻度でそれを勉強しますか。）が適切。　④直後で「知らない」と答えていて、「読めない」と続けているので、How do you read this *kanji*?（この漢字はどう読みますか。）が適切。
⑵　公平が「毎日それ（＝数学）を勉強しなければならない」理由は、次のメアリーの問いかけに対する答えで述べている。

4 例　I think the best way to learn English is to use English a lot during classes. It is important to communicate with teachers and classmates in English every day. (29語)

解説 質問は、「英語を学ぶためのいちばんよい方法は何ですか。そして、なぜですか。」という意味。20語以上で書くことにも注意する。ほかに、「英語の映画を見る」「英語の歌を聞く」「外国人の友達を作る」などの方法が考えられる。解答例は、「英語を学ぶいちばんよい方法は、授業中に英語をたくさん使うことだと思います。先生やクラスメイトと毎日英語でコミュニケーションをとることが大切です。」という意味。

5 ⑴　エ　⑵　② be used　⑦ going
⑶　old clothes　⑷　イ
⑸　例　シャワーを浴びる時間を1分短くする
⑹　are a lot of people who don't have enough food to eat　⑺　C
⑻　例　① Because they can block out heat from the sun.　② They give us bags (to bring home the food we can't eat).
⑼　イ

解説 ⑴　〈let ＋人＋動詞の原形〉で「(人)に～させる」という意味。
⑵　②「(私たちによって) 学用品は使われる」ということなので、受け身にする。前に can があるので〈助動詞＋ be ＋過去分詞〉の形。
⑦前置詞のあとなので、ing 形にするのが適切。
⑶　指示語の指す内容は前の部分にあることが多い。them なので複数のものを探す。old clothes（古い服）を当てはめると文の意味が通る。
⑷　古い服からおもちゃ、バッグなどが作れる

と言ったあと、「これはアップサイクルと呼ばれている」と説明している。この内容に合うのは、**イ**「もう使わなくなったものから新しいものを作ること」。

(5) 下線部を含む文は「そうするのは簡単だと私は思います。」という意味。水を節約するための具体例を前の文で述べている。

(6) a lot of people を関係代名詞 who を使って後ろから修飾する文にする。enough food to eat の語順に注意。「世界には食べるための十分な食料がない人々がたくさんいます。」

(7) 与えられた文は「私は何をしたらよいかを考えて、今は必要な食料だけを買うようにしています。」という意味。食べ物を話題にしている部分に入れるのが適切。

(8) ①「なぜカーテンは暖かい日に家を涼しく保つのに役立つのですか。」という意味。第3段落の5文目を参照。
②「いくつかのレストランは食品廃棄物を減らすために何をしていますか。」という意味。第4段落の最後から2文目を参照。

(9) **イ**「部屋が明るすぎるとより多くのエネルギーを必要とするため、電気は常に消すべきです。」の意味。第3段落の2文目を参照。部屋を出るときは電気を消すべきだとあるが、常に消すべきとは述べていない。各選択肢が本文のどの部分に対応しているのかを探し、内容を読み比べるようにする。ほかの選択肢は、**ア**「ごみを減らすために物を長く使い、リユースやリサイクルをすべきです。」、**ウ**「暖かい月にはエアコンの使用を減らすために窓やカーテンを閉めることができます。」、**エ**「買いすぎを避けるために、買い物の前に家にある食料をチェックするのはよい方法です。」、**オ**「より持続可能な社会と世界平和のために、私たちは異なる意見に耳を傾けるべきです。」の意味。

訳 こんにちは、みなさん！　だれもが SDGs という言葉を少なくとも1度は聞いたことがあると思います。SDGs とは Sustainable Development Goals（持続可能な開発目標）のことです。今日は、SDGs についてお話しします。SDGs は私たち全員に関係するものです。持続可能な社会を達成するために、私たちは何ができるでしょうか。実は、私たちが今すぐできることはたくさんあります。その中から4つの例を紹介させてください。

1つ目に、私たちは物を長く使うことができます。例えば、消しゴムや鉛筆のような学用品は、小さくなるまで使うことができます。まだ使うことのできるこれらの学用品を捨てないでください。また、古くなった服を捨てないで、リユースしたりリサイクルしたりすることができます。服が小さくなったときには、小さくなった服を弟や妹にあげたり、フリーマーケットで売ったりできます。もし裁縫が好きなら、古着から新しいものを作ることができます。おもちゃやバッグ、そうじ用のぞうきんを作ることができます。これは「アップサイクル」と呼ばれます。この方法で、私たちはごみを減らすことができます。

2つ目に、私たちはエネルギーと水を節約することができます。部屋を出るときは電気やテレビを消すべきです。また、暖かい月には日中に窓やカーテンを閉めることが大切です。窓が閉められると、熱が中に入らず、エアコンの効きがよくなります。さらに、カーテンが太陽の熱をさえぎり、暖かい日でも家を涼しく保つことができます。このようにして、エアコンのエネルギーを節約することができます。あなたは水を節約するために何をしていますか。私は、歯をみがいているときは水を止めます。必要のないときは水道水を出しっぱなしにしないことが大切です。あなたは毎日シャワーを浴びていますか。シャワーを浴びる時間を1分短くすると、10リットルの水を節約することができます。そうすることは簡単だと私は思います。

3つ目に、私たちは食品廃棄物を減らすことができます。食品廃棄物は世界的な問題です。世界には食べるための十分な食料がない人々がたくさんいます。同時に、世界で私たちが生産する食料の多くがむだにされたり、失われたりしています。日本では毎年520万トン以上の食料がむだにされていると言われています。（私は何をしたらよいかを考えて、今は必要な食料だけを買うようにしています。）買い物に行く前に、家にある食品をチェックしています。外食するときにもできることはあります。レストランの中には食べきれないものを家に持ち帰るための袋をくれるところもあります。そのようなレストランを選んで、レストランでの食べ残しをやめることができます。

最後に、私たちは互いのちがいを知り、互いに協力することができます。私たちの周りにはいろいろな人がいます。私たちはほかの人とのちがいを認め、尊重するべきです。ほかの人の意見に耳を傾け、異なる意見を学ぶことは、不平等や差別を減らすために重要です。これはより持続可能な社会だけでなく、世界平和にもつながりえると私は思います。

持続可能な明日のために、今日から小さな行動に取り組みましょう。ご清聴ありがとうございました。

③